U0710962

跨境电子商务理论
与实践研究

田春霖　著

吉林大学出版社

图书在版编目(CIP)数据

跨境电子商务理论与实践研究 / 田春霖著. — 长春：吉林大学出版社，2020.10

ISBN 978 - 7 - 5692 - 7532 - 2

Ⅰ.①跨… Ⅱ.①田… Ⅲ.①电子商务 - 高等学校 - 教材 Ⅳ.①F713.36

中国版本图书馆 CIP 数据核字(2020)第 212450 号

书　　名　跨境电子商务理论与实践研究
KUAJING DIANZI SHANGWU LILUN YU SHIJIAN YANJIU

作　　者　田春霖 著
策划编辑　吴亚杰
责任编辑　周　鑫
责任校对　柳　燕
装帧设计　林　雪
出版发行　吉林大学出版社
社　　址　长春市人民大街4059号
邮政编码　130021
发行电话　0431 - 89580028/29/21
网　　址　http://www.jlup.com.cn
电子邮箱　jdcbs@ jlu.edu.cn
印　　刷　天津市蓟县宏图印务有限公司
开　　本　787×1092　1/16
印　　张　12.75
字　　数　280 千字
版　　次　2020 年 10 月 第 1 版
印　　次　2020 年 10 月 第 1 次
书　　号　ISBN 978-7-5692-7532-2
定　　价　49.80 元

前　言

　　所谓跨境电子商务,是指分属不同关境的交易主体,通过电子商务平台达成交易、进行支付结算,并通过跨境物流送达商品、完成交易的一种国际商业活动。近年来,跨境电子商务蓬勃发展,引起社会各界的广泛关注。实践证明,跨境电子商务具有全球性、无形性、匿名性、即时性、无纸性,发展前景极为广阔。

　　由于跨境电子商务属于商务领域的新兴事物,必然存在理论与实践的诸多盲点。尽管众多专家学者、行政管理机构、业内人士以及与跨境电子商务相关的人群对跨境电子商务进行了理论上的研究与实践上的探索,但时至今日,有关跨境电子商务的研究与探索仍缺乏系统性。宏观理论体系还不够健全,微观实践模式尚待锤炼。

　　为适应跨境电子商务迅猛发展的客观需求,我们组织了一批专家学者及长期从事跨境电子商务的业内精英,全面总结跨境电子商务的理论成果,科学阐释跨境电子商务的实践模式,在客观描述跨境电子商务的来世今生与未来发展趋势的基础上,帮助广大读者澄清理论疑点,掌握操作技巧。在精心编撰的过程中,我们充分吸纳了国内外近年来的理论研究成果与实践探索心得。

　　本书分为“理论篇”与“实践篇”。

　　在“理论篇”中,以五章的篇幅系统设计了“跨境电子商务导论”“跨境电子商务基本理论”“跨境电子商务的风险控制理论研究”“跨境电子商务的监管理论体系研究”“跨境电子商务的法律研究”。考虑到跨境电子商务面临的各种法律风险,本书在“跨境电子商务的法律研究”中,详尽地介绍了跨境电子商务中的消费者权益保护问题、跨境电子商务中的知识产权保护问题和跨境电子商务中的争议解决机制。

　　在“实践篇”中,以六章的篇幅系统设计了“海外市场分析和调研”“速卖通的注册、认证、选品和产品发布”“速卖通店铺优化和营销策略”“速卖通物流”“速卖通订单处理和客户服务”“其他主要跨境电子商务平台”。本书从绝大多数读者操作能力偏弱的实际出发,专门对“亚马逊”“敦煌网”“Wish”进行了专业而详尽的剖析。

　　本书高度重视实用性,始终围绕读者需求进行编撰。例如,为广大读者提供了速卖通平台的 87 条规则、境外订单留言的处理方法以及"亚马逊""敦煌网""Wish"的相关应用流程,言简意赅、一目了然。

因此,本书针对性强,普适性广,适合跨境电子商务的从业人员、管理机构工作人员及其他关注跨境电子商务的人士研读。本书既适合系统地潜心精读,也可作为定向搜索的参考书;既是理想的学科教材,也是优秀的培训读物。

作者

目　录

理论篇

实践篇

理论篇

第一章

跨境电子商务导论

第一节　商务理论

一、对外直接投资理论

（一）垄断优势理论

（1）提出者。1960 年，美国学者 S.H. 海默在其博士论文中第一次提出垄断优势理论，主张从垄断优势的角度去诠释跨国企业对外直接投资的行为。

（2）观点。垄断优势理论一举打破了"市场竞争是完全竞争"的传统观点，认为现实中的市场竞争属于不完全竞争。正因为是不完全竞争，跨国企业才能在国内取得垄断优势，并借助投资逐步占据国外市场。垄断优势理论认为，市场的不完全是跨国企业对外直接投资的主要原因。

（3）垄断优势。所谓垄断优势，可以理解为所有权优势。只有那些真正具有垄断优势的企业，才能在对外直接投资中获利。众所周知，跨国竞争和国外经营必然会增加额外的成本。要想抵消这部分成本，企业必须备一种或若干种独特的优势。大致说来，这些优势主要包括以下四种。

①技术优势。所谓技术优势，具体包括技术、知识、信息、诀窍、无形资产等。众多学者的研究证明，垄断优势主要来自跨国企业对知识产权的占有。于是，跨国企业的国外子企业就可以在不增加成本的前提下充分利用这些知识。这种带有知识产权性质的技术优势可以帮助跨国企业的国外资企业更好地形成市场竞争力，避免被当地的竞争者模仿。

②规模经济。这里所说的规模经济，具体包括集中化的研发、大规模的销售网络、集中的市场采购与资金筹措、统一的市场管理等。毫无疑问，这些优势有助于形成规模经济，进而在国际市场上形成垄断优势。

③资金和货币优势。这是不言而喻的，雄厚的资金对拓展国际市场是至关重要的。

④组织管理能力。出色的组织管理能力有助于形成一种核心竞争力,也是不可忽视的垄断优势。

垄断优势理论也存在一些不足,集中表现在两个方面:第一,既然跨国企业已经拥有了独特的核心技术,为什么还要进行对外投资,而不是通过有偿转让或出口来获得收益;第二,为什么并不具备垄断优势的发展中国家企业也存在类似的对外直接投资行为。

(二)内部化理论

(1)观点。英国学者巴克莱和卡森在1976年出版的《跨国公司的未来》一书中,提出了内部化理论。该理论认为,跨国公司之所以要从事生产以外的活动,如研究、开发、培训等,往往与中间产品密切相关。中间产品市场尤其是知识产品市场的不完全,导致企业难以有效利用外部市场来协调其经营活动,这就构成了内部化的关键前提。当内部化过程超越国界时,跨国企业便应运而生。跨国企业之所以要进行国际直接投资,就是为了避免因交易的不确定性而导致的高交易成本。

(2)中间产品。内部化理论中所提及的中间产品包括知识、信息、技术、管理专长。由于这种市场缺陷的存在,企业之间通过市场发生的买卖关系往往出现时滞和交易费用,难以确保企业获利。如能将中间产品市场在一个企业中内部化,即将市场上的买卖关系纳入企业内部的生产活动中,就可以成功地避免时滞、讨价还价、购买者的不确定性,并将政府干预的影响降低到最低。

(三)国际产品生命周期理论

美国学者弗农在1966年出版的《产品周期中的国际投资和国际贸易》一书中,提出了国际产品生命周期理论。该理论将产品生命周期划分为新产品阶段、成熟阶段、标准化阶段,认为处于不同阶段的产品对要素条件和成本的考虑是不同的。国际产品生命周期理论第一次将贸易和投资看成一个整体来考察,借助产品生命周期理论来分析对外投资的动因。

(四)国际生产折衷理论

英国经济学家邓宁综合上述三种理论,提出了国际生产折衷理论。该理论认为,跨国企业的国际生产的决定因素主要是所有权优势、内部化优势、区位优势。跨国企业要想对外进行投资,必须同时具备这三种优势,缺一不可。(如表1-1所示)

表1-1 决定跨国企业的国际生产的三大优势

供应市场的方式	所有权优势	内部化优势	国外区位优势
对外直接投资	有	有	有
出口	有	有	无
非股权资源转让	有	无	无

（五）对外直接投资的其他理论

除了以上四种理论之外,对外直接投资还有五种理论:一是防御型投资理论;二是自我保险理论;三是提高公司形象理论;四是追随领导者理论;五是发展中国家跨国企业发展的动因解释理论。

二、国际竞争力理论

哈佛大学商学院教授迈克尔·波特将国内竞争优势理论运用到国际竞争领域,提出了国际竞争力理论。

（一）核心观点

国际竞争力理论的核心观点有两个。

第一,一个国家的国内经济环境对提升企业的竞争力影响显著。

第二,"四因素"是产业国际竞争力最重要的来源。

（二）具体分析

1. "四因素"

1）生产因素

一般说来,生产因素主要表现在以下两个方面。

一是基本要素和高等要素。基本要素具体包括自然资源、气候、地理位置、非熟练和半熟练劳工、债务资本等。高级要素具体包括现代化电信网络、高科技人才、尖端学科的研究机构等。

二是通用要素和特殊要素。通用要素具体包括高速公路、融通资金、大学一般专业的毕业生。特殊要素具体包括应用面较窄的专业人才、专门设施和专门知识。

2）需求因素

所谓有利于国际竞争的需求,主要取决于本国需求与他国需求的比较。这种比较主要体现在以下三个方面。

一是需求特征。具体表现在:本国需求是否具有全球代表性;本国需求是否具有超前性;本国需求是否具有排他性。

二是需求规模和需求拉动方式。当地需求规模大的产品有利于提高该行业的国际竞争力,而在需求拉动方式中消费偏好的多样性和差异性则会激发企业的创新动力。

三是需求国际化。无论是本国消费者走出去,还是外国消费者走进来,一个国家的对外开放程度越高,其产品就越容易适应国际竞争。

3)相关和辅助产业因素

相关和辅助产业因素会对某一行业的竞争优势产生三个方面的重要影响。

一是有助于发挥群体优势。

二是有助于产生对互补产品的需求拉动。

三是有助于构造有利的外在经济和信息环境。

4)企业战略、组织和竞争状态因素

企业战略、组织和竞争状态因素产生了三个方面的重要影响。

一是有助于组织与战略之间的匹配。

二是有助于提升企业的竞争能力。

三是有助于充分发挥国家环境对人才流向、企业战略、企业组织形式的积极影响。

2.附加因素

(1)机遇。很多时候,一些以偶然事件出现的机遇往往造成竞争优势、竞争地位的巨大变化。这些机遇主要包括:一是纯粹的发明活动;二是重大的技术非连续性、投入成本的不连续性;三是世界金融市场和汇率的重大变化;四是世界或地区需求的高涨;五是外国政府的政治决策、战争等。

(2)政府。政府的政策往往会影响上述的"四因素",进而对竞争优势产生显著影响。政府的政策主要包括:一是投资与补贴,往往会影响生产要素和需求状况;二是规则,往往会影响关联工业网和企业战略;三是购买,往往会影响需求;四是税收,往往会影响企业战略。

第二节　电子商务理论

20 世纪 60 年代至 70 年代,美国军方的军事化需求启动了信息技术革命。随后,在欧美科研和教育的全球互动发展的推动下,全球国际互联网实现了网络之间的传输标准化(TCP/IP)、个人与网络浏览标准化与网上多媒体压缩的存放标准化。信息技术革命得以蓬勃发展,信息处理与传递突破了时空和地域的界限,计算机网络化和经济全球化成为不可抗拒的世界潮流。

在这样一个大背景下,电子商务由于其迅速膨胀的网络用户和技术产生的利润空间,成为一个发展潜力巨大的市场,并逐渐被人们所重视。各大企业纷纷采取措施,或推出电子商务产品,或推行电子商务服务,力争借助电子商务的契机,增强企业竞争力,在市场上立于不败之地。各国政府从发展本国经济的角度出发,试图通过电子商务,提高本国经济信息化程度,加速经济运行效率,提高整体经济实力。电子商务的推行,打破了时空界限,改变了贸易形态,大大加速了整个社会的商品流通,有效地降低企业成本,提高企业的竞争能力,同时也为消费者提供了更多的选择机会,使消费者得到更多的实惠。毫无疑问,这是一场革命,它对人类的经济活动、思维方式和工作方法都产生了巨大的影响。

一、电子商务的定义

电子商务从字面上分析,它首先应是一种商务活动,其次才谈及它的电子化特征。从实践上看,它是以网络等高新技术手段,对企业内外部资源进行整合,对企业业务流程进行重组,实现传统商务活动中资金流、信息流与物流的高效低廉的运行。因此,电子商务的本质是商务,电子是工具,它并未改变传统商务活动中的核心内容——资金流、信息流与物流。

所以我们将电子商务定义为一种商务活动的新形式,它采取现代信息技术手段,利用网络及相关设备,实现采购、生产、营销、销售与流通等部分或全部商务活动,并在商务活动的过程中达到物流、资金流与信息流的高效率、低成本运行,其中的网络包括传统的电话网、各种专有网络(如 EDI 网络等)、互联网(Internet)、企业内部网(Intranet)和企业外部网(Extranet)等。

二、电子商务的内涵与外延

(一)电子商务的内涵

从以上电子商务的定义中,我们可以看出,电子商务的内涵主要有前提条件、人的知识和技能、系列化和系统化的电子工具以及以商品交易为中心的各种商务活动。

(1)电子商务的前提条件。当今社会技术的代表是电子信息技术,它主要利用人的知识和智力,对自然界信息、人类社会信息进行采集、储存、加工、处理、分发及传输。在它的帮助下,人们可以充分利用人类知识,走出一条内涵式、集约化社会发展之路。电子信息技术是开发、利用信息资源的有效工具,是实现电子商务的前提条件。

(2)人的知识和技能。首先,电子商务是一个社会系统,它的核心是人。其次,商务系统实际上是由围绕商品贸易的代表各方面利益的人所组成的关系。在电子商务中,虽然强调工具的作用,但归根结底,起关键作用的仍然是人,工具的发明、制造、利用和效果的实现都是依靠人来实现的。因此,我们必须强调人在电子商务中的决定性作用。

(3)系列化和系统化的电子工具。我们所讨论的电子工具应该是能跟上信息时代发展步伐的系列化、系统化的电子工具。从系列化讲,电子工具是伴随着商品生产、流通、分配、交换、消费甚至再生产的全过程的电子工具,如电话、电视、电报、电传、计算机,以及 EDI、EOS、POS、电子货币、电子商品配送系统、MIS、DSS 售后服务系统等。从系统化讲,商品的需求、生产、交换是一个有机整体,同时,政府对商品生产、交换的调控也包含在该系统中,与此相配合的电子工具主要有局域网(LAN)、城市网(CAN)和广域网(WAN)。

(4)以商品交易为中心的各种商务活动。电子商务的对象是商务活动。以商品贸易为中心的各种经济事务活动可统称为商务活动。实施电子商务的目的,就是要通过电子商务,大幅度减少不必要的商品流动、物资流动、人员流动和货币流动,减少商品经济的盲目性,避免有限物质资源、能源资源的浪费。

(二)电子商务的外延

根据前面论述的电子商务的定义与内涵,我们可以分析、推论出它的外延主要集中在电子工具的发展、商品范畴的扩展、商务活动的扩展三个方面。

(1)电子工具的发展。电子信息技术是当今发展最为迅速的技术,由此形成的新工具也是更新换代最快的工具。一方面,电子计算机自诞生以来,历经电子管、晶体管、集成电路等数代产品,科技水平不断提高。另一方面,20 世纪 80 年代兴起的网络技术革命促进了电子工具网络化的发展。此外,电子工具的材料也逐步向性能更优秀的光学器件发展。

(2)商品范畴的扩展。现代社会的一个重要特点就是商品的多样性。随着经济社会的不断进步和人民生活水平的提高,商品概念的范围逐步扩大,从原来单纯的一般商品向生产要素等方面进行扩展,向劳动力商品、技术商品、科技商品、金融商品等有形、无形商品扩展。

(3)商务活动的扩展。由于电子商务是基于信息网络、信息社会的商务活动,电子商务的活动领域可以形成从政府到市场、从市场到生产、从市场到消费者的多方网络化联系,即将原有的商务活动扩散,伸向政府的贸易管理、调控、采购部门,伸向消费者的办公室、家庭等网络可及的一切地方,从而形成统一、规范、竞争、有序的大市场,最大可能地实现需求、生产、交换的透明化、一体化。

三、电子商务的特点与分类

(一)电子商务的特点

与传统商务模式相比,电子商务实现了交易的无纸化、高效化、自动化,从而最大限度地将基于物质形态的传统迂回经济转变成了基于比特形态的直接经济。电子商务的特点主要表现在以下四个突出的方面。

(1)电子商务的结构性。电子商务涉及电子数据处理、网络数据传输、数据交换和资金汇兑等技术。在企业的电子商务系统内部,有导购、订货、付款、交易与安全等有机地联系在一起的各子系统。在交易的进行过程中,经历商品浏览和订赁、销售处理和发货、资金支付和售后服务等环节。电子商务业务的开展由消费者、厂商、运输、报关、保险、商检和银行等不同参与者通过计算机网络组成一个复杂的网络结构,相互作用、相互依赖、协同处理,形成一个相互密切联系的连接全社会的信息处理大环境。在这个环境下,简化了商贸业务的手续,加快了业务开展的速度,最重要的是规范了整个商贸业务的发生、发展和结算过程,从根本上保证了电子商务的正常运作。

(2)电子商务的动态性。电子商务交易网络没有时间和空间的限制,是一个不断更新的系统,每时每刻都在进行运转。网络上的供求信息在不停地更换,网上的商品和资金在不停地流动,交易和买卖的双方也在不停地变更,商机不断地出现,竞争不停地展开。正是这种物质、资金和信息的高速流动,使得电子商务具有了传统商业所不可比拟的强大生命力。

(3)电子商务的社会性。电子商务的最终目标是实现商品的网上交易,但这是一个相当复杂的过程,除了要应用各种有关技术和其他系统的协同处理来保证交易过程的顺利完成,还涉及许多社会性的问题。例如,商品和资金流转方式的变革,法律的认可和保障,政府部门的支持和统一管理,公众对网上电子购物的热情和认可等。所有这些问题全都涉及社会,不是一个企业或一个领域就能解决的,需要全社会的努力和整体的实现,才能感受到电子商务所带来的优越性。

(4)电子商务的层次性。电子商务具有层次结构的特点,任何个人、企业、地区和国家都可以建立自己的电子商务系统,这些系统本身都是一个独立的、完备的整体,都可以提供从商品的推销到购买、支付全过程的服务。但是,这样的系统又是更大范围或更高一级的电子商务系统的一个组成部分。因此,在实际应用中,常将电子商务分为一般、国内、国际等不同的级别。另外,也可以从系统的功能和应用的难易程度对电子商务进行分级,较低级的电子商务系统只涉及基本网络、信息发布、产品展示和货款支付等,各方面的要求较低;而用于进行国际贸易的电子商务系统不仅技术要求高,而且要涉及税收、关税、合同法以及不同的银行业务等,结构也比较复杂。

(二)电子商务的分类

电子商务的应用范围极其广泛,从不同的角度可以将电子商务分为不同的种类。

1. 按电子商务的交易对象分类

(1)企业与企业间的电子商务(Business Business,即 B to B,也有人称作 B 2 B)。B to B 方式主要指供、求企业之间以及协作企业之间利用网络交换信息,传递各种票据,支付货款,从而使商务活动过程实现电子化。它是电子商务最重要和最受重视的形式。通过专用网络或增值网络进行的电子数据交换(EDI),可以说是这类电子商务最早而且最为典型的应用。

(2)企业与消费者间的电子商务(Business Consumer,即 B to C,也有人称作 B 2 C)。企业与消费者之间的电子商务的典型应用就是网上购物,即电子化的销售。它随着万维网(WWW)的出现而迅速发展起来。目前,在 Internet 上有各种类型的虚拟商店和虚拟企业,提供各种商品或与商品有关的服务。通过网上商店买卖的商品既可以是实体化的,如书籍、鲜花、食品等;也可以是数字化的,如新闻、音乐、软件等;还有可提供的各类服务,如旅游、在线医疗、远程教育等。

(3)企业与政府间的电子商务(Business Government,即 B to G)。此类电子商务活动可以覆盖企业、公司与政府组织间的各种事务。例如,企业与政府之间进行的各种手续的报批,政府通过 Internet 发布采购清单,企业以电子化方式响应。政府在网上以电子交换方式来完成对企业和电子交易的征税等,这已经成为政府机关政务公开的手段和方法。

(4)消费者与政府间的电子商务(Consumer to Government,即 C to G)。这类电子商务目前尚未出现,但随着电子商务的日益发展,政府会将电子商务扩展到个人与政府之间的事务中,如福利费的发放、税款征收等。

(5)企业内部的电子商务。企业通过自身的内部网(Intranet)自动处理商务操作及工作流程,实现企业内部数据库信息的共享,并为企业内部通信和联系提供快捷的通道。内部电子商务的应用,可以增强企业商务活动处理的敏捷性,为客户提供更加安全、优质、高效的服务。

2. 按电子商务的交易内容分类

(1)间接电子商务。即以实物商品为内容的电子商务活动。交易前信息的查询、订货及货款的支付过程都可以通过网络来完成,但商品或货物最终到达用户手中,还需要依赖传统的运输服务网络来完成。由于其需要送货的运输系统等外部要素,不能直接依靠网络实现全部过程,因此被称作间接电子商务。

(2)直接电子商务。即以无形的信息商品或服务为内容的电子商务。如计算机软件、娱乐内容的联机订购、网上信息咨询服务等。这种电子商务的全过程都可通过网络实现。直接电子商务能够越过地理界线直接交易,可充分挖掘全球市场的潜力。

3. 按电子商务的网络支撑平台分类

(1)基于 Internet 的电子商务。是指利用连通全球的 Internet 网络开展的电子商务活动。在 Internet 上可以进行各种形式的电子商务业务,所涉及的领域广泛,正在以飞快的速度发展,前景十分诱人,是目前电子商务的主要形式。

(2)基于内部网(Intranet)的电子商务。即通过内部网,完成企业内部信息的发布、交流、反馈,进行业务流程和人、财、物等资源的规划、协调与管理,加强对企业内部有关数据库及文件系统的管理,通过防火墙技术及设置访问权限等措施保证企业机密信息的安全。

(3)基于其他网络的电子商务。相关企业之间,通过外部互联相互沟通,协同运作,以提高效率与效益。如视频会议、视频点播(VOD)、ATM 自动取款业务等。

四、发展电子商务的基础

(一)电子商务的必要条件

电子商务的必要条件三要包括人的因素、电子工具的现代化和商品的信息。

(1)人的因素。具备掌握现代信息技术及商务理论与实务的人才是电子商务最必要的条件。电子商务是人与电子工具复合的有机系统,而人是起决定性作用的关键条件。这是因为,第一,电子商务是人类社会特有的、代表先进生产力、有目的、有层次、有序列、有严格组织及规则、各部分紧密相关、密切配合的体系,而且是动态变化的体系。无论是它的目标的确定、扩展,还是它的组织结构的确定和规章制度的制定,都是在相应的历史环境、科学技术、文化背景下由各方面(政府、行业协会、管理机构等)的人来共同确定的。离开了电子商务的目标、组织、规则的制定者,或者缺乏这方面的管理、技术人才,是不可能实现电子商务的。第二,电子商务系统是现代高科技的结晶,要保证系统硬件和软件安全、可靠地运行,没有一批高技术人才是办不到的。第三,电子商务活动的开展过程是商务管理、商务活动。商务理论与现代电子工具的有机结合,无论是从事电子商务管理者还是从事电子商务活动者,都必须是既懂商务理论与实践又懂电子工具应用的复合型人才,只懂其中之一者是不能胜任电子商务工作(管理、处理、维护等)的。

(2)电子工具的现代化。电子商务活动的开展,依赖于电子通信工具、计算机和软件系统的现代化。首先,电子通信工具的迅速发展实现了大容量多媒体(数据、图像、声音等)信息的全球快速传输。如果没有电子通信网络的基础支持,电子商务活动是难以开展、难以想象的。其次,不同类别、不同型式的电子计算机使电子商务活动的开展从国家到地区、从企事业单位到个人家庭有了各自适用的电子商务管理、处理设备。再次,开展电子商务还必须有实用的电子商务软件。通过软件,管理者和使用者可以方便地进行安全、可靠的商务活动。最后,打个比方,电子通信网络好比是高速公路,电子计算机是高速公路上的各个车站,软件是高速公路上奔驰的车辆的调度、管理者,商务数据才是奔驰的车辆,在数据上装载着实现商务活动的原始的、中间加工的和最终结果的信息,若想顺利、便捷地运送实现商务活动,缺少以上任何因素都是不可能的。

(3)商品信息化。由于电子商务是在"信息高速公路"上开展的,所以,必须将商品信息化。所谓商品信息化,是指将商品(以工业消费品为例)的各种特征、属性信息化,用一组数据,如大类、品名、规格、型号、单价、厂家、品牌、使用说明、使用期限等来描述,还可以用图形、图像、声音等多媒体形式补充描述。这样一来,当人们获得这些信息,就如在柜台前看到这些商品一样,可以使人身临其境般地进行比较、选择。如果商品没有信息化,就不可能进行信息高速公路的商品信息传输,就不可能开展真正的电子商务活动。

（二）电子商务的充分条件

必要条件具备了，就可以开展电子商务工作。但要很好地开展电子商务工作，还必须具备一些充分条件。充分条件可以归纳为以下几点。

（1）商品信息标准化。在必要条件中谈论的商品信息化，只是强调了商品实物形态向抽象概念形态的转化，因为没有这个转化就不能"上"信息高速公路。但商品信息只能"上"信息高速公路是不够的，它还应该是规范化的、标准化的数据格式，便于双方理解和认可这些信息，再在脑海中翻译成实物，才不会发生误解，才便于商品信息的使用、统计，做好各方面工作。

（2）商品交易规范化。电子商务的规范化比人工商务的规范化要求高得多，这是因为，第一，电子商务的速度快、实效强，交易时间大大缩短，买卖决策者一旦做出交易决定后，即需确认，确认后就不允许反悔，故交易的规范显得尤为重要。第二，电子商务的透明性比手工商务的透明性要弱一些，如果不建立健全交易的规程，交易者更容易失误，并且在交易中出现混乱和纠纷。

（3）安全保证必须令人信服。电子商务的核心是网上贸易，因此，电子商务的安全问题是一个至关重要的问题。网上贸易的安全性应满足以下几个方面：交易双方身份的确认；保证信息在网上传输过程中未经篡改；保护敏感信息的隐私权；确信买方不能假称已经支付或卖方假称未被支付等。如果安全性不能得到保证，是没有人愿意通过电子商务进行贸易活动的。

（4）强化市场监督。电子商务的快速、隐蔽等特性使市场监督显得更加重要。例如，在电子期货市场、电子股票证券发行交易市场，国家证监委就发挥着非常重要的作用。由于隐蔽的特点，公开性、透明性就必然需要有强有力的组织机构来保证市场秩序的正常，交易过程、交易行为的正确，交易商品的保质保量等。以上充分条件的具备与否，直接关系到电子商务开展的好坏。将电子商务的必要条件和充分条件结合起来，共同奠定了电子商务开展的基础。

五、电子商务的交易过程

电子商务与传统商贸活动一样，其商务过程都可以从时间上分为三个阶段，即交易前阶段、交易中阶段、交易后阶段。

（一）交易前阶段

这是电子商务进行的准备阶段。对卖方来说，就是要千方百计地利用电子技术、电子工具和计算机网络技术的特性，在尽可能大的范围内宣传自己的产品或服务，树立品牌形象，扩大市场知名度，争取客户。而对买方来说，则是为了寻找和选购自己需要的商品，借助计算机网络等电子工具，搜集商品信息，并通过对比和选择定下自己确实要购买的商品和交易对象。在传统模式下，卖方的工作主要就是通过电视、报刊等宣传自己的产品,然后坐等顾客上门选购。而顾客购买时并不一定能注意到卖方的广告,他们光临的诸如商店、超市、代理商等购物场所也并不一定能提供完全适合自己的商品。但由于市场信息的不对称性,买卖双方往往会在推销与选购的寻找中失之交臂,买方买不到自己真正喜爱的商品,拥有这一商品的卖主又卖不出去。

(二)交易中阶段

这是电子商务交易谈判和达成的阶段。买方首先需要选定商品,然后通过网络从认证中心得到卖方的认证信息,即确认卖方是一家有信用的商家,这样付款后能从卖方得到商品,不至于发生对方耍赖的事情,随后即可将求购信息发向卖方。卖方在收到买方的求购信息后,首先要通过网络从认证中心确认买主身份和信用,以保证求购信息的真实性和不可否认性。然后,买卖双方可以就交易的具体细节进行磋商,以达成交易。与交易前阶段相比,这一阶段有第三方机构即认证中心加入交易过程中来,充当担保人的角色,以使交易进行下去。在传统交易模式下,这一商务过程从求购、报价、磋商、治定等都是通过传递贸易单证来完成的,其间可能使用电话、邮递、传真等工具传递商务信息,甚至派遣专门业务人员治谈具体细节等,交易进展速度慢、效率低且保密性差。而在网络化环境下,借助各种电子工具,可以将交易中的商务单证借助网络以标准的报文形式进行传递,速度快、效率高,而且网上的专用数据交换协议还可以保证传递信息的安全和准确。

(三)交易后阶段

这一阶段是电子商务交易过程中极为关键和重要的一环,其主要任务是完成商品交换以及交易款的支付与纳入,这是买卖双方实现交易活动的最终目的。在交易后阶段,除认证中心需要加入交易过程外,金融业也需要介入电子商务过程,以电子方式或借助电子方式完成交易款的划割。由于商品需要送到顾客手中,因此,对一切有形商品还需要运输业的介入,完成商品的运送。基于数字的无形化商品通常可以通过网络直接送达到顾客手中。与传统资金交割方式不同,在电子商务环境下,传统的现金和支票等支付手段已不再适应网上交易或电子交易的需求,必须通过电子货币或电子银行机构来完成,当然,资金交割时还需要认证中心从中保证各参与方的真实性和交易信誉。

六、传统商务与电子商务的区别

电子商务将传统商业活动中物流、资金流、信息流的传递方式利用网络技术进行整合,企业将重要的信息以万维网(www)、企业内部网(Intranet)或外联网(Extranet)直接与分布各地的客户、员工、经销商及供应商连接,创造更具竞争力的经营优势。电子商务与传统的商务活动方式相比,具有以下五个特点。

(一)交易虚拟化

在电子商务中,贸易双方从贸易磋商、签订合同到支付等,无须当面进行,均通过计算机网络完成,整个交易完全虚拟化。对卖方来说,可以到网络管理机构中申请域名,制作自己的主页,组织产品信息上网。而虚拟现实、网上聊天等新技术的发展使买方能够根据自己的需求选择广告,并将信息反馈给卖方。通过信息的推拉互动,签订电子合同,完成交易并进行电子支付。整个交易都在网络这个虚拟的环境中进行。

(二)交易成本低

电子商务使得买卖双方的交易成本大大降低,具体表现在以下几个方面。

一是距离越远,网络上进行信息传递的成本相对于信件、电话、传真而言就越低。此外,缩短时间及减少重复的数据录入也降低了信息成本。

二是买卖双方通过网络进行商务活动,无须中介者参与,减少了交易的有关环节。

三是卖方可通过互联网络进行产品介绍、宣传,避免了在传统方式下做广告、发印刷产品等大量费用。

四是电子商务实行"无纸贸易",可减少90%的文件处理费用。

五是互联网使买卖双方即时沟通供需信息,使无库存生产和无库存销售成为可能,从而使库成本降为零。

六是企业利用电子商务对内部资源进行整合,提高企业运作效率,节省时间,并降低管理成本与产品成本。

(三)交易效率高

由于互联网络将贸易中的商业报文标准化,使商业报文能在世界各地瞬间完成传递和自动处理。原料采购、产品生产、需求与销售、银行汇兑、保险、货物托运及申报等过程无须人员干预,可在最短的时间内完成。在传统贸易方式中,用信件、电话和传真传递信息,必须有人的参与,且每个环节都要花费不少时间。有时,由于人员合作和工作时间的问题,会延误传输时间,失去最佳商机。电子商务克服了传统贸易方式费用高、易出错、处理速度慢等缺点,极大地缩短了交易时间,使整个交易变得更加快捷与方便。

(四)交易透明化

买卖双方从交易的洽谈、签约以及货款的支付、交货通知等整个交易过程都在网络上进行。通畅、快捷的信息传输可以保证各种信息之间互相核对,可以防止伪造信息的流通。例如,在典型的许可证 EDI 系统中,由于加强了发证单位和验证单位的通信、核对,假的许可证就不易漏网。

(五)交易个性化

网络的实时互动式沟通,能够促进厂家与消费者的密切联系。通过这种网络交往,产品或服务的需求者能够更准确地表达出他们对产品和服务的要求与评价。这样厂家便可根据用户的内在需求,针对用户的个性化需求组织生产、服务,实现交易(包括服务)的个性化,更好地服务于现有用户,并吸引更多的用户。消费者用与商品价值相等的等价物与生产者手中的商品进行交换,取得商品的所有权。商品的等价物可以是货币,也可以是其他实物。在这一过程中,资金的流动构成资金流。商品成交后,把商品按照买主和运输、保管的要求包装好,通过装卸、运输、储存、保管等过程,将商品运送到买者手中,这个过程即为物流过程。经济信息是对持续不断、周而复始的商品流通活动的客观描述,是资金流、物流运动状态特征的反映。信息流的形成主要是由于经济活动本身以及对经济活动进行计划、组织、指挥、协调、控制等过程的客观需要。具体来说,资金流信息和物流信息共同构成流通中的信息流。资金流、物流和信息流的形成是商品流通不断发展的必然结果,三者的关系可以表述为:通过信息流及时、准确的提供,以资金流实现商品的价值,以物流实现商品的使用价值。三流在商品价值形态的转化过程中有机地统一起来,从而共同完成商品的"生产—分配—交换—消费—生产"的循环。电子商务从本质上说,改变了信息流的流动方式,加快了信息的流动速度。信息流的变化要求物流与资金流也随之变化,并创造更多的商务机会,带动整体商务活动效率的提升。

第三节 国际贸易理论

早在商业经济快速发展的 18 世纪中期,为批判社会上普遍存在的商业行为,国际贸易理论的雏形诞生,并迅速发展起来。而随着经济学术界各研究者对经济体系的不断完善,国际贸易理论的发展也变得越来越重要。只有充分把握其发展过程并对其发展规律全面掌握,才能在此基础上有效地制定出更加切合实际的贸易政策。也只有这样,才能进一步推进国与国之间的经济发展,进而最终推进世界经济的稳步发展。

据相关研究表明,国际贸易理论发展至今,共经历了古典贸易理论、新古典贸易理论、新贸易理论、新兴古典贸易理论这四个理论。在这里,我们主要就这四个理论进行研究。

一、古典贸易理论

亚当·斯密在其《国富论》中认为,人对利益的追求导致劳动分工的产生,进而推动了经济的发展。在绝对优势理论中,利益的产生就在于贸易国所生产并参与到国际贸易活动中的优势生产物品中。研究发现,在古典贸易理论中,绝对优势理论主要建立在如下几个方面:首先指出是由于利益的驱使导致国际贸易活动的发生;其次指出国际贸易可以为贸易国各方都带来更多的利益;最后指出国际贸易应该更加自由。相对于绝对优势理论而言,比较优势理论更加具有普遍性,因为其指出参与国际贸易中利益的获得方不只限于具有优势的国家,并且还指出自由贸易极其必要。然而,这种理论虽然有所进步,却也存在一定的局限性,即表现在三个方面。局限之一:这种理论属于静态的分析理论,一旦贸易国的社会经济发生变化,这种优势所产生的变化不能被显现出来。局限之二:这个理论是基于劳动时间的基础上建立的,不能涵盖关乎生产的其他因素。局限之三:从理论在利益分配上的问题的说明也并不清楚。

二、新古典贸易理论

新古典贸易理论的模型建立在比较优势理论的基础上,更加具有进步性。主要表现在:首先是阐释了相对优势因何而产生;其次是此理论并不只是对商品的产出及交易进行的研究,同时还从不同层面研究了贸易国家的优劣势所在;最后则是研究国际贸易对国家经济及其居民的收入所产生的影响。这主要是由于当贸易国凭借其国内较为丰厚的自然资源生产出产品并参与到国际贸易环节中进而获取到更多利润时,就不可避免地会刺激此类产品的需求,进而引起价格的提升。如果国家采用国际市场引进的办法来生产此商品,就会使贸易国家的社会参与者获得更多的经济回报。

三、新贸易理论

20 世纪 70 年代后期,国际贸易理论开始呈现出显著发展的趋势,多数经济学家都开始对此进行深入研究,并将多种新理论应用于此理论中,以期能对国际贸易进行解释。在此基础上,新贸易理论逐渐形成。较之新古典贸易理论,新贸易理论具有更多的优势。新贸易理论具备更强的现实适用性,不仅可以对更多的经济现象进行解释,还弥补了新古典贸易理论中的一些不足。新贸易理论认为,生产活动会随着所在国家内的经济、市场及多种因素而变化。

四、新兴古典贸易理论

在新兴古典贸易理论中,关键所在就是假设参与经济活动中的各个主体都具备生产及消费的双重属性。在此理论中,不仅更加全面地解释了贸易活动发生的最根本原因,还能适用于不同的贸易活动中。在新兴古典贸易理论中,分工是致使贸易发生的最主要的原因。随着时代的发展,分工的优势将会更加明显。此理论主要具备如下三点优势:首先,较之之前的一些贸易理论,新兴古典贸易理论更加具有专业性,再加上其属于动态的分析理论,因此可更加接近现实,并且还能对现实贸易活动进行更加完善的解释;其次,新兴古典贸易理论还能为现实经济的运行提供更强的理论支撑,同时还能影响并指导管理者决策的制订,从而使经济实现更高效的运行;最后,此理论还更好地解释了贸易活动出现的原因。具体来说,新兴古典贸易理论将贸易活动的起源进行了统一,这也是其对国际贸易理论的最有力的贡献,不仅完善了国际贸易理论,还揭示出经济运行的本质,可有力地指导现实。

第四节　跨境电子商务发展的理论基础

　　跨境电子商务包含三要素,即电子、商品和跨境。从广义上来讲,跨境电子商务是指交易主体以数据电文形式,通过互联网等电子技术,开展跨越关境交易的一种国际商业活动。从狭义上来讲,跨境电子商务是指分属不同关境的交易主体,通过跨境电子商务平台达成交易、进行支付结算,并通过跨境物流送达商品、完成交易的一种国际商业活动。从海关层面来讲,电子商务企业、个人通过电子商务交易平台实现零售进出口商品交易,并根据海关要求传输相关交易电子数据且接受海关监管。

　　无论从哪个方面定义,跨境电子商务作为推动经济一体化、贸易全球化的技术基础,具有非常重要的战略意义。跨境电子商务不仅冲破了国界,使国际贸易走向无国界贸易,同时它也正在引发世界经济贸易的巨大变革。对企业来说,跨境电子商务开放、多维、立体的多边经贸合作模式极大地拓宽了进入国际市场的路径,大大促进了多边资源的优化配置与企业间的互利共赢。对消费者来说,跨境电子商务使他们非常容易获取其他国家的信息并买到物美价廉的商品。

一、分工理论

　　国际分工理论是国际贸易最早的也是最基础的经济理论。从根本上说,所有的国际贸易理论都是建立在国际分工理论之上的,都是属于国际分工理论的研究范畴。亚当·斯密是国际贸易分工理论的鼻祖。他认为,劳动创造财富的主要原因在于劳动分工,劳动分工的日益深化和不断演进提高了劳动生产率,分工和专业化的发展是经济增长的源泉。从亚当·斯密提出的古典国际贸易理论的绝对优势理论开始,国际贸易理论随后经历了大卫李嘉图的相对优势理论、新古典国际贸易理论的赫-俄理论、新国际贸易理论的产品生命周期理论、规模经济理论、产业内国际贸易理论以及国家竞争优势理论的不断演进。国际分工理论主要是通过对特定时期和特定条件下国际分工的研究来解释国际贸易产生、发展与演变的原因,以及国际贸易形态、产业转移和国际贸易格局的基本特征。

　　自近代以来,国际分工经历了以下几个重要阶段。

　　萌芽阶段(16世纪到18世纪中叶)。地理大发现等因素促使族群迁徙和社会分工进一步提高。

　　形成阶段(18世纪60年代至19世纪60年代)。这一时期发生了以英国为中心的第一次工业革命,促进了以英国为中心的国际分工的形成。

发展阶段(19世纪中叶至第二次世界大战)。这个时期,资本主义世界爆发了第二次工业革命,促进了以美国为中心的国际分工体系迅速发展。

深化阶段(第二次世界大战以后)。由于第三次产业革命兴起,各个殖民地走向独立,资本输出形势发生变化,一些社会主义国家成立并参加国际分工,国际分工出现了许多新变化。

变革阶段(20世纪末至今)。全球经济一体化和信息一体化是这次国际分工的关键推动力,并直接促使全球经济从工业经济进入网络经济时代。首先,这次国际分工具有普遍性。其次,这次国际分工具有整体性。因此,可以说,这次国际分工从横向和纵向上同时推进。最后,这次分工具有网络结构与网络效应。这次国际分工是建立在互联网基础上的,是一种网络分工。网络分工和传统分工相比,具有跨界、共享、协同等新特征和新作用。首先是打破产业边界,打破了地域、技术、服务、业务组织、产业边界。其次,在打破产业边界后,进一步实现产业资源和信息共享、产业协同与规模化发展,提升产业效率,重构产业生态,从而形成新的生态繁荣。这次国际分工直接引发了跨境电子商务的产生。

(一)新型国际分工决定了跨境电子商务的商业形态

根据国际分工理论,跨境电子商务是互联网时代,国际分工进一步发展的产物。过去,零售只能存在于一个国家的商场、社区店,小额贸易只能存在于一个国家分布在各地的集贸市场。不同国家的市场是相互隔绝的,一个国家的商品需要先通过传统一般贸易大量进入另外一个国家,然后再进行分销、小额贸易或零售。传统国际分工理论认为,跨境小额贸易和跨境在线零售这两种模式不仅违反专业化社会分工规则,是一种非常低效的商业模式,而且从技术和物流来看也是无法实现的。但是,随着全球经济一体化发展,全球形成一个统一的大市场,以及互联网技术和现代物流不断发展,国内商业模式开始具有跨越国界的可能,最终促使跨境电子商务产生。

目前,国际贸易从过去一般贸易的单一形式开始形成一般贸易、跨境小额贸易和跨境在线零售三分天下的格局。跨境小额贸易和跨境在线零售正在保持高速增长,导致外贸订单越来越呈现多品类、多批次和多频次的特点。据相关统计数据显示,未来5年内跨境小额贸易还会增长一倍,而传统一般贸易年复合增长率却是 -7%增长,贸易份额正在逐年下降。因此,从贸易发展趋势来看,贸易碎片化和贸易多样化是贸易发展的主要特征。

碎片化给传统贸易业务流程、监管、统计等都带来了重大挑战。如果继续沿袭过去的业务模式和监管模式,这种碎片化业务将会成百倍乃至成千倍地增加海关监管、外汇管理、银行业务以及外贸企业的工作量和人力成本。对买卖双方来说,如此频繁地通过传统汇款方式支付小额货款,其交易成本是可想而知的。因此,碎片化是跨境电子商务需要解决的主要问题。

（二）新型国际分工决定了跨境电子商务的组织形式

传统国际贸易是一种横向线性分工模式，即"工厂—出口商—进口商—中间商—零售商—最终消费者"，工厂负责组织生产，出口商负责商品出口，进口商负责进口，中间商负责商品分销和配送，零售商负责最终销售。各企业相互分工协作，是一种非常高效的组织形式。跨境电子商务则是一个相对复杂的网状组织。跨境电子商务可以是工厂，也可以是出口商，还可以是进口商，甚至是中间商或零售商，同时还要完成营销、分销、物流和售后服务等多角色的工作。随着跨境电子商务从无到有、从小到强逐步发展，跨境电子商务开始形成比较成熟的交易体系、供应链体系与服务体系，跨境电子商务生态开始成熟。从具体流程来看，跨境电子商务是指国内制造商/品牌商把商品销售到境外，主要由建站、推广、支付、物流四个核心环节构成。跨境电子商务生态圈包括制造商/品牌商、网络信息服务商（建站、ERP、营销、推广、云计算、大数据等）、各种物流服务商（大宗商品物流服务商、快递公司、邮政系统、航空公司以及各种物流服务中间商）、跨境支付服务商（银行、第三方机构、比特币等）以及国外消费者。

需要指出的是，一个跨境电子商务在享受横向供应链扁平化带来的好处的同时，需要克服纵向额外社会分工所增加的劳动量。这样一来纵向供应链就会变长，横向供应链就会变短。但是，劳动总量是几乎没有改变的。如果此时跨境电子商务的整体劳动效率比以前还低，那么对整个社会来说并没有好处，跨境电子商务也就不能从根本上撼动传统供应链和经济格局。反之，整个社会就会由于劳动效率的提高进行国际分工重组，跨境电子商务就有存在的意义。从这个角度来看，衡量跨境电子商务的社会价值，就是要看它最终采取了哪些技术和手段来提高社会平均劳动率。例如，亚马逊采用了先进的信息化系统 AWS、无人机和机器人，用信息化和自动化替代高昂的劳动力成本，大幅度提升碎片化交易条件下的劳动效率。

由此可进而推断，一个国家需要保持跨境电子商务合理发展，并且还需要不断优化跨境电子商务模式和技术，以促进整个社会生产力和劳动效率的提升。如果过度发展低端跨境电子商务，只停留在数量增长而忽视技术进步，不仅会引发行业恶性竞争，同时对整个社会经济并没有多少贡献。

（三）新型国际分工决定了跨境电子商务的运行机制

这次社会化分工促使企业竞争力战略重点从生产制造为中心转向信息处理为中心。企业或单位越来越离不开网络和信息，越来越关注网络生态的变化对自身的影响。竞争力高低直接表现为信息收集和处理的效率，没有信息化的单位根本无法生存。建立像蜘蛛网一样繁密和灵敏的信息网络，是提高竞争力的关键。

因此，对一个具体的跨境电子商务企业来说，一般从销售入手，逐步建立线上销售渠道、信息化管理和供应链服务体系。但最终决定胜出的是建立在数据分析和数据应用基础之上的信息处理能力。

二、协同理论

当前,在"互联网＋"背景下,跨境电子商务成为当前世界贸易经济转型升级的重要创新模式。跨境电子商务也是自贸区企业的重要组成部分,但影响跨境电子商务的发展的因素有很多。为此,必须分析序参量、自组织和结构泛进化等理论与应用,探讨如何建立协同机制,把协同发展机制纳入跨境电子商务一体化发展体系。

协同理论也称协同学,是 20 世纪 70 年代以来在多学科研究基础上逐渐形成和发展起来的一门新兴学科。创立者是联邦德国斯图加特大学教授、物理学家哈肯,他先后发表了《协同学导论》《高等协同学》等著作。目前,协同、理论学已广泛应用于自然科学、经济学和社会学等领域。

(一)协同理论视角下的相关问题研究

1. 自组织问题研究

组织是指系统内的有序结构或这种有序结构的形成过程。哈肯指出,从组织的进化形式来看,可以分为两类,即自组织和他组织。不存在外部指令形成的有序结构组织就是自组织,靠外部指令形成的组织就是他组织。企业特别是私营企业都是由股东自发组织起来的机构,都属于自组织的范畴。在企业内部,也是有序组织,自主独立运行。但在市场上,它们依靠自身对市场经济发展趋势的分析判断做出经营决策和经营行为。这种行为往往存在着无序性、盲目性、主观性。国有企业从成立之初就是因外部力量而发起成立的,具有很强的他组织的特征。在经营管理上,也有一定的他组织性。同时,我们还要看到,无论是自组织还是他组织,都不是一成不变的。随着外部环境的变化,组织也在不断进化和发展。自组织可以发展为他组织,他组织也可以发展为自组织。例如,所有制形式会出现混合所有制等。在跨境电子商务领域,目前更多的是民营企业等自组织形式。但在某些领域,起主导作用的都是他组织。在政府政策的引导下,也会出现自组织与他组织相互转化的现象。

2. 序参量问题研究

哈肯认为,首先是存在序参量。其次,事物的演化受序参量的控制,演化的最终结构和有序程度决定于序参量。最后,在一个开放系统中,各组成部分不断地探索新的位置、新的运动过程或新的反应过程,系统的很多部分都参与这种过程。在不断输入的能量,或许还有新加入物质的影响下,一种或几种共同的也就是集体的运动或反应过程压倒其他过程。这些特殊过程不断加强,最终支配所有其他运动形式。这些新运动给予系统新的宏观结构,即我们所认为的系统新状态具有较高级的有序性。增长率最高的那些方式通常获得优势并决定宏观结构。当系统总的状态发生宏观改变时,即出现新的有序性。在宏观上,在跨境电子商务领域,原本存在很多企业,都在做跨境电子商务贸易。但在国家提出"一带一路"倡议后，特别是签署"一带一路"合作战略后，实施了中欧班列班轮、建立了跨境电子商务平台建立，原本无序的状态受政府宏观政策环境的影响，形成了更大范围的新经济带，即丝绸之路经济带和21世纪海上丝绸之路经济的增长和繁荣，在更高层次上形成新的贸易新秩序。在微观上，我们通常无法描述每一个企业的命运。但通过协同理论的研究，可以去探寻群体的"客观属性"。生物群体关系主要包括竞争关系、捕食关系和共生关系，行业内企业群的发展关系主要包括竞争关系、产业链关系、联盟或集团发展模式关系。具体到"一带一路"跨境电子商务领域，单纯的同类型电子商务企业之间或电子商务平台内企业关系都属于竞争关系企业，"跨境电子商务—电子商务平台—物流企业—金融结算"就属于广义的产业链关系，大型跨境电子商务与制造企业联盟以及更大范围的向前一体化或向后一体化都是广义的共生关系。

3. 从无序到有序的转变问题研究

客观世界存在着各种各样、大大小小的系统和组织，在从旧结构转变为新结构的过程中，"很多子系统的合作受相同的原理支配而与子系统特性无关"。受"随机力"和"决定力"之间的相互作用，把系统从旧状态转变为新状态。协同理论通过研究不同事物的共同特征及其形成机理，着重探讨各系统从无序变有序时的相似性，为我们处理复杂问题提供了新的思路。在跨境电子商务行业发展的过程中，我们面临的是一个多要素参与、大空间跨度、长时间才能完成交易等诸多困难的局面，同时还要经受国际汇率多变、地缘政治复杂、文化差异大、企业间竞争激烈等环境变化因素影响。如何将这些看似杂乱的事物变得井井有条，即企业通过有效的经营管理，使得各要素之间形成一种稳定的运动状态，即经营行为的有效性。在这样的背景下，跨境电子商务企业要想生存和发展，不但要重视组织内各部门间的协调，更要不断适应企业外部环境，充分利用国家政策，协调外部资源，将原本无序的资源，通过有效的企业管理，变成有序的商品；实现生产、销售、资金回笼和利润实现。只有各要素之间协同发展，才能实现企业从投入到产出的全链条过程。从宏观角度看，要分析了解一个行业，实现从无序发展到有序管理，其发展过程特别是临界状态和"决定力"都是关注的核心内容。回顾电子商务发展历程，电子商务的概念在1990年前后就已经出现了。当时，只要某个公司开始做网站，好像就已经与互联网销售接轨了。但实际上效果一般，仅仅是部分改变了劳动方式和劳动效率，并未真正鼓起勇气改变人们的生活。每个企业努力地做着自己公司的销售网站，电子商务与今天看到的效果相差甚远，更多地处于信息单向发布状态。也就是说，从宏观层面看，更多地仍是一种无序状态。在经历了互联网提速、移动互联网出现，特别是移动支付出现等技术支撑条件相对成熟后，随着电子商务平台的出现，才有了电子商务潮流并实现了火爆的销售局面，如"双11"销售额的暴增等现象，才真正实现了电子商务互联网销售从无序到有序的过程。其中的"移动支付""高速互联网""电子商务平台"就是阶段性的关键因素,即慢变量。

4. 慢变量支配原则研究

序参量形成后,起着支配子系统主导作用的是慢变量。在系统中,在临界状态附近,系统参量可分为两类,即快变量和慢变量。绝大多数参量仅在短时间内起作用,对系统的演化过程、临界特征和发展前途不起明显作用,这类变量即快变量。另一类变量只有一个或少数几个,在演化过程中始终起着作用,并且得到大多数子系统的响应,起着支配子系统行为的主导作用。因此,系统演化的速度和进程都由它决定,这类变量就是慢变量。在跨境电子商务领域中,快变量是广大的跨境电子商务企业、跨境电子商务从业人员和跨境电子商务的消费者。而真正影响跨境电子商务发展的是慢变量,即包括跨境所属国的政府部门,还有港口码头,甚至是主要物流企业、电子商务平台和金融结算企业等。随着研究问题的不同或研究目的的不同,所寻找到的慢变量也不同。根据"慢变量支配原则",从长期看,真正决定跨境电子商务领域发展的关键因素是各个国家间的政策、政治环境、经济环境等关键要素。这与人们的普遍认知是一致的。这也说明协同理论不仅在自然科学的很多领域得到验证,在社会科学领域中也将得到广泛应用。

5. 协同效应的应用研究

系统的有序性是由系统内诸要素的协同作用形成的。同时,协同作用也是任何复杂系统本身所固有的自组织能力,是形成系统有序结构的内部作用力。协同即共同工作。对于协同的经济学分析,伊戈尔·安索夫将其定义为"企业整体的价值应大于公司各部分价值的总和",也可以理解为"协同模式的有效性部分源于规模经济带来的好处"。这一点,在从国际贸易向跨境电子商务发展的进程中有所体现,在传统商业发展的过程中也可以得到验证。在传统的国际贸易中,我们需要有英语基础非常好的业务员,通过展会等方式寻找到合适的贸易经销商,通过国际集装箱海运实现大批量国际运输,通过国际汇票等方式实现货款结算。在这个过程中,寻找到合适的国外代理商是件非常困难的事情,并且由于远距离、多环节、长时间等因素,导致贸易成本居高不下,贸易量不能大规模突破。在传统商业中,也存在商业街、大型市场贸易状况远远好于独立店铺的现象,即"集体排挤孤立",这些都是"协同效应"的好处。在跨境电子商务发展的过程中,很多大企业也设立了自己的网上销售网页,但销售效果一般,仅仅是一种宣传或补充手段。难道是这种互联网销售模式错了吗?显然不是。消费者找不到或者寻找困难,只有少数消费者能找到入口。有效的改变方式就是目前更加流行的方式,企业在知名的电子商务平台上设立"店铺"或"旗舰店",让消费者更容易实现便捷购买。这就是"协同效应"。只不过是信息协同,它也是"集体排挤孤立"的典型案例。

（二）应用协同理论研究跨境电子商务发展问题

1.协同分析

研究问题要根据研究目的的不司或解决问题的不同,去分析不同的关键要素,即寻找慢变量。但是,由于跨境电子商务环节多,交货时间长,买卖双方距离远,存在文化差异等很多限制消费的因素,在跨境电子商务发展的过程中,我们需要进行更深层次的思考。

（1）贸易协同。所有跨境电子商务的目的都是不断扩大贸易额,实现销售增长,实现利润。影响贸易的因素主要包括:制造商,他们是商品或服务的提供者;物流公司,它们是实现商品交付的执行者;结算公司,它们是实现销售货款回收的重要载体;消费者,他们是利润的提供者或源泉。那么,消费者就是最主要的因素。当然,由于出现的问题不一样,有时候物流也可能成为影响贸易的主要因素。正是由于影响因素不唯一,所以才要协同。在跨境电子商务领域中,如何实现协同呢? 我们还要进一步深挖表征后面的原因。例如,消费者在没有实现购买之前,你根本不知道他在哪里、他是谁以及他为什么会购买你的产品? 因为顾客有需求,而你的商品又能满足顾客的需求,就达成消费意向。因此,了解消费者的需求很重要。跨境电子商务企业与消费者唯一的交互平台就是电子商务平台,更准确地说是电子商务店铺。在这里,传递的是信息。因此,及时准确地传递全面的信息很重要。传递符合消费者需求的信息更重要,符合目的国文化需求的设计很重要。简单来说,在跨境电子商务贸易协同方面,以信息传递为核心,实现设计文化、商品生产、品质管理、包装物流等要素一体化协同,是推动贸易协同的重要途径。

（2）物流贸易协同。跨境电子商务由于生产地和消费目的地距离遥远,即使订单下达后,通过互联网可以实现立即获知,但物流交付实现的时间仍然很漫长,成为影响消费实现的重要因素。有时,甚至会出现当商品送达时,消费者已经不需要这个商品的现象,或者消费者失去耐心去忍受漫长的等待,这在季节性很强或时效性很强的商品中表现明显。毕竟,只有很少一部分具有影响力的商品可以让消费者忍受漫长的等待。为了扩大市场,提高送达效率,就需要物流贸易协同,实现物流作业优先化等协同方式。另外,目前流行的海外仓也是解决此类问题的一种有效方式。

（3）贸易金融协同。消费的一个重要环节就是完成支付,特别是跨境电子商务领域,保证销售资金的及时回笼很重要。但是,由于存在跨境交易,利率、时效、兑换等都成为影响贸易的重要因素。为了有效应对,贸易金融协同也是一种不错的选择。另外,还可以开展信用消费等,也是很有帮助的。

（4）企业发展协同。当企业做到一定规模时,发展是企业更加关注的问题。在这方面,协同就可以分为两种类型,即投资型协同和管理型协同。投资型协同是指以投资为纽带,实现资源整合、跨界跨领域企业间合作、部门重组等。管理型协同是指业务管理、企业管理等存在相同或相近的部门进行合并或整合,完成企业内部与外部间信息流、资金流和物流的无障碍流动,以期提高劳动生产率,实现协同效应。这种协同可以是企业之间的,也可以是企业内部的。

2. 协同原则

(1)协同经济性原则。判断协同是否有效,一个重要指标就是协同经济性。无论是企业间、部门间还是组织间,协同后,企业、部门、组织的整体效益要大于两个独立的企业、部门、组织效益的算术和,即 $1+1>2$。

(2)协同效率性原则。判断协同是否有效,另一个重要指标就是协同效率性。协同目的就是提高组织间的效率。如果没有效率或者效率更加低下,这种协同就是失败的。当然,协同还会有很多目的,如通过协同分散风险,通过协同减少同质竞争等。但是,最重要的还是协同经济性和协同效率性这两个原则。

3. 协同发展

(1)建立具有信息沟通与反馈机制的政商协同管理机制。根据序参量原则和慢变量原则,体制协同成为系统能否有序发展的关键。建立具有双向信息沟通的协同管理机制,有助于推动跨境电子商务领域更高效率的健康发展。

(2)建立外交、商贸、文化等多领域协同发展融合机制。如何更高质量地推动跨境电子商务发展,协同至关重要。为此,必须积极建设和建立基于政府指导、商贸服务和地区文化融合发展等多方面的协同机制。

(3)建立更加广泛的协同机制。应注重协同的经济性和效率性,积极推动商贸协同、物流贸易协同、金融贸易协同、企业发展协同。

三、比较优势理论

比较优势理论认为,国际贸易的基础是生产技术的相对差别(而非绝对差别),以及由此产生的相对成本的差别。每个国家都应根据"两利相权取其重,两弊相权取其轻"的原则,集中生产并出口其具有比较优势的产品,进口其具有比较劣势的产品。比较优势贸易理论在更普遍的基础上解释了贸易产生的基础,大大发展了绝对优势贸易理论。

比较优势理论自李嘉图提出至今已有两百年,但仍不失为指导一般贸易实践的基本原则。不仅如此,比较优势理论的原理除了可以用于对国际贸易问题的分析以外,还有较为广泛的一般适用性。在这里,我们可以借助比较优势理论,分析一下传统外贸和跨境电子商务各自的优势和劣势。

传统外贸具备三大优势:一是从发展到现在,早就成为国家财政的主要来源之一;二是经过多年的沉淀,已经拥有一大批专业外贸人员和工厂;三是各个行业在全球市场中的拓展非常广。

传统外贸存在三大劣势:一是产品本身——主要部分的外贸产品还是集中在中低

档次;二是成本——本土劳动力成本上升,而东南亚、印度等地因为劳动力成本原因对中国制造造成了很大的压力;三是品牌化——在产品品牌塑造、推广等方面力度不够,代工是很多工厂的主流,随着这些年全球经济低迷,工厂订单利润率极低。

跨境电子商务具有以下三大优势。

一是交易范围的全球性。跨境贸易电子商务化解了传统国际贸易所具有的地理因素限制,实现了无国界贸易,使得企业直接面对全球消费者。

二是信息交流的即时性。在跨境贸易电子商务中,贸易双方可以即时进行信息交流,无论时空距离远近,一方发送信息与另一方接收信息几乎是同时的,下单、付款都在瞬间完成。

三是贸易渠道的便捷性。跨境贸易电子商务省去了传统跨境贸易的很多中间环节,降低了从事跨境贸易的门槛,使得国际贸易变得简化、透明,同时节约了交易成本,缩短了运营周期,为广大中小企业提供了直接面向国外卖家的营销渠道。

跨境电子商务也存在自己的劣势。由于控制价格、商品质量、服务、配送和售后等关键因素是形形色色的商户而不是平台本身,所以平台很难制订统一的标准,库存量不准确,平台本身没有库存,也不可能和几十个或者上百个商户的库存系统对接。这就导致上架商品的实际库存的不可知性。客服不涉及订单处理,也不了解商品问题,对用户的需求和问题只能转达给商户,不能第一时间响应,而对商户又没有控制力,只能沟通协调。

第五节 跨境电子商务的基本概念

一、跨境电子商务的概念

所谓跨境电子商务,是指分属于不同关境的交易主体,借助电子商务平台,达成交易,进行支付结算,并通过跨境物流送达商品、完成交易的一种国际商业活动。

二、跨境电子商务的类别

综合来看,目前的跨境电子商务主要包括以下三种类别。

第一,按照进出口的方向,可将跨境电子商务分为出口跨境电子商务和进口跨境电子商务。

第二,按照交易模式,可将跨境电子商务分为 B2B 跨境电子商务和 B2C 跨境电子商务。

第三,针对 2013 年 E 贸易的提出,可将跨境电子商务分为一般跨境电子商务和 E

贸易跨境电子商务。

三、跨境电子商务的特征

跨国电子商务具有五大特征,即全球性、无形性、匿名性、即时性、无纸性。下面,分别进行简明的介绍。

(一)全球性

从某种意义上说,网络没有边界,具有全球性。因此,依附于网络的跨境电子商务也自然具有全球性。与传统的交易方式相比,跨境电子商务属于典型的无边界交易,不存在传统交易中所凸显的地理因素。跨境电子商务的这种全球性对客户来说,既有积极影响,也有消极影响。积极影响主要是能够最大限度地进行分享,消极影响是必须面临不同国家或不同地区的文化、政治、法律所引发的交易风险。任何客户,无论身居地球何处,只要具备相应的技术手段,就可以在任何时候、任何地点进入网络,进行交易。这种远程交易,给习惯于在一个国家的固定范围内行使税收管辖权的税收当局提出了难题。

(二)无形性

随着互联网的迅猛发展,数字化产品和数字化服务开始盛行。由于数字化传输是通过不同类型的媒介,包括数据、声音、图像等在全球化网络环境中集中进行的,这些媒介总是以计算机数据代码的形式出现的,因而具有无形性。毫无疑问,跨境电子商务是数字化传输活动的特殊形式,自然也具有无形性。跨境电子商务的这种无形性,导致税务机关很难管控跨境电子商务交易,在如何监督、如何征税方面带来新的课题。

(三)匿名性

由于跨境电子商务的全球性和无形性,很多时候很难识别跨境电子商务用户的身份和所处的地理位置。很多进行在线交易的客户出于各种考虑,往往隐匿了自己的真实身份和地理位置。但是,这丝毫不会影响跨境电子商务交易的进行,网络的匿名性也允许甚至鼓励客户这样做。于是,在虚拟社会里,这种隐匿身份便会导致自由与责任的不对称:可以享受最大限度的自由,却只承担最小意义上的责任,甚至可以逃避责任。税务机关很难查明在线交易人的身份和地理位置,自然更难以获知他们的交易详情。

(四)即时性

对网络而言,传输的速度几乎与地理距离无关。这就与传统的交易模式形成了鲜明的对比。跨境电子商务中的信息交流,不管实际时空距离有多远,信息的发送与信息的接收信息几乎是同步的,具有即时性。这种情况非常类似于面对面谈话,尽管也有一个时间差,但由于这个时间差极短,完全可以忽略不计。很多数字化产品(如音像制品、软件等)的交易,可以即时清结,订货、付款、交货等都可以在瞬间完成。跨境电子商务的这种即时性提高了交易效率,但也隐藏了法律危机。由于跨境电子商务主体的交易活动随时可能开始、随时可能终止,税务机关难以掌握交易双方的交易详情,不仅导致税收管控手段失灵,而且助长了纳税人不遵从税法的随意性。

(五)无纸性

跨境电子商务主要采取无纸性的操作方式,这是完全可以理解的。在跨境电子商务户,电子计算机通信记录取代了一系列纸面交易文件。电子信息是以比特的形式存在和传送的,整个信息发送和信息接收都实现了无纸性。无纸性的好处在于摆脱了纸张的限制,提高了交易效率。但与此同时,无纸性也在一定程度上造成了法律的混乱。在某些交易无据可查的情形下,跨国纳税人的申报额将大大降低,从而导致征税国国际税收的流失。

四、跨境电子商务的优势与劣势

作为一种国际商业活动,跨境电子商务既具有相应的优势,也存在一些劣势。

(一)跨境电子商务的优势

1. 顺应全球经济发展趋势。自全球金融危机爆发以来,传统对外贸易受到显著影响。在这种情况下,跨境电子商务凭借其小额交易、低成本、低风险、敏捷性、灵活性,满足了境外客户的需求,顺应了全球经济发展趋势。

2. 符合电子商务客户需求。跨境电子商务彻底改变了客户的购物习惯,培养了一大批极具依赖性的网购客户。网络购物突破了时间、地域的限制,还能针对客户的需求进行量身定制。这是传统外贸模式无法做到的,也更符合很多客户的现实需求。

3. 激发相关企业的参与热情。很多企业已经具备了相当的规模,对境外市场非常感兴趣。在这种情况下,跨境电子商务就为这些企业提供了一个切实可行的绝佳的突破口。因此,众多企业对跨境电子商务极具参与热情。相对于国内电子商务贸易的白炽化竞争,跨境电子商务还是一片广阔的蓝海。可想而知,在网络上,一个企业可以面对全球200多个国家和地区的市场,其吸引力自然是无与伦比的。

4. 得到各国政府的大力支持。近年来,各国政府积极鼓励跨境电子商务的发展,并为此进行了多方面的努力。据了解,我国发改委正会同商务部、海关总署、人民银行、质检总局、国家邮政局、国家标准委等部门,共同研究制定促进跨境电子商务通关服务相关的配套管理制度和标准规范。在新冠疫情笼罩全球的宏观背景下,跨境电子商务显然会得到各国政府的大力支持。

(二)跨境电子商务的劣势

1. 跨境物流发展滞后。对跨境电子商务来说,一般不大可能采用传统集装箱海运的方式进行运输。因此,目前的跨境物流已经严重滞后。

2.跨境通关不够顺畅。尽管在互联网上信息流动畅通无阻,但在线下的跨境货物流动却不够顺畅。这也是跨境电子商务面临的一个长期存在的难题。

3.支付安全难以保障。跨境电子商务的支付安全问题始终是一个敏感的问题,至今还未彻底解决。网络黑客的存在和跨境电子商务平台自身的漏洞,都使支付安全难以得到真正的保障。

4.退税缴税制度匮乏。目前,跨境电子商务主要采取快件的方式,无法提供报关单。因此,绝大多数卖家无法缴税,也无法享受出口退税。

5.优秀人才明显缺失。跨境电子商务急需大量复合型人才,这个人才缺失问题也是阻碍跨境电子商务长足发展的关键因素。

第二章

跨境电子商务基本理论

第一节　跨境电子商务消费者行为理论研究

面对消费者升级的消费需求,研究跨境电子商务平台哪些因素影响消费者购买意愿,有利于帮助跨境电子商务企业对其平台进行相应的改进,推动跨境电子商务企业发展,进一步促进我国跨境电子商务以及我国对外贸易的发展。

一、跨境电子商务的定义

跨境电子商务是以数字化交易作为主要手段,由交易各方利用现代化的信息技术进行交易,是一种包括营销、支付、物流、服务等各种业务活动的新型的跨境贸易模式。交易主体分属于不同关境,以跨境电子商务平台为媒介,通过平台达成交易并进行支付结算,通过跨境物流运输商品,完成交易。

二、跨境电子商务的特征

跨境电子商务不仅具有国际贸易方面的特征,而且具有电子商务方面的特征,具有复杂性,主要表现在以下三个方面。

第一,需要信息流、资金流和物流等多要素紧密结合。如果出现任何一方面不足或衔接问题,就会阻碍整个活动的完成。

第二,交易流程比较复杂,涉及海关、商检、外汇、税收和货运等多个环节。由于跨境电子商务目前还属于探索发展阶段,像税收等环节的法律法规还不完善。

第三,容易受到外部因素的影响,如国际经济大环境及国家政策。我国跨境电子商务发展正逐步规范化,跨境购物逐步从代购、海淘向跨境电子商务平台发展。各大电子商务企业普遍开始建立跨境电子商务板块,开展海外购业务。在这个过程中,国际经济大环境及国家政策始终存在很多的变数。

三、跨境电子商务的平台模式

（一）M2C 平台型跨境电子商务

平台型跨境电子商务是指企业开发并运营网络平台，吸引国外商家入驻平台销售产品，电子商务并不参与商品交易过程，入驻商家负责产品的销售、支付、物流和售后服务，电子商务对卖家进行管理和监督，给卖家和消费者提供交易场所或媒介，对入驻商家收取一定的费用。这类跨境电子商务最典型的代表就是天猫国际，天猫国际邀请具有海外零售资质的商家入驻，为其提供销售、支付等一系列服务。

（二）B2C 自营型跨境电子商务

自营型跨境电子商务是指企业不仅开发并运营网络平台，而且参与制造或采购、销售、物流和客户服务整个交易过程，企业对消费者负责。这类跨境电子商务的代表包括网易考拉海购、京东全球购、蜜芽、苏宁海外购、聚美优品海外购、唯品国际等。

（三）C2C 海外代购型跨境电子商务

海外代购型跨境电子商务的商业模式为个人对消费者。这类平台的卖家多为个人或小型买手团队，卖家根据消费者需求，在国外进行商品采购，通过国际物流将商品运送到消费者手中。这类跨境电子商务的代表包括淘宝全球购、洋码头、海蜜等。

（四）海外电子商务直邮商务

在这方面，有代表性的电子商务平台包括亚马逊海外购、丰趣海淘、SaksFive Avenue 等。例如，通过亚马逊海外购物，成功提交订单后，由亚马逊海外电子商务直接销售并发货。

（五）内容分享式跨境电子商务

这种模式的跨境电子商务推荐商品的方式为分享资讯方式，为了达到销售目的，吸引用户浏览。这种模式的发展需要完善的供应链体系。典型代表为小红书。

（六）返利导购类跨境电子商务

这种模式的跨境电子商务主要是针对海夕 B2C 或者 C2C 网站的返利网站，具有商品销售和引流的作用，对技术和入门门槛要求不高，长远来看缺乏核心竞争力。典型代表有海猫季、么喽。

四、消费者行为理论

（一）理性行为理论

理性行为理论是由美国学者菲什拜因和阿耶兹于 1975 年提出的，主要用来分析态度如何有意识地影响个体的行为，并根据认知信息关注态度的形成过程。基本假设是：

人是理性的,在做出某种行为之前,他们会通过整合各种信息来考虑自己行为的意义及后果。该理论认为,行为受人们从事某种特定行为的主观概率影响,即是受行为意向影响的,行为意向是由行为态度及主观规范决定的。行为态度是指个体对实行某种行为的主观倾向或立场,由行为信念和结果认知决定;主观规范是指个体对某种行为规范性信念认知程度和遵从动机,由规范信念和遵守动机决定。

(二)计划行为理论

计划行为理论是在理性行为理论的基础上提出的。该理论认为,人的行为是处在控制之下的,并非完全出于自愿。所以,该理论增加了对自我的"知觉行为控制"的内容。知觉行为控制反映个人控制信念和感知促进因素,当个人认为,自己所掌握的能力、资源、机会越多,并且对这些因素重要程度的认知越强,则对行为的知觉行为控制就越强。有两种影响方式:一是从动机上对行为意向有影响;二是可以直接预测行为。

五、网络时代的消费者行为特征

随着网络时代的到来及飞速发展,世界各国对网络时代下消费者的消费行为及企业应采取的营销策略的研究,在深度和广度上都有了很大的提高,并且也取得了显著的成果。但是,在对网络时代下消费者消费行为特征的变化研究及企业如何变化更能适应这个网络环境却未受到应有的重视。在如今这个以市场理念占主导地位的时期,谁能更准确地把握消费者的消费心理与行为特征,谁就有可能在变幻莫测的市场竞争中抢占先机,进而占据优势地位,最终获得胜利。

(一)网络时代下的消费者行为特征分类

电子商务的产生与发展,使以企业为主导地位的传统理念向以消费者为市场主体的理念转变。这必将使原来的消费观念、消费形式发生巨大的变化。网络世界的巨大容量、及时的更新、无可比拟的信息处理能力,都给消费者对商品的需求提供了前所未有的选择空间。这种多重选择必然使消费者在选购商品时增加了更多的可比性,从而能使其更加理性地选择自己的需求。所以,做好消费者行为特征的分析是企业采取相应措施的前提。

1. 消费者购买前的特征

(1)主动性

社会发展日益更新,分工更加细化、专业化,产品更新换代的速度也是空前迅猛。这使消费者在选择商品时,虽然选择机会增多,但同时带来的是不确定性的上升。消费者不能肯定这个产品的好坏,就会有心理的不平衡感、风险感。当买到不合格的产品时,就会增加更多的后悔感。为了避免这种现象的产生,消费者在决定购买某一种产品时就不得不更加主动地去搜集相关的信息,进行比较和分析,从而对需求的产品有一个详细的了解,增加对产品的信任度,最终购买。这种消费主动性的增强源于网络环境的不确定性和消费者追求优质产品、需求心理平衡和稳定的特征。

（2）互动性

为了减少网络市场的不确定性,就应该改变传统的以生产者、经销商、消费者组成的商业流通渠道中经销商位于中间环节的现状。这种流通渠道使生产者无法及时了解消费者的需求,而消费者也不能将自己的需求及时反映给厂家,造成厂家盲目生产、消费者无意购买。在网络环境下,这种情形就得到了切实的改变。消费者可以直接参与到生产和流通中去,直接和厂家进行沟通。消费者与厂家、商家的互动意识增强。

（3）趋利性

在现实的购物中,由于存在经销商这个环节,价格高出商品本身的价格。从消费者的角度来看,当购买某种商品时,需求应该是最基本的考虑因素。但是,价格的高低往往决定他们最终是否购买。网络购物环境的魅力恰恰就在于网上销售的商品价格普遍低廉。如今,产品差异化趋势明显增强,但这不足以减弱消费者对价格的敏感度,价格始终对消费者的心理产生重要影响。而在网络环境下,跳过了经销商,消费者完全可以联合起来向厂商讨价还价,产品的定价逐步由企业定价转变为消费者引导定价。

2. 消费者购买时的特征

（1）个性化

长期以来,产品理念、企业理念、利润最大化理念相继引领市场,以至于产品工业化、标准化、单一化,使企业对消费者的购买需求未给予足够重视,致使消费者的选择性大大降低。随着全球化的发展,世界逐渐被网络覆盖和最大限度地联系起来,消费市场变得越来越巨大,消费品更是琳琅满目。消费者在选择产品时,从最初的单一转向多元,从狭隘的地域选择转向全球范围的选择。消费者可以根据自己的需求,按照自己的想法、自己的爱好,去选择商品。市场营销成为个性化的市场,每一个消费者都是一个细分的市场,独立、个性化的消费成为主流。

（2）差异性

消费者个性化的消费特征必然导致网络消费需求呈现差异性。不同的网络消费者,生活环境不同,经历不同,知识水平不同,购买需求不同,对产品的选择也就必然各有不同。网络消费者是由世界各地的网民组成的,这就使需求差异性更加明显。所以,企业要想让自己的产品能立足于市场,就必须在产品的整个生产过程中投入更多的精力和耐心。应该抛弃"生产什么就卖什么"的理念,做到从产品的构思、设计、制造,到产品的包装、运输、销售都深刻包含消费者的差异性需求,针对不同的消费者,采取不同的措施和方法。

（3）简单化

今天,一部分人由于巨大的工作压力,精神高度紧张。这使得他们更热衷于选择那些方便及时的商品,尽可能节约时间和劳动成本。而另一部分人则是由于劳动生产率的提高,自主支配的时间增多,他们更喜欢花费这些闲暇时间在网上享受消费带来的乐趣。网络这种虚拟购物环境恰恰轻松地满足了他们追求快捷简单的购物心理,这种消费心理也将会在较长时间内存在下去。

(4)理性化

巨大的网络环境容纳了前所未有的商品数量,这就为消费者选择商品提供了更多比较的机会。消费者能及时地根据自己搜集到的信息进行反复比较,最终决定是否购买。对企事业单位的采购人员来说,可以利用预先设计好的计算程序,迅速比较进货价格、运输费用、优惠条件、折扣率、时间效率等各种指标,最终选择最有利的进货渠道和途径。这些都反映出网络时代下的消费者已经走出了盲目购物的误区,能更加理性化地选择商品。

3.消费者购买后的特征

(1)满意度

在网络时代下,消费者拿到自己购买的商品后,会详细地对产品进行与最初决定购买前的信息是否对称比较。然后,消费者根据自己的满意度在商家网店进行理性的评价。这种购买后行为使厂家、经销商及消费者之间的沟通变得及时、便捷,从而为厂家生产更适应市场的产品提供了必要的信息,而消费者也能买到更适合自己的商品。

(2)忠诚度

消费者对购买后的产品的认同决定着商家品牌知名度的高低。如果产品品质过于低劣,无法达到消费者的预期效果,那么对消费者的忠诚度将是一个极大的打击。这可能促使消费者改变习惯性购买某网店的产品而转向其他网店,这将极大地减少商家的客户量。所以,好的产品、好的商家信誉对当今网络消费者群体来说将是吸引、保持忠诚度的必不可少的因素。

(二)网络时代下的消费者行为特征的变化

现今的商品市场逐渐由卖方市场转向买方市场,消费者已经具备了足够的主动性。正当其时,网络环境的存在及其强大的通信能力和便利的网络交易方式已经极大地改变了消费者的消费行为、消费方式。这就要求企业必须跟上时代发展的步伐,把握消费者的行为变化。

1.消费目的需求化。生产力的提高带动了经济的快速发展,社会消费品日益丰富,人们生活水平不断提高,在选择商品时,可以最大限度地选择能符合自我心愿的商品。这种满足感已经不仅仅是一种物质上的满足,也是一种心理上的满足。消费者的这种追求自我满足的心理需求必然使个性化消费方式成为今后消费的主流。企业要想取得网络营销的最终胜利,就必须面对这一市场环境,对市场进行细分,做好自己的定位。

2.消费关注信息化。网络环境丰富的信息含量,为消费者选择商品提供了详细了解的平台。消费者在最终决定购买某种商品时,会更积极主动地搜集信息来了解商品。这种消费过程主动性的特点,对网络营销产生了巨大的影响。这就要求企业必须适应消费者的需求,彻底放弃那种灌输性的商品宣传策略,采取切实介绍商品信息的手段,使消费者能真实地了解商品,在比较中做出最终选择。

3. 消费行为理性化。在网络环境下,消费者不会再被动地接受厂家或商家提供的商品或服务,更多的是根据自己的需要主动上网去寻找适合自己的产品。理性消费方式越来越突出,这种消费方式主要表现在:追求最优性价比;对商品的挑选做出更多的比较;主动表达对产品及服务的欲望。

4. 消费方式多元化。变幻莫测的网络环境使消费者难以保持稳定的消费心理和消费方式。消费品更新换代的速度飞快,这使消费者更加追求那些流行、时尚、最前端的商品。他们购买所需商品的同时,更加要求产品带来的额外乐趣。这种心理使购买方式变得多样化,这种多样化的购买方式又会直接影响网络营销策划。这就要求企业必须采取相应的营销策略。

(三)网络时代下的消费者行为特征的变化原因

在网络购买活动中,能够使消费者最终决定购买所需商品的因素,是企业在未来的网络营销竞争中不可不知的信息。我们只有了解了到底是什么在决定着消费者的购买意愿,才能预测出消费者的下一步购买行为,才能采取相应的营销措施。网络营销是一种看不见的营销,企业不能直接观察到消费者的购买行为。因此,对网络消费者产生购买行为因素的研究就显得尤为重要。

1. 客户因素

(1)需求因素

美国心理学家马斯洛所研究的需求理论把人的需要分为五个层次,即生理的需要、安全的需要、社会的需要、尊重的需要和自我实现的需要。而网络消费者同样是由需求而引起购买动机,所以对网络消费者需求层次的分析,需求理论将具有重要的指导作用。网络技术的发展,将会使网络虚拟市场逐渐改变现在的市场,最终占据未来市场的主导地位。而网络消费者在虚拟社会中最希望满足的首先是兴趣的需要,他们大多是出于好奇或者能够得到某种满足感而对网络产生兴趣。其次是社会群体的需要,消费者可以通过网络聚集许多有相似购买经历的人,组成一个群体,比如团购。最后是沟通的需要,网络消费者通过群体之间信息和经验的相互交流,能够更迅速便捷地了解商品信息。

(2)心理因素

网络消费者往往通过自己的认识、感情、意志决定自己的购买行为。这些心理因素主要体现在以下三个方面。

一是理智性购买。这种理智性的购买行为具有客观性、周密性和可控性的特点。

消费者在反复比较各种网络商城的商品后,才会产生购买动机。因此,这种心理是比较理智客观及很少受到外界因素影响的。

二是感情性购买。网络消费者很容易受到自己的情绪或感情支配而产生购买动机。这种动机分为两种类型:第一种是由于人们喜欢、满意、快乐、好奇而引起的购买动机,它具有冲动性、不稳定的特点;第二种是由于人们的道德感、美感、群体感而引起的购买动机,它具有稳定性和深刻性的特点。

三是习惯性购买。部分消费者在确定购买目标后,就会在购买时克服和排除其他同类产品的吸引和干扰,就会按照自己预先制订的购买计划实施购买行动。这种消费者往往是某个网站的忠实浏览者,会习惯性地购买所需商品。这种习惯是建立在理智和感情之上的,这是对某个网站、营销方式、所售商品具有特殊的信任感和偏好而重复、习惯性地前往访问并购买。

2. 外部因素

(1)知名度

随着互联网的发展,各种类型的购物网站层出不穷。这虽然给消费者提供了更多的选择,但也增加了消费者的搜索成本,而且还给某些欺诈性的购物网站提供了机会。购物网站的知名度与消费者的感知利益呈正相关关系,与感知风险呈负相关关系,即知名度越高,消费者购物所获得的满足感就越强、感知的风险也将越低。

(2)信誉度

网络环境下消费者购物的一大风险就是网络商店不予发货或者发货商品与消费者选购商品不一致。网络购物比传统购物多了一个物流的环节,消费者付款后不能马上拿到商品,这就给其购物带来了信用风险。虽然许多网络商店都可以采取货到付款或者第三方支付平台的形式,但退货换货程序比较复杂,消费者往往会放弃退货换货。所以,商家的信誉度是消费者网络购物的重要参考指标。

(3)美观度

美观的网页往往可以一下吸引消费者的眼球使得某些信息搜寻者转化为实际购买者。

(4)全面度

由于消费者不能亲身感受虚拟购买的商品,只能通过文字描述以及图片、视频等间接手段去感受商品的功能特性、产品质量。商品信息越全面,越能降低消费者的感知风险。

(5)方便度

使用的方便性可以减少消费者的时间成本,提高其购物的感知利益。

(6)实惠度

价格因素是消费者选择网络购物最重要的原因之一。由于网络商店没有实体店铺,可以有效节省成本,出售的商品往往会比实体店铺便宜。这对追求价廉物美的消费者来说,无疑有很大的吸引力。

五、跨境电子商务中的市场营销策略

(一)产品形式多样化,产品外观多彩化

个性化的消费特点必然要求产品的多样化的形式。强化商品的工业设计,开发出具有不同风格特点、不同形状的产品。同时,在外观色彩上也要多样化,要能够紧跟时代的流行色。比如,在手机市场上,在诺基亚5110彩壳手机诞生之前,没有哪一个生产厂家能大规模进入普通消费者市场。因为清一色的黑色让消费者没有更多的消费选择,直到诺基亚彩壳手机的问世才出现了突破。再比如康佳的七彩小画仙彩电,多种造型与色彩的组合,正好迎合了E时代的消费偏好,取得了巨大的成功。

(二)品牌塑造个性化,品牌内涵深度化

网络消费群体追求名牌,但又缺少品牌的忠诚度。针对这一特点,企业应强力塑造品牌的个性化,同时深刻挖掘品牌的深度与广度,让品牌形象赋予足够的张力。在统一品牌个性的前提下,紧跟时代特色,扩展品牌承载的文化内涵,提升品牌价值。另外,根据网络时代崇尚"知识英雄"和"数字精英"的心理,在一些高科技企业,适当挖掘企业创始人的传奇故事,也不失为一条为品牌贴金的好计策。比如,张朝阳个人的魅力即为搜狐网站增添了不少色彩。

(三)市场细分个人化,信息沟通互动化

随着互联网技术的发展,对目标市场的细分不仅仅只是细分到某个群体,而会细分到个人。网络时代的消费者作为真正的"产销者"将参与到商品的生产中来。因此,企业的市场应是每一个不同的顾客个体。这样就需要进行很好的交流。比如,现在网上虚拟社区就变得很流行。一对一营销、关系营销、数据库营销、互联网营销等营销模式也终将变得必要。比如,亚马逊书店在其数据库营销中就根据顾客以往的购物经验通过电子邮件给其提供个性化的书目推荐。

(四)营销渠道扁平化,价值传递实用化

网络消费群体的多样化需求,要求企业必须缩减流通渠道,强化渠道的信息沟通功能和服务功能。过长的渠道会抹煞信息和沟通的及时性,这对没有耐心的群体来讲是不能忍受的。同时,现在的消费者群体具有普遍较高的知识水平,不易被层出不穷、花样翻新的产品所迷惑,比较注重商品的实用价值。因此,传递的价值应该是现实中实用的。他们喜欢先试后买,亲身体验到商品的价值。在商品流通中,尤其在终端市场上,应该鼓励消费者试用商品。

（五）广告宣传偶像化，促销手段灵活化

网络时代的消费群体年龄都普遍年轻，具有青春活力，具有个性魅力的明星对他们会产生很强的亲和力。选择他们所推崇的明星作为产品形象代言人，是一条很好的策略。比如，娃哈哈集团选择偶像明星王力宏，乐百氏选择黎明，而旭日升集团在发出了一系列不很成功的广告之后，选择明星陈小东和范小萱，产品销售获得巨大成功。另外，在网络时代的促销手法上也要灵活、新颖。比如，网上折价销售，变相折价销售，赠品销售，网上抽奖活动，积分促销，网上联合促销，节假日的大派送活动，买一送一活动，展销活动，再配以新潮热闹的 POP 广告，就能营造轻松愉快的氛围，从而促进销售。

第二节　跨境电子商务竞争战略理论研究

在新常态经济环境的宏观背景下，发展跨境电子商务产业能有效推进贸易全球化、经济一体化，进而彻底变革传统国际贸易的商业模式，成为推动国内经济发展和世界经济发展的新引擎。在这里，我们以速卖通为例，全面阐释跨境电子商务的竞争战略问题。

一、速卖通 SWOT 矩阵分析

我们可以借助 SWOT 矩阵分析速卖通的经营环境，为后续的竞争战略分析提供科学的依据。

（一）速卖通面临的机遇分析

速卖通面临的机遇是显而易见的，主要表现在以下三个方面。

1. 政策利好。在新常态经济发展模式下，速卖通面临良好的政策环境。具体表现在：一是"互联网＋"；二是"双创"；三是"一带一路"；四是"国六条"；五是跨境电子商务试点城市"先试先行"等。这就为跨境电子商务产业营造了极为理想的外部环境，有助于破解跨境电子商务产业的发展瓶颈。

2. 市场空间巨大。近年来，国内跨境电子商务的交易额始终保持两位数的年均增长速度。欧美零售业逐步呈现出从线下交易向线上交易转移的稳定趋势，而印度、俄罗斯等新兴经济体对中国商品的采购需求日趋强烈。此外，智能手机的普及方便客户随时随地在线购物，促使移动电子商务迅猛增长。

3. 支付方式多样化。2016 年，人民币被正式纳入 IMF 特别提款权货币篮子，央行持续推进人民币结算试点业务。近年来，国家允许非金融机构开展第三方支付业务。

（二）速卖通面临的威胁分析

速卖通面临的威胁也不可忽视，主要表现在以下三个方面。

1.市场竞争。在跨境电子商务领域，速卖通的国内外同业竞争对手很多，激烈的竞争已经达到了白热化阶段。究其原因，还是第三方跨境电子商务平台进入门槛低、技术壁垒较弱、运营模式易被复制，大批卖家纷纷加入竞争行列。

2.侵权风险。速卖通在扩容产品线时，往往遭遇假货及侵权产品的冲击。于是，各种涉及知识产权的诉讼事件层出不穷，严重损害了跨境电子商务平台的声誉与品牌。

3.制造成本。当前，国内劳动力成本增高、劳动力资源趋于减少，再加上原材料价格上涨，速卖通平台原有的、显著的价格优势正在遭受侵蚀，平台运营成本偏高，压力巨大。

（三）速卖通的优势分析

速卖通主要具备以下三大优势。

1.后盾支持。阿里巴巴大旗下的速卖通将数亿淘宝产品线和数千万卖家引入平台，具备巨大的 PV 流量、海量的产品扩容、较低的产品价格，迅速成为全球最大的在线交易平台。

2.战略转型。2016 年，速卖通发布公告，全面实施品牌准入，推进平台向诚信竞争转型，规避价格恶战，促进品牌经营。这一战略转型使速卖通具备了极强的市场竞争优势。

3.区域优势。速卖通的区位优势具体表现在：一是公司管理层、国家开发银行、中信资本、博裕资本拥有阿里巴巴 49% 的股份；二是软银投资集团和雅虎分别持有 31% 和 20% 的股份。这就促使速卖通在全球开展跨境电子商务业务时具备了显著的区域优势。

（四）速卖通的劣势分析

速卖通主要存在以下三大劣势。

1.对于供应链全流程的综合服务水平偏低。由于发展迅猛，速卖通的综合服务能力明显滞后，很难为众多中小型企业提供理想的专业化通关、出口退税、结汇、保险等一站式综合服务。

2.平台运营成本偏高。速卖通的发展固然迅猛，但其平台运营成本一直居高不下。这就给众多速卖通的卖家带来投资回报周期过长等诸多隐忧。

3.信誉度受损。2010 年，速卖通发生了涉及 1109 家供应商的"欺诈门"事件，导致众多国外卖家遭受了巨大的经济损失。

（五）SWOT 综合分析

综上所述，按照 SWOT 矩阵分析，速卖通目前所面临的外部机遇要大于外部威胁，其内部优势大于内部劣势。因此,速卖通理应采取成长型的竞争战略。

二、速卖通竞争战略的制定与实施

(一)速卖通市场竞争战略的确立

1. 速卖通市场竞争战略分析

速卖通的市场竞争战略主要包括以下三大战略。

一是平台成本领先战略。分析速卖通平台业务的相关统计数据,我们发现速卖通具备进一步降低电子商务流程交易成本的空间。具体做法包括:进一步降低速卖通支付宝的手续费,整合跨境物流,与国际物流企业结成战略联盟,实施一体化全程物流管理;取消图片托管费、刊登优化费、网店拍卖刊登费;与相关政府部门合力解决退税难题,给予速卖通平台的卖家更多的回报。

二是平台差异化战略。产品供应商应免费在速卖通平台注册,速卖通只收取交易额一定比率的佣金。如果没有实现成交,则不收取任何费用。这种平台差异化战略将有助于速卖通迅速具备市场竞争优势。

三是平台目标集聚战略。举例来说,在成立初期,速卖通主攻欧美市场,效果不佳。不久,速卖通发现来自俄罗斯的客户订单增长迅速。于是,速卖通果断调整市场方向,对俄罗斯市场实施集聚战略,取得显著成效。这已成为跨境电子商务最经典的营销案例。

2. 速卖通市场竞争战略的选择

根据对三种市场竞争战略的可行性分析,综合前述 SWOT 矩阵分析的研究结果,速卖通跨境电子商务的外部机遇大于外部威胁、内部优势大于内部劣势,战略重点应兼顾市场开发与利润积累。因此,就市场竞争战略的选择来说,速卖通应采取以"成本领先战略"与"差异化战略"并行推进为三、以"目标集聚战略"为辅的混合型竞争战略。

(二)速卖通市场竞争战略的实施

1. 实施平台成本领先战略。速卖通应充分发挥低成本的竞争优势,对新兴经济体市场进行深度开发,稳步渗透欧美市场。速卖通可以借助阿里巴巴的品牌影响力,节省产品广告或宣传成本。速卖通可与国际物流公司结成战略联盟,给予速卖通平台的卖家在线发货、门到门递送、货运信息跟踪等全程优质服务。为了进一步降低交易成本,速卖通可以适度减免店铺费、刊登费、绿色功能费。

2. 提升一体化供应链的综合服务能力。为了妥善解决"关、检、税、汇"的难题,速卖通应高度重视一体化供应链的综合服务能力的提升。应加强与政府相关管理部门的沟通与对接,推动跨境电子商务公共服务平台建设。为此,必须在以下方面进行努力:整合跨境电子商务综合服务企业的资源;开辟政府监管部门与跨境电子商务的信息连接通道;整合国际物流与电子商务平台的业务流程。

3. 加大知识产权保护力度。长期以来,国内跨境电子商务面临产品侵权这一顽疾,导致"中国制造"被贴上了"伪劣、低价、侵权"的标签。为此,必须建立严格的认证审核体系,加大知识产权的保护力度。要从设立品牌产品的经营专区着手,优化平台供应商的结构,从恶性价格竞争向差异化品牌竞争转型。对所有上线产品,必须严守品质标准、严惩侵权行为。

4. 完善信用评价机制。当前,速卖通的信用评价体系偏重于维护买家的利益,在很大程度上对卖家不够公平。有时候,买家的一个不负责任的差评,会给卖家的在线交易产生巨大的负面冲击。与此相反,即使买家得到差评,买家依然可以在速卖通平台上采购。速卖通应进一步完善信用评价规则,实施买家实名制度。

第三节　跨境电子商务营销体系理论研究

一、什么是营销

关于营销的定义,有各种各样的阐释。我们不妨进行最为简明的定义:所谓营销,就是在满足需求的时候,同时获利。很多卖家往往会产生困惑:"我的产品这么好,为什么客户不感兴趣? 同样的产品,别人卖得那么好,我为什么就是卖不动?"如果按照上面的有关营销的定义进行分析,原因就一目了然了:你忽略了两个重要因素,一是客户的真实需求,二是市场的竞争环境。

二、客户的五种需求

如果不能满足客户的需求,营销就会陷入失败。这是一个至关重要而又显而易见的事实。因此,要想获得成功,就要潜心研究客户的需求。大致说来,客户的需求主要表现在五个方面。或者说,客户具备以下五种需求。

一是表明的需求。例如,某个客户明确表示想要购买一个高性价比的背包。

二是真正的需求。例如,某个客户真正需要的并不是单纯的低价背包,他最关注的其实是这种背包是否时尚、是否耐用。

三是未表明的需求。例如,某个客户尽管没有明说,但心里是希望获得较好的运输服务、退换货服务。

四是令人愉悦的需求。例如,某个客户希望卖家能送他一些小礼品。

五是秘密的需求。例如,某个顾客希望周围的朋友赞赏他是个精明的消费者。

因此,在充分了解客户的真实需求之前,我们的各种营销手段其实都是盲目的。只有精准把握客户的需求,我们的营销才更具有针对性。至于如何精准把握客户的需求,那就要看自己的沟通能力和分析能力了。

三、营销的五种观念

上面分析了客户的需求问题,现在分析卖家的营销观念。有什么样的营销观念,就有什么样的营销模式。总结起来,营销观念分为五种,分别是生产导向、产品导向、销售导向、营销导向、全方位营销导向。

(一)生产导向

生产导向堪称商业领域最古老的营销观念,至今仍具有强大的生命力。生产导向认为,客户最喜欢的是那些随处可得、低价低廉的产品。因此,在生产导向型组织里,管理者往往致力于实现高生产率、低成本、广覆盖。事实上,很多卖家采取的正是这种营销手段。例如,借助多店铺、多链接、多产品铺货、低价格,来获取市场份额。但是,现实表明,这种营销模式正在面临新兴卖家的挑战。

(二)产品导向

产品导向认为,客户最喜欢那些高质量、高性能或具有创新特色的产品。因此,在产品导向型组织里,管理者往往致力于生产优质产品,并不断予以完善。近年来,越来越多的卖家接受了市场由供方市场转变为买方市场这一现实,开始转向精品运营。通过生产出具有差异化的优质产品,来成功地规避同质化的市场竞争。举个例子,在欧洲推行"禁塑令"之后,很多塑料需求大幅减少。与此同时,不锈钢的吸管开始畅销。不仅如此,有些卖家还挖空心思地进行创新,如将不锈钢吸管变成可伸缩型、将不锈钢吸管做成渐变色等,从而效益倍增。

(三)销售导向

销售导向认为,在正常情况下,客户不大可能大量购买某个企业的产品。这个企业要想获得更多的订单,就要采用积极的销售策略。在销售导向型组织里,管理者往往对销售理念、销售模式、销售人才给予高度重视。销售导向这个概念最早来源于可口可乐的营销总监,按照他的看法,营销的目的就是更频繁地向更多的人销售更多的商品,以赚取更多的金钱、获得更高的利润。事实上,销售导向不仅适合客户急需的产品,而且也适合客户并不急需的产品。当然,在后者的销售中,销售导向的价值体现得淋漓尽致。例如,像保险、信用卡这类产品,如果缺少有意识的销售导向,很少有客户会去主动购买。当然,销售导向也存在着致命弱点,这就是销售成本往往偏高,在很大程度上会抵消整体的销售利润。

(四)营销导向

营销导向认为,取得成功的关键是要比竞争对手更有效地传递和传播顾客价值。

在营销导向型组织里,管理者往往摒弃以产品为中心的"先生产后销售"的理念,转而代之以顾客为中心的"感觉和反应"的理念。企业关注的不是寻找自己产品的合适客户,而是为客户找到合适的产品。营销导向不同于销售导向,具体表现在:第一,销售导向注重卖方的需要,营销导向注重买方的需要;销售导向考虑的是如何把产品变成现金,而营销导向考虑的是如何通过产品及产品的价值创造来满足客户的需求。

(五)全方位营销导向

全方位营销导向认为,所有的事物都与营销有关。这是一种广泛的、整合的概念。全方位营销主要由四个部分组成:一是关系营销;二是整合营销;三是内部营销;四是绩效营销。在全方位营销导向型组织里,管理者往往会充分认识营销活动的多元性与复杂性,善于进行顶层设计。关系营销的目标是与客户、供应商、分销商及其他营销伙伴建立一种长期互惠的和谐关系,以此赢得长期的业绩。在整合营销理念的指导下,通常采用4P的营销决策模型:一是产品(product);二是价格(price);三是地点(place);四是促销(promotion)。至于内部营销和绩效营销,侧重的是对公司内部的组织梳理和财务考核。

四、不同市场环境中的市场策略

针对不同的市场环境,我们理应采取不同的市场策略。那么,到底存在哪些市场呢?下面,我们重点分析其中的四种市场及其市场策略。

(一)新兴市场

所谓新兴市场,也可称为蓝海市场、朝阳市场。例如,亚马逊就习惯将其称为蓝海市场。但要注意,蓝海市场也并非铁板一块,而是分为绝对的蓝海市场和相对的蓝海市场。绝对的蓝海市场就是真正意义上的新兴市场,而相对的蓝海市场则是某一时期由于线上和线下的信息差所产生的渠道之间的市场空缺。针对新兴市场,最简单、最有效的市场策略就是生产导向市场策略和销售导向市场策略。我们一旦发现了一个新兴市场,就必须马不停蹄地采取措施,力争在最短的时间内赚取最多的利润,同时取得相应的市场份额。

(二)成长型市场

所谓成长型市场,是指市场需求处于上升阶段,但卖家越来越多,客户需求出现分化的市场。成长型市场上的客户已经不满足基本的产品需求,那些多样化的选择更能让他们产生浓厚的兴趣。因此,针对成长型市场,最好的市场策略就是产品导向市场策略,通过挖掘产品的差异化,凸显自身产品的过人之处,以此吸引客户购买。在成长型市场中,价格是一个相对敏感的因素。客户虽然关注产品质量,但往往并不内行,很多时候还是凭感觉。客户对产品质量有一个很朴素的认识:便宜没好货,高价意味着高价值。毫无疑问,这是一个可以充分利用的客户心理。

(三)成熟期市场

经过多年的发展,大多数领域的市场都先后走向成熟。尤其是在跨境电子商务领域,某一细分市场的成熟所需的时间往往更短。以重力毯为例,从最初兴起到激烈竞争,不过两三年。因此,针对这种成熟期市场,我们不宜盲目地采取单一的应对策略,而应充分借助全方位营销导向理论。在这里边,会涉及很多问题:一是对目标市场的选择;二是对目标市场的定位;三是对目标市场的细分;四是对目标市场的环境分析;五是对目标市场的供应链选择。

(四)衰退期市场

任何一个市场都可能出现衰退期。如果积极地看待这个问题,就可以将一个市场的衰退视为另一个新兴市场的兴起。一般说来,很少有人会去选择衰退期市场。但是,我们完全可以花点时间去潜心研究衰退期市场。这样做,有两大好处:第一,更加深刻地认识市场的兴衰规律;第二,从中寻找未来可能替代衰退期市场的新兴市场的相关信息。

第四节 跨境电子商务物流体系理论研究

相关研究表明,中国的跨境电子商务总量在 2020 年将超过美国、英国、德国、法国和日本的总和。然而,我国的跨境电子商务依然面临物流问题的严重阻碍。

目前,国内快递已不存在时效问题,一般能将成本降到 10 元左右,可以在次日甚至当天到达。相比之下,跨境电子商务的时效性就差得远了。所以,才有了"客户网购了一件羽绒服,可能到春天甚至夏天才能收到"的说法。这在无形中就会影响客户的跨境购物的体验。

归纳起来,跨境电子商务的物流难题主要表现在四个方面:一是物流速度慢;二是物流成本高;三是物流服务差;四是布点少。

一、跨境电子商务国际物流的基本模式

(一)邮政包裹模式

当前,邮政网络已基本覆盖全球,远远超过其他任何物流渠道。究其原因,主要得益于万国邮政联盟和卡哈拉邮政组织。万国邮政联盟是联合国下设的一个专门机构,主要借助公约法规来改善国际邮政业务,促进邮政方面的国际合作。

万国邮政联盟会员众多,但各个会员国之间的邮政系统发展很不平衡,这就给会员

国之间的深度邮政合作带来了各种各样的难题。2002年,在美国召开了由邮政系统相对发达的中国、美国、日本、澳大利亚、韩国及中国香港地区的邮政部门参加的邮政CEO峰会,成立了卡哈拉邮政组织。后来,西班牙和英国也加入该组织。卡哈拉邮政组织明确规定,所有成员国的投递时限必须达到98%的质量标准。如果货物未能在指定日期投递给收件人,负责投递的运营商必须按货物价格的100%赔付给客户。

举个例子,如果从中国向美国发一个邮政包裹,一般需要15天。据不完全统计,中国出口跨境电子商务的70%的包裹都是通过邮政系统投递的。其中,中国邮政大致占据50%。

1. 邮政公司

(1)中国邮政

中国邮政航空小包(China Post Air Mail)又称中国邮政小包、邮政小包、航空小包。这里所说的小包是指包裹重量不超过2kg,外包装长宽高之和小于90厘米且最长边小于60厘米,通过邮政空邮服务寄往国外的小邮包。中国邮政航空小包主要包括挂号、平邮两种服务,可寄达全球各个邮政网点。其主要优点是线路覆盖广,具有相当的价格优势。其主要缺点是时效不稳定。中国邮政航空小包的挂号服务费率比较高,可提供网上跟踪查询服务。中国邮政航空小包出关时并不会产生关税或清关费用,但在目的地国家进口时有可能产生进口关税。目前,北京、上海、广州、深圳、天津、广州是中国邮政航空小包发货较快的城市,内陆城市的折扣往往比较高。

(2)E邮宝

国际E邮宝是中国邮政根据国际电子商务寄递市场的需要,为中国电子商务卖家量身定制的一款全新经济型国际邮递产品。目前,国际E邮宝可以投寄35个国家。

(3)4PX

递四方速递(4PX EXPRESS)是一家专业物流方案提供商,致力于为跨境电子商务提供全球物流和全球仓储领先服务。目前,递四方速递公司旗下拥有三大类、50余种物流产品和服务,全面覆盖物流、仓储服务,能够提供反向物流解决方案,可满足不同类型和不同规模的跨境电子商务的需求。递四方速递公司的核心产品包括:全球仓储及订单履约服务——FB4;全球小包专线服务——联邮通;4PX全球速递专线服务;GRS全球退件服务;面向海淘消费者的全球集货转运服务。2016年,递四方速递公司获得阿里巴巴集团旗下菜鸟网络投资,成为阿里集团实现"买全球、卖全球"战略的核心物流伙伴。

(4)燕文

北京燕文物流有限公司(YANWEN EXPRESS)创立于1998年,是致力于电子商务物流供应链服务的专业化品牌。北京燕文物流有限公司通过代理和引入国内外快递服务,并且组织专业化的服务团队,为国内外卖家提供各种专业、安全、高效的物流服务。北京燕文物流有限公司主营中国邮政EMS、中国邮政大小包、欧洲专线等。与此同时,还代理 DHL、FEDEX、TNT、UPS 的服务。目前,北京燕文物流有限公司可在北京、上海、广州、深圳、义乌、杭州、宁波等城市提供服务。

（5）云途

云途旗下拥有三大类、50 余种物流产品和服务,能为客户提供自营商业专线、FBA头程物流、邮政和快递代理等解决方案,满足不同类型和不同规模的跨境电子商务的物流需求。云途物流的核心渠道是直发各国的商业专线,在直发全球的商业专线领域独占鳌头。云途物流在全球拥有 800 多名专业的物流服务人员,在中国建立了 13 个直营网点,在英国、法国、德国、意大利、荷兰、日本、美国等国拥有数十个集货中转中心,每日处理的电子商务订单量超过 50 万件。

（6）顺丰

顺丰是国内领先的快递物流综合服务商。1993 年,顺丰诞生于广东顺德。2016 年12 月 12 日,顺丰取得证监会批文获准登陆 A 股市场。2017 年 2 月 24 日,顺丰正式更名为顺丰控股,股票代码为 002352。经过多年发展,顺丰已初步具备为客户提供一体化综合物流解决方案的能力,为客户提供仓储管理、销售预测、大数据分析、金融管理等一系列的解决方案。与此同时,顺丰还是一家具有网络规模优势的智能物流运营商。经过多年潜心经营和前瞻性战略布局,顺丰已形成拥有"天网＋地网＋信息网"三网合一、可覆盖国内外的综合物流服务网络。顺丰采用直营的经营模式,由总部对各分支机构实施统一经营、统一管理,保障了网络整体运营质量。

2. 国际小包

这里所说的国际小包是按照是否可以跟踪信息来确定的。

国际小包一般分为非挂号的普通空邮（Normal Air Mail）和挂号小包（Registered Air-Mail）两种。

（1）普通空邮（也叫平常小包、平邮小包）。费率较低,可跟踪到寄件国的信息,但不能跟踪目的国的信息。

（2）挂号小包。费率稍高,可提供网上跟踪查询服务。无论是寄件国的信息还是目的国的信息,都可跟踪查询。

目前,常见的国际小包服务渠道主要包括中国邮政小包、中国邮政 E 邮宝、新加坡邮政小包、香港邮政小包、荷兰小包、瑞士小包、俄罗斯小包等。

（二）国际快递模式

这里所说的国际快递模式主要是指四大商业快递巨头,即 DHL、TNT、FEDEX、UPS。这些国际快递商都自建了全球网络,拥有强大的 IT 系统,能够提供遍布世界各地的本地化服务。如果通过 UPS 寄送包裹到美国,最快可在 48 小时内到达。当然,能够提供这么优质的服务,必然需要付出昂贵的价格。因此,对中国卖家来说,除非客户具有非常强烈的时效性要求,一般不选择国际快递模式。

（三）国内快递模式

这里所说的国内快递主要是指 EMS、顺丰和"四通一达"。在跨境物流方面，"四通一达"中的申通、圆通布局较早，但真正发力拓展还比较晚。美国申通在 2014 年才上线，圆通在 2014 年与 CJ 大韩通运展开合作，而中通、汇通、韵达就更晚了。相比之下，顺丰的国际化业务更显成熟，目前已开通到美国、澳大利亚、韩国、日本、新加坡、马来西亚、泰国、越南等国的快递服务。在一般情况下，发往亚洲国家的顺丰快件在 2 ~ 3 天就能送达。在国内快递中，EMS 的国际化业务是最完善的。依托邮政渠道，EMS 直达全球 60 多个国家，费用相对较低，到达亚洲国家需要 2 ~ 3 天，到达欧美国家需要 5 ~ 7 天。

（四）专线物流模式

所谓专线物流模式，是指通过航空包舱的方式运输到国外，再通过合作公司派送到目的国。专线物流模式的优势在于能够批量派送某一特定国家或某一特定地区，通过规模效应来显著降低成本。因此，专线物流模式的价格比商业快递低。至于时效，专线物流模式慢于商业快递，但快于邮政包裹。目前，最普遍的专线物流产品是美国专线、欧洲专线、澳洲专线、俄罗斯专线，也有一些物流公司推出中东专线、南美专线、南非专线。

（五）海外仓储模式

所谓海外仓储模式，是指为跨境卖家在销售目的地进行货物仓储、分拣、包装、派送的一站式控制与管理服务。具体说来，海外仓储包括头程运输、仓储管理、本地配送三个部分。

1. 头程运输。中国卖家通过海运、空运、陆运或联运，将商品运送至海外仓库。

2. 仓储管理。中国卖家通过物流信息系统，远程操作海外仓储货物，实时管理库存。

3. 本地配送。海外仓储中心根据订单信息，通过当地邮政或快递将商品配送给客户。

二、适合中小卖家的物流方式

作为中小卖家，选择什么样的物流方式最合适呢？一般说来，必须关注以下四个方面的问题。

一是目的国家。选择物流方式时，一定要注意这种物流方式能够到达的国家与你的主营业务范围是否吻合。举个例子，如果你的业务范围是美国，那就应当首选 E 邮宝。

二是运输时效。不同的物流方式，它们的运输时间是不完全一样的。如果你的客户对运输时间没有特别要求，你就可以按照资费和安全来选择物流方式。如果你的客户对运输时间有具体的要求,你就必须选择专线或快递物流。

三是产品。有些物品比较特殊,对物流方式有一定的选择性。反过来讲,物流方式对这些特殊物品也具有选择性。例如,纯电池、液体、粉末、膏体等都属于特殊物品,能够选择的物流方式很少。即使有,一般资费也比较高。又如大宗物品,必须关注重量和体积。国际物流小包一般不超过2kg,其他物流方式对体积的限制也各有不同。如果选择国际物流大包或快递专线,一般没有重量和体积的限制,但资费比较高。

四是是否上门揽收。一般的物流方式都会提供上门揽收服务,但对包裹的数量或者其他限制则各有不同。如果你需要上门揽收服务,或者你的包裹数量比较少,这同样是选择物流方式时应当考虑的因素。

三、亚马逊 FBA

亚马逊 FBA 相当于亚马逊平台提供的物流配送业务。卖家将自己在亚马逊上销售的产品库存直接送到亚马逊当地市场的仓库中。一旦客户下了订单,就可以由亚马逊系统自动完成发货的相关工作。卖家使用亚马逊 FBA,可将复杂的物流、后勤等工作交给亚马逊,能够节省大量的人力、物力、财力。使用亚马逊 FBA 的方法也很简单,因为卖家在亚马逊上注册销售商品的同时就自动注册了亚马逊 FBA。选择亚马逊 FBA 作为卖家的配送方式,发布商品时就可以将现有的库存转换为亚马逊 FBA 的库存。

FBA 是亚马逊最大的竞争力,确保广大客户拥有更好的购物体验。事实上,这也正是亚马逊迅速崛起的关键因素。做亚马逊,FBA 是标配。如果你不去使用亚马逊这个最大的竞争优势,岂不是辜负了这个平台?当然,亚马逊的配送、操作费用较高,这也是一些亚马逊的新卖家非常担忧的问题。事实上,就 FBA 的总体费用来看,成本支付与自发货基本持平,或者稍微高一点。此外,对同一产品来说,FBA 发货的 Listing 的售价往往比自发货高出不少,这高出的部分不仅可以抵消 FBA 的各项费用,还会有一些剩余。所以,整体而言,FBA 发货的 Listing 的利润率还是高于自发货的。

四、"1210"与"9610"的演化

(一)"9610"文件和"1210"文件

"9610"文件和"1210"文件是海关总署的两份文件,以下是与这两份文件相关的公告:

海关总署 2014 年 12 号公告

为促进跨境贸易电子商务零售进出口业务发展,方便企业通关,规范海关管理,实现贸易统计,决定增列海关监管方式代码,现将有关事项公告如下:

一、增列海关监管方式代码"9610",全称"跨境贸易电子商务",简称"电子商务",

适用于境内个人或电子商务企业通过电子商务交易平台实现交易,并采用"清单核放、汇总申报"模式办理通关手续的电子商务零售进出口商品(通过海关特殊监管区域或保税监管场所一线的电子商务零售进出口商品除外)。

二、以"9610"海关监管方式开展电子商务零售进出口业务的电子商务企业、监管场所经营企业、支付企业和物流企业应当按照规定向海关备案,并通过电子商务通关服务平台实时向电子商务通关管理平台传送交易、支付、仓储和物流等数据。

海关总署 2014 年 57 号公告

为促进跨境贸易电子商务进出口业务发展,方便企业通关,规范海关管理,实施海关统计,决定增列海关监管方式代码,现将有关事项公告如下:

一、增列海关监管方式代码"1210",全称"保税跨境贸易电子商务",简称"保税电子商务"。适用于境内个人或电子商务企业在经海关认可的电子商务平台实现跨境交易,并通过海关特殊监管区域或保税监管场所进出的电子商务零售进出境商品[海关特殊监管区域、保税监管场所与境内区外(场所外)之间通过电子商务平台交易的零售进出口商品不适用该监管方式]。

"1210"监管方式用于进口时仅限经批准开展跨境贸易电子商务进口试点的海关特殊监管区域和保税物流中心(B 型)。

二、以"1210"海关监管方式开展跨境贸易电子商务零售进出口业务的电子商务企业、海关特殊监管区域或保税监管场所内跨境贸易电子商务经营企业、支付企业和物流企业应当按照规定向海关备案,并通过电子商务平台实时传送交易、支付、仓储和物流等数据。

(二)"9610"与"1210"解读

1. 9610 和 1210 都是"监管方式代码"

进出口货物海关监管方式是以国际贸易中进出口货物的交易方式为基础,结合海关对进出口货物的征税、统计及监管条件而综合设定的海关对进出口货物的管理方式。需要注意的是,这里所说的监管方式是针对"货物"的管理方式,而不是针对"个人物品"的管理方式。道理很简单,"个人物品"是没有监管方式的,自然也不需要监管方式代码。

2. 代码分类不同

一般说来,海关对于不同监管方式下的进出口货物的监管、征税、统计作业的要求各有不同。因此,为满足海关管理的要求,通关管理系统的监管方式代码采用四位数字结构。其中,前两位是按海关监管的要求和计算机管理的需要划分的分类代码,后两位是海关统计代码。在"9610"与"1210"中,"96"代表"跨境","12"代表"保税","10"则代表"一般贸易"。

3. 个人物品监管是不用"监管方式"的

"9610"与"1210"与个人物品无关,因为"监管方式"针对的只是货物。需要注意的是,"9610"适用于"清单核放、汇总申报"模式,目前只适用于"一般出口"试点模式;"1210"不适用于"海关特殊监管区域、保税监管场所与境内区外(场所外)之间的零售进出口商品",目前只适用于"保税进口"申报。

4. 都是跨境试点专用的监管方式

无论是"9610"还是"1210",都是跨境试点专用的监管方式。参与企业必须做试点备案,并通过"通关服务平台"实现"三单"数据传输。

5. "1210"的适用范围限制

"1210"用于进口时,仅限于经批准开展跨境贸易电子商务进口试点的海关特殊监管区域和保税物流中心(B型)。海关特殊监管区域包括保税区、出口加工区、保税物流园区、跨境工业园区、保税港区和综合保税区。上海保税进口试点在自贸区,属于海关特殊监管区域;杭州保税进口试点在出口加工区;宁波保税进口试点在宁波保税区;郑州保税进口试点在保税物沇中心(B型)和新郑综保区;重庆保税进口试点在两路寸滩保税港区;广州保税进口试点在南沙保税港区和白云机场综保区;深圳保税进口试点在前海湾保税港区。这些都属于海关特殊监管区域或保税物流中心(B型)。至于"保税仓库",则属于保税监管场所,因而不在"1210"监管方式范围之内。

第三章

跨境电子商务的风险控制理论研究

近年来,跨境电子商务行业发展迅猛,引起社会各界的广泛关注,参与者也越来越多。但是,跨境电子商务的交易方式是一把双刃剑,既有方便快捷的一面,也存在着显著的风险。跨境电子商务中的交易风险涉及面很广,主要包括供货风险、汇率风险、运输风险、法律政策风险等。对此,跨境电子商务的卖家必须予以高度关注。

一、跨境电子商务中的供货风险

即使是一个能够成为爆款的产品,也需要经历一个从新品期到爆品期的发展过程。在这个过程中,就存在着明显的供货风险。在新品期,由于卖家出单较少,往往不敢大规模地进货。可一旦缺货,就会直接影响自己的产品的排名。在爆品期,一旦出现缺货,客户就会投诉,对卖家十分不利。为了避免这种供货风险,卖家最好寻求货源充足的正规厂家供货,化解缺货之忧。

二、跨境电子商务中的汇率风险

跨境电子商务具有跨境性,也就是说,是和各个国家或各个地区的客户打交道。在这种特殊的跨境交易中,就存在着明显的汇率风险。即使买家与外国客户顺利地达成了交易,对方所支付的货币一般也不会迅速汇到账上,毕竟这是有一个过程的。在这个过程中,由于汇率始终处于动态变化之中,客户到账的货币完全有可能贬值。一旦贬值,买家的损失就显而易见了。

三、跨境电子商务中的运输风险

跨境电子商务既然属于跨境交易,就离不开物流。由于路途遥远,而经由的物流实体又比较多,在这个过程中自然会存在运输风险。在货物进入海关通关时,往往会受到所在国的政策限制,面临相应的风险。再加上自然环境、自然因素的变化(诸如洪水、台风、地震、火灾、交通事故等),都会造成严重的运输风险。

(一)成本偏高,周期偏长

很多卖家对物流的理解比较狭隘,以为单单是指运输。其实,物流不仅包括运输,而且也包括了仓储、货代等业务,是一个现代化的综合产业。跨境电子商务跨越了国境,路途遥远,这就在客观上导致两个结果。第一,成本偏高。跨境物流的成本是非常高昂的,有时候,不仅客户承受不起,而且就连卖家自己也承受不起。尽管成本高昂,却很难压缩。这是跨境电子商务必须正视的难题。第二,周期偏长。既然是跨境电子商务,就不可能像国内电子商务那样迅速,往往需要相当长的时间才能将货物送到客户手上。除了漫长的物理距离的影响之外,在报关、商检等环节必然会耗费大量的时间,严重延缓了国际物流的进程。

(二)货损偏大,客评偏低

目前,跨境电子商务的物流主要还是以邮政小包的形式实现的。但是,由于运输距离漫长,从物流员工揽件到客户最终拿到货物,在这个过程中,会经历许多环节。就连国内物流都会出现比较显著的货损现象,更何况是跨境物流呢。因此,只要其中某个环节处理不当,如工作人员野蛮装货、卸货,货物受损在所难免。在极端情况下,还会出现丢件的问题。实事求是地说,站在卖家的角度,也不希望出现类似的问题。而且,整个物流环节所出现的这种货物受损现象也不是卖家所能改变的。换句话说,一旦货物受损,客户自然愤怒异常,便开始投诉卖家,卖家也很尴尬。一方面,卖家会觉得对客户心有亏欠。即使是反复道歉,多数客户还是会不依不饶。如果据实赔偿,卖家的损失就太大了,因为这种货物受损现象非常普遍。即使买家愿意赔偿,也未必有能力承受。另一方面,卖家也很难追踪到货物受损的具体环节和具体原因,这就成了糊涂账。于是,卖家与客户之间常常陷入争议之中:客户指责卖家,卖家百般推脱。这个问题严重影响了卖家的声誉,严重阻碍了跨境电子商务的正常发展。

四、跨境电子商务中的法律政策风险

跨境电子商务具有跨境性,这就必然会遭遇不同的国家或不同的地区的法律与政策的制约。毫无疑问,不同的国家或不同的地区的法律与政策常常是截然不同的,这就导致卖家的跨境电子商务活动会遭遇法律风险与政策风险。有些行为,在这个国家或地区是合法的,至少不能算是违法;但在另一个国家或地区就可能是违法的,甚至还是非常严重的违法行为。这是让跨境电子商务的卖家非常头疼的问题。除了法律风险,还有政策风险。法律是相对稳定的,即使一些国家或地区的法律与我国完全不同,卖家也可以提前做好功课。也就是说,应对法律风险至少是有规可循的。但是,政策是朝令夕改的,不要说卖家无法及时掌握,就连专家也未必胸有成竹。随着时间的流逝,很多国家或地区的政策很容易发生变化,给跨境电子商务的卖家带来巨大的损失。对此,很多从事跨境电子商务的卖家是深有体会而且焦头烂额的。

无论从事哪个行业,都要具备相应的风险意识与防范风险能力。只有清醒地意识到跨境电子商务所面临的种种风险,跨境电子商务的卖家才能未雨绸缪,制订出相应的风险规划,将风险扼杀在摇篮之中,避免出现不必要的经济损失。

第二节 跨境电子商务的安全机制

面对跨境电子商务所遭遇的种种风险,作为跨境电子商务的卖家要防患于未然。但是,这只是问题的一个方面。作为政府来说,理应给跨境电子商务行业进行安全机制的顶层设计,确保跨境电子商务的安全。尽管有些风险源于跨境电子商务的卖家自身的思维方式、行为方式与表达方式,但有些风险确实需要借助政府的力量予以化解。当前,我国跨境电子商务交易处于蓬勃发展的状态。总体而言,我国跨境电子商务采用的支付渠道主要有三个:一是第三方支付平台;二是专业汇款机构;三是商业银行。应该说,这些平台或机构能够基本满足客户对跨境汇款的需求,不仅便捷,而且也相对安全。据相关调查显示,截至2018年,支付宝已接入38个国家和地区,微信支付已与20个国家建立关系。显而易见,这必将促使跨境交易大幅增长。但是,毋庸讳言,在跨境电子商务趋于高速发展的今天,跨境电子商务依然面临着各种风险,在一定程度上制约了跨境电子商务交易规模的进一步扩大。

一、健全跨境电子商务支付的法律法规

相对而言,境内的支付环境比较安全,但境外的支付环境就比较复杂。在这种宏观背景下,我国跨境电子商务就面临着虚假交易、违规交易的风险,需要健全跨境电子商务支付的法律法规。既要从立法形式上加以确认,完成顶层设计,又要在法律法规的技术层面、细节层面进行完善。第一,要进一步明确跨境电子商务交易中卖家与买家的权利与义务。第二,要通过制订具体的实施细则规范跨境电子商务交易的相关内容。第三,要对第三方支付机构的真实性审核、市场准入条件、账户开立及使用、资金交易性质进行细化,强化对跨境电子商务支付风险的管控。只有妥善解决了以上关键问题,才能彻底解决网络赌博等风险,进而在规范的基础上提升跨境电子商务支付交易系统的法律地位。

二、规范跨境电子商务支付的交易主体

当前,有相当一部分跨境电子商务的卖家涉嫌进行虚假信息宣传。对此,市场监管

部门应当运用网监信息化系统与网络交易平台大数据分析技术,进行全方位、全过程的严密监控。一方面,要依法依规对违法违规行为进行惩处。另一方面,要督促跨境电子商务交易平台的所有从业者进一步加强内部管理。通过网络市场定向监测,要定期评估跨境电子商务平台的交易风险。对违法违规者不仅要严肃处理,而且要在国家企业信息公示系统进行相关公示。除了关注卖方违法违规问题,还要关注买方违法违规问题。如果买方涉嫌交易欺诈问题,一旦查实,跨境电子商务平台理应根据消费者退货交易规则进行处理。有的跨境电子商务平台专门设计了买家信用积分制度,是一个很有价值的尝试。如果买家在跨境电子商务平台进行恶意交易,跨境电子商务平台的卖家经营方可根据平台的相关规则进行申诉,并依据规则、积分来处理这一类恶意交易行为。事实证明,通过规范跨境电子商务交易双方的行为,有助于降低跨境电子商务支付中的交易风险。

三、建立跨境电子商务支付的安保系统

要想从根本上降低我国跨境电子商务的支付安全风险,一个有效对策就是建立跨境电子商务支付的安保系统。具体说来,需要从三个方面进行努力。第一,加强跨境电子商务支付的全方位的安全认证。为此,必须完善跨境电子商务支付的软件环境与硬件环境。可采取身份认证、口令认证、位置认证等加密方式,提升跨境电子商务支付系统的防病毒、防攻击能力。第二,在跨境电子商务支付系统设置终端安全机制。为此,必须规范跨境电子商务交易双方数据使用的安全标准,进一步完善交易处理的流程。第三,建立极具针对性的数据管控体系。为此,必须定期分析跨境电子商务的交易行为、交易终端及卖家与买家的数据,进一步提升跨境电子商务支付环境的安全性。

四、简化跨境电子商务支付的工作流程

当前的跨境电子商务支付的工作流程还很繁杂,应当在确保安全的前提下进行进一步的简化。事实证明,这对提升资金流转的安全性具有现实意义。在这方面,有三个基本思路。第一,第三方支付机构应进一步简化收付、结算、资金到账等流程。为此,第三方支付机构必须与跨境金融机构建立合作关系,妥善解决好流程简化问题。第二,我国金融支付机构可与跨境电子商务进行支付应用方面的合作。为此,我国金融支付机构应当为跨境电子商务机构提供国际收支申报、跨境资金清算及结算的统一接入端口,确保跨境电子商务支付的便捷性。第三,我国金融支付机构应强化与境外金融支付机构的合作。为此,应借助跨境电子商务支付平台,提供更加便捷的资金跨境清算、自动对账等智能金融服务。第四,我国金融机构应积极参与 Swift 全球支付创新项目。为此,必须进一步优化、简化我国跨境电子商务支付方式。

五、优化跨境电子商务支付的搭配使用

目前,我国跨境电子商务的支付工具主要是电子钱包、信用卡、网络银行等。为了有效降低跨境电子商务的支付风险,在进行境外支付交易活动时,最好优化跨境电子商务支付的搭配使用。以我们最常见的第三支付方式来说,不同的国家或不同的地区的客户所使用的支付方式往往有所不同。大致说来,欧美国家的客户习惯于使用 PayPal 这一支付工具,中国客户习惯于使用支付宝、微信等支付工具,俄罗斯客户习惯于使用 QiwiWallet 与 WebMoney 等本土电子钱包工具。因此,我国跨境电子商务支付要想不断拓展海外市场,就不能忽视支付方式问题。应当全面评判各种跨境支付方式的优势与劣势,确立最适合某一国家或某一地区的支付组合方式,借助这种跨境电子商务的支付组合策略,进一步降低跨境电子商务的交易风险。

第三节　跨境电子商务的认证技术

与国内商务平台一样,跨境电子商务平台也会面临各种认证问题。只不过,跨境电子商务行业属于典型的出口外贸行业,其产品必须在海关清关并在其他国家或地区进行销售认证。这是跨境电子商务和国内电子商务的主要区别之一。

在如今这个产品为王的跨境电子商务时代,认证问题是不可忽略也无法避免的。对很多跨境电子商务卖家来说,如果问及跨境电子商务的整个交易链条,他们往往会想到一些基础服务,诸如"物流""收款""广告""VAT"等。在此基础上,有的卖家还会想到"商标注册""知识产权"等。但很少有卖家关注"产品质检""产品认证"问题。

从本质上说,跨境电子商务的成败得失往往源于产品的品质。显而易见,离开了优质的产品,其他都是空谈。这并不是否定其他因素的重要性,而是说,要想从长远的角度去发展,就要解决好产品品质问题。至于有些卖家的投机思维与投机行为,是不值得倡导的,因为不长久,风险也比较大。跨境电子商务行业发展到今天,也呈现出一个显著的特点,那就是:过去是拼价格、拼数量,现在则是重服务、重质量、重供应链。因此,真正高明的卖家已将"产品质检""产品认证"纳入整个运营体系之中。

一、电子商务平台

简单地说,有认证的产品显然要比没有认证的产品好卖。因此,当跨境电子商务的卖家将自己的产品出口到境外时,就面临两个方面的考验:一方面,必须通过物流、支付等服务,促使跨境交易链条正常运转起来;另一方面,必须遵循相关国家或相关地区的准入规则和合规要求,确保产品的质量与安全。尤其是后者,常常被跨境电子商务的卖

家所忽视,导致不合格产品被召回,或在海关长时间滞留,造成不可估量的巨大损失。

事实上,即使是同一品类的产品,不同的国家或不同的地区的准入规则和合规要求也大相径庭。以玩具品类为例,如灵出口到美国,必须满足 ASTM 的合规要求;如果出口到欧盟市场,必须符合 EN71 的合规标准;如果出口到中东市场,则必须进行审核标准更加严苛的 SASO 认证。尽管是同样的产品,遭遇却各不相同。

同时,对于跨境电子商务的卖家来说,他们的产品不仅要符合相关国家或相关地区的合规要求,进而获取市场通行证,而且还必须符合所依托的电子商务平台的相关政策与相关规定。举例来说,一些卖家的产品进驻亚马逊平台时,如果这种产品属于特殊品类,或者是出现过事故的品类,就必须接受亚马逊平台所指定的第三方机构的严格测试。卖家如能提前做好产品的合规认证,就能迅速完成审核流程。相反,则会带来意想不到的时间耗损。同时,即使同类产品曾经出现过事故或正在出现事故,因而被亚马逊平台禁售下架,只要你的同类产品拥有亚马逊平台认可的第三方机构的资质认证,同样可以避免产品下架或产品召回的问题。

除此之外,还需要注意客户在认证方面的需求。有的跨境电子商务的卖家认为,客户如果觉得卖家的产品不具备某种认证资格,不购买就是了,反正也不会影响卖家的正常经营。但要知道,正因为部分客户非常关注认证问题,如果卖家的产品缺少相应的认证,即使仍在正常销售,也会失去这一部分客户的青睐。因此,这种因为认证而导致的损失是显而易见的。尤其是涉及母婴类用品或其他直接与人体接触的产品,客户更关注认证问题。这时候,如果卖家的产品缺少必要的认证,那么客户就不是愿不愿意购买的问题,而是敢不敢购买的问题。如果从市场竞争的角度去考虑,其他的卖家的这类产品具备资质认证,你的这类产品却不具备资质认证,谁的竞争力更强呢?你要是客户,会选择谁呢?由此可见,产品的资质认证问题直接决定了客户对卖家的产品的信任问题,不可轻视。

二、跨境卖家

如果笼统地讨论,无论是国家、地区,还是市场、平台,抑或是卖家与买家,都希望产品质量达到较高的标准。尤其对卖家来说,优质产品是应对激烈竞争的取胜法宝。因此,大多数跨境电子商务的卖家对产品质量还是有要求、有底线的,因为这直接关系到他们的切身利益。但是,跨境电子商务的卖家在对产品进行质量把控时,也会面临诸多挑战。概括起来,这种挑战主要体现在两个方面。

一方面,跨境电子商务的卖家的竞争对手有很多。这些竞争对手既有不同的类别,也有不同的级别。从卖家自身经营的市场和品类来看,一般也不是单一的市场、单一的品类。这就在无形中涉及不同国家、不同地区的不同的市场,必然会面临不同品类的繁杂的合规要求。所谓优质产品,评价标准显然不一致。有的仅仅理解为不是假冒伪劣产品,有的则要求更加实用,有的则要求更加美观,有的则要求具备某些资质认证,有的则要求拥有较高的知名度与美誉度。在这种情况下,跨境电子商务的卖家很难确保自己的产品都是客户心目中的优质产品。

另一方面,跨境电子商务的卖家的绝大多数产品并不是自己生产的产品。这就带来一个尴尬的局面,卖家很难确保产品的质量。尽管卖家可以精心选择产品,但很难在每一个销售的产品的质量上达到预期的效果。为了确保产品的稳定供应,避免缺货所导致的巨大损失,跨境电子商务的卖家的产品往往来源于不同的供应商。这种做法是完全可以理解的,万一哪家供应商出现问题了呢。但这样一来,不同的供应商的产品的质量往往良莠不齐。事实上,即使是同一家供应商,他所提供的产品的质量也会不尽一致。跨境电子商务的卖家要想彻底解决产品质量问题,也是不太现实的。与此同时,卖家对供应商的影响力、制约力相对有限。你即使不与这家供应商合作,还得与那家供应商合作。事实上,现在的供应商的产品的同质化现象极为严重,产品及其质量都大同小异。真正优秀的供应商和真正优质的产品都好比金字塔的塔尖,少之又少。如果跨境电子商务的卖家的道德素质不过关,他更不可能去解决好产品质量问题。

那么,就没有解决的办法了吗?当然不是。俗话说:"专业的事交给专业的人来做。"既然跨境电子商务的卖家不是产品质量检测的专业人士,就应当寻求专业机构的专业人士的帮助。事实上,这就和卖家存在物流、收款的需求,就会去找服务商一样。因此,卖家可以请专业的服务机构来进行产品质量的把控和监测。当然,在这个过程中,卖家也并非无所作为,关键在于两个方面:一是精心选择优质的专业机构;二是清楚地展示自己的需求点。

三、不同渠道

一般说来,对于产品的检测是分需求的。对跨境电子商务的卖家来说,由于发展阶段不同、目标市场不同、品类类别不同、经营规模不同,对产品质检、测试、认证服务的需求也不同。根据这些需求的差异,我们可以将跨境电子商务的卖家分为三大类,据此设计出极具针对性的解决方案。

(一)准备入驻平台的卖家

如果你是正在准备入驻跨境电子商务平台的新卖家,就应当尽快了解跨境电子商务平台的诸多规则。一般说来,跨境电子商务平台会在很显眼的地方或者通过很简单的渠道告知准备入驻平台的卖家,在入驻平台前必须提供哪些认证、必须符合哪些资质。事实上,在你入驻平台的过程中,跨境电子商务平台在审核时就会提出这些具体要求。否则,达不到要求的是无法顺利入住跨境电子商务平台的。当然,关于审核,也存在两种情况:一是由跨境电子商务平台自己进行审核;二是跨境电子商务平台将审核外包给第三方。无论是哪一种,你都必须符合要求、达到标准,才能顺利入驻跨境电子商务平台。

（二）已经入驻平台的卖家

如果你是已经入驻跨境电子商务平台的卖家,当你的客户来自美国、欧洲、澳洲等市场时,必须根据这些市场对产品特性的具体要求,完成一些相关测试。需要强调的是,这一类测试是这些市场对跨境电子商务的卖家强制执行的。一般由声誉卓著、具备相关资质的第三方机构对跨境电子商务平台的卖家进行测试,通过后就提供合格认正。卖家拥有了这类合格认证,就能达到进入相关市场的前提条件。此外,卖家在进行宣传时,可在产品描述页中提供这类认证报告。事实证明,这有助于提升客户对卖家及其产品的信任度。有时候,跨境电子商务平台的卖家还想开拓更大的市场,也会面临准入问题。举例来说,如果卖家想向迪士尼这样的客户进行销售,就必须了解这类客户的准则规范。这里所说的准则规范不仅仅是指产品质量方面的要求,往往还包括社会责任审核是否达标,有时甚至只是一些不成文的偏好。如果卖家不了解这些准则规范,即使拥有某些产品认证,也未必能顺利推进。道理很简单,卖家的这种做法过于盲目,缺乏针对性,自然很难成功。为此,卖家完全可以向专业机构求援,提前了解特殊客户的准则规范,并提前做好各种准备。这是最明智的做法,远比那种等出了问题、进程受阻再想办法的卖家精明得多。

（三）拥有自营业务的电子商务平台

一些跨境电子商务平台既为卖家提供销售渠道,又从供应商那里直接取货,贴牌在平台上销售。这就是我们常说的自营。针对这部分拥有自营业务的跨境电子商务平台,一些专业的第三方机构可以提供这些跨境电子商务平台所需要的产品的供应商,并进行验货、测试和审核。这既能减轻跨境电子商务平台的工作压力,又能确保跨境电子商务平台自营的产品质量。

第四节 跨境电子商务的安全协议

随着信息技术的长足发展,基于互联网技术的跨境电子商务越来越深入人们生活的方方面面。正因为影响广泛,跨境电子商务的安全问题引起了社会各界的普遍关注。从某种意义上说,安全是跨境电子商务的基石。有了这块基石,并不能确保跨境电子商务的顺利与成功。但若没有这块基石,迟早会引发巨大的风险与损失。因此,如何确保跨境电子商务中相关信息的机密性、真实性、完整性、不可否认性、存取控制行,是当前跨境电子商务发展中亟待解决的关键。

一、跨境电子商务的安全要素

跨境电子商务要想安全、顺利地开展,就需要构建相应的跨境电子商务安全系统。一般说来,跨境电子商务安全系统必须具备以下三个安全要素。

(一)有效性

所谓有效性,是指跨境电子商务平台可以对与交易有关的信息、对交易实体的有效性进行精准的鉴别。

(二)完整性

所谓完整性,是指跨境电子商务平台能够确保所有数据的完整性,既防止相关数据被未经授权者擅自修改,又避免数据的不一致。

(三)可靠性

所谓可靠性,是指在进行跨境电子商务交易时,跨境电子商务平台能够为参与交易的个人、企业、国家提供可靠的相关信息。

二、跨境电子商务的主要安全协议

(一)S-HTTP

S-HTTP 是一种典型的安全超文本传输协议,是一种安全信息通信领域的专业协议。一般说来,S-HTTP 可与 HTTP 有机地结合起来使用。究其原因,是 S-HTTP 能与 HTTP 信息模型共存并很容易与 HTTP 应用程序进行整合。S-HTTP 这一协议可向跨境电子商务平台提供具备可鉴别性、完整性、机密性、不可否认性的安全措施,因而值得信任。

(二)iKP

iKP 是由 IBM 公司专门设计的一种全新的安全电子支付协议,有助于跨境电子商务平台的卖家进行安全的网络交易。iKP 这一协议的主要特征有三个:一是能对相关数据提供安全的密码保护;二是能对产生争议的事件进行全程检查跟踪;三是可以在跨境电子商务平台的客户、卖家及银行网关这三者之间进行纠纷仲裁。

(三)SSL

SSL 是一种安全套接层协议,是 Netscape 公司率先采用的网络安全协议。SSL 是在传输通信协议(TCP/IP)上实现的一种安全协议,采用的是一种公开密钥技术。SSL 不仅能够广泛支持各种类型的网络,而且还能提供三种安全服务。对跨境电子商务平台的卖家来说,SSL 这种安全套接层协议可以确保信息的完整性、保密性、真实性。不过,SSL 不能对应用层的消息进行数字签名,进而无法确定交易的不可否认性。毫无疑问,这是 SSL 的最大不足。

（四）SET

SET 是跨境电子商务中应用极为广泛的安全电子交易协议,由 Visa 与 Master card 这两大信用卡组织联合 IBM、HP 等公司开发研制,其初衷是确保线上交易中信用卡支付的安全。在真实的网络购物环境中,SET 这一协议可以提供有关卖家、客户、银行这三者之间的认证,从而确保交易数据的安全性、完整性、可靠性和交易的不可否认性。更难得的是,SET 还提供了隐私保护,获得了 IETF 标准的认可。事实上,这也是跨境电子商务未来的发展方向。

三、跨境电子商务应用中最广泛的安全协议

SSL 与 SET 是当前在跨境电子商务中应用最为广泛的安全协议,但两者也存在着显著的差别。总结起来,两者的差别主要体现在以下四个方面,

严格说来,SSL 协议属于传输层的安全技术规范,并不具备跨境电子商务的商务性、协调性、集成性功能。而 SET 协议则位于应用层,不仅规范整个跨境电子商务活动的流程,而且制订了极为严格的加密和认证标准,因而具备商务性、协调性、集成性功能。

早期的 SSL 协议并不提供身份认证机制。虽然后来在 SSL3.0 上通过数字签名和数字证书来实现浏览器和 WEB 服务器之间的身份认证,但依然无法实现多方认证。SET 协议则要求所有参与跨境电子商务交易活动的各方都必须使用数字证书,因而妥善解决了客户与银行、客户与卖家、卖家与银行之间的多方认证问题。

SSL 协议采用了公钥加密和信息摘要等技术,可以提供具备机密性、完整性和一定程度的身份验证功能,但缺乏完整的认证体系,无法提供跨境电子商务交易活动中至关重要的不可否认性的证明。SET 协议采用非对称加密、消息摘要和数字签名等技术,确保了信息的机密性、认证性、完整性、不可否认性。更关键的是,SET 协议采用了独特的双重签名技术来确保参与各方的信息相互隔离,卖家只能看到持卡人的订单信息,银行只能获取持卡人的信用卡信息。

SSL 协议目前已被大部分的浏览器和 WEB 服务器内置,因而无须再安装任何专门的软件。而 SET 协议中的客户端必须安装专门的电子钱包软件,在商家服务器和银行网络上也必须安装相应的软件。因此,SSL 协议的部署成本偏高。但优点是运行效率比较高。SET 协议非常复杂、庞大,而且运行速度非常缓慢。以一个典型的 SET 交易过程来看,前后需要需验证电子证书 9 次、验证数字签名 6 次,还有若干次传递证书签名、对称加密和非对称加密,整个交易时间偏长。

由此可见,SSL 与 SET 这两种协议各有优劣,因而在市场竞争中难分高下。

第五节　跨境电子商务的支付理论研究

在跨境电子商务中,支付是一个不可或缺的重要组成部分,有关跨境电子商务的支付理论研究与支付实践探索都取得了显著的进展。

一、跨境电子商务的主要支付方式

当前,跨境电子商务的主要支付方式包括三种:一是境内外第三方支付平台;二是商业银行;三是专业汇款公司。这三种方式各有特色,下面进行简要的介绍。

(一)境内外第三方支付平台

在当前的跨境电子商务支付方式中,第三方支付平台毫无争议地占据了主导地位。其中,最受欢迎的要数国外的 PayPal、国内的支付宝等第三方支付平台。2017 年 12 月,包括支付宝、易宝支付、银联电子支付、钱宝在内的 30 家第三方支付企业成为国内首批获得跨境电子商务外汇支付业务试点资格的企业。之后,试点范围逐步扩大到北京、上海、深圳、重庆、杭州等 13 个城市。按照相关规定,这些拥有牌照的第三方支付机构可以经由银行,为小额跨境电子商务交易双方提供跨境互联网支付所需的外汇资金集中收付服务及相关结售汇服务。

随着跨境电子商务的迅猛发展,跨境支付需求也迅速增长。这正是国内第三方支付平台抢滩境外支付蓝海的主要动力所在。这些第三方支付平台为跨境电子商务卖家提供一站式资金结算解决方案,彻底解决了跨境支付过程中的资金流问题,也在很大程度上提升了客户的跨境电子商务支付体验。

(二)商业银行

在第三方支付平台加快拓展市场的同时,商业银行也迅速跟进,抢占市场份额。除了四大国有银行外,包括招商银行、中信银行在内的多家股份银行也表现出对跨境电子商务市场的浓厚兴趣。目前,这些商业银行正与各大第三方支付平台深入探讨跨境支付业务合作项目。商业银行在成为跨境电子商务支付的重要力量之外,也积极支持第三方支付平台进行跨境人民币支付,这等于为商业银行自身的业务创新留下了巨大的想象空间。当然,境外商业银行同样是闻风而动,跃跃欲试。目前比较大的动向包括:建设银行携手全球知名网购交易平台 PayPal,合力打造中国 PayPal 海购天下计划,并推出建设银行 PayPal 专属海购平台;哈尔滨银行与俄罗斯 Wallet One 公司签署跨境支付合作协议,内容涉及跨境收款、在线支付、资金清结算等各个领域;招商银行推出极具跨境特色的汇款业务"智汇通";中国平安联手台湾银行布局电子商务跨境支付等。

（三）专业汇款公司

紧随第三方支付平台和商业银行之后，众多专业汇款公司也成为跨境电子商务支付领域的重要角色。在传统的跨境贸易方式中，主要提供卖家和买家的信息，交易主要以线下支付为主，而且金额较大。在一般情况下，线下支付主要采用 T/T、L/C、西联等方式。当然，从长远看，线上支付已经是大势所趋。

二、全球部分地区跨境支付方式使用情况

实际上，不同国家、不同地区的客户往往具有不同的消费习惯。在全球各个国家和各个地区的客户进行网上购物时，他们所使用的支付方式存在着明显的差异。在这里，我们不妨对这方面的情况进行一个简单的盘点。

（一）中国

在中国，对于跨境电子商务来说，以支付宝和财付通为代表的第三方支付平台已经成为主流支付平台，这类支付平台采用充值的模式进行付款，具备绝大部分网上银行的功能。在中国，无论是信用卡还是借记卡，都可以用于网上购物。其中，信用卡在中国消费者当中的使用率正在逐渐攀升。

当然，在中国的香港、澳门、台湾地区，消费者最常使用的电子支付方式还是 Visa 和 MasterCard。此外，他们也喜欢使用 PayPal 电子账户支付款项。据 2018 年 7 月 30 日的新闻报道，解决方案提供商网络国际宣布，已与中国移动支付平台——支付宝合作，为支付宝网上交易提供解决方案，并在网络国际的 N - Genius 支付平台上推出支付宝的选项，为在阿联酋的中国消费者提供多元化的支付选择。

（二）北美

在北美，支付方式趋于多样化，其中最常见的就是信用卡。北美的消费者对于各种电子支付方式是非常熟悉的。尤其是美国消费者，对网上支付、电子支付、电话支付、邮件支付等支付方式毫不陌生。在美国，最常使用的在线支付方式是信用卡。美国第三支付服务公司可处理支持 158 种货币的维萨（Visa）和万事达（MasterCard）信用卡，支持 79 种货币的美国运通（American Express）卡，支持 16 种货币的大来（Diners）卡。与此同时，PayPal 也是美国人熟悉的电子支付方式。

（三）欧洲

在欧洲，消费者更加青睐本地的支付方式。欧洲消费者除了使用维萨 Visa 和万事达 MasterCard 等国际卡外，最常使用的本地支付方式包括：Maestro（英国）；Solo（英国）；Laser（爱尔兰）；Carte Bleue（法国）；Dankort（丹麦）；Discover（美国）；4B（西班牙）；Carta-Si（意大利）等。

（四）日本

日本消费者习惯于使用信用卡付款和手机付款这两种网上支付方式。日本的信用卡组织为 JCB，可支持 20 种货币。除此以外，一般的日本消费者都会有一张维萨（Visa）卡和万事达（MasterCard）卡。目前，日本使用手机上网的人数已超过使用电脑上网的人数，因而更习惯于使用手机进行网上购物。

（五）韩国

相比之下，韩国消费者的支付方式比较封闭，占主流的是国内银行支付。韩国主流的购物平台多属于 C2C 平台，包括 Auction、Gmarket、11ST 等。此外，还有众多的 B2C 网上商城，其中就包括品牌企业的店铺和明星开设的商店。韩国一般只提供韩国国内银行的银行卡进行网上支付，很少使用维萨（Visa）卡和万事达（MasterCard）卡。韩国人习惯于使用手机付款。在韩国，PayPal 有一定的市场，但不是主流的支付方式。

三、我国跨境支付的发展趋势

当前，跨境电子商务风起云涌，也引发了我国跨境支付领域的长足发展。总结起来，我国跨境支付主要呈现出以下三大发展趋势。

（一）加快建设人民币跨境支付系统

随着跨境支付的需求不断增长，加快建设人民币跨境支付系统就成为当务之急。该系统建立之后，可有效地连接境内外的直接参与者，迅速、安全地处理人民币贸易类、投资类等跨境支付业务。更重要的是，按照这一方向继续发展，在未来的某一天，人民币有望成为真正意义上的可兑换的国际货币。到那时，不仅可以进一步降低包括渠道成本和汇率成本在内的跨境支付交易成本，而且也有助于我国跨境支付不再受限于 SWIFT 等组织的约束，提升跨境支付领域的整体安全系数。当然，在这个过程中，日趋国际化的人民币必将冲击以美元主导的现有国际货币储备体系，因而必然会遭遇美国等国家的阻挠。但是，这是大势所趋，过程中的波折只会延缓进程，不能阻挡发展的势头。

（二）促进第三方支付账户国际化发展

与境外的第三方支付机构相比，中国的第三方支付平台的优势与劣势尽显。就优势而言，中国的第三方支付平台具有小额支付费率低、到账快等优点。就劣势而言，中国的第三方支付平台的规模还比较小，还有很大的发展空间。目前，美国的 PayPal、荷兰的 Global Collect、俄罗斯的 Web money 等国际第三方支付机构均可提供多种外币收款及换汇服务。而我国的支付宝、财付通等第三方支付账户仅支持人民币账户支付。由此可见，为顺应跨境电子商务的迅猛发展，中国未来的第三方跨境支付的发展趋势之一，就是实现第三方支付账户的国际化，提供多种货币的支付、兑换服务。

（三）推动设立"超主权货币"体系

从一开始,国际货币体系就突出了"超主权货币"的特质。白银与黄金都是超越主权的货币,银本位和金本位都与"超主权货币"体系挂钩,并且直到主权货币成为世界货币之前都是如此。关于"超主权货币"的主张,很早就有人提出来了,但时至今日,该主张还停留在设想阶段,还未取得任何实质性的进展。早在20世纪40年代,凯恩斯就提出了建立国际货币单位"Bancor"的设想。2009年金融危机后,中国人民银行前行长周小川倡议将IMF(国际货币基金组织)的特别提款权(SDR)发展为超主权储备货币,主张彻底改变当前SDR只能用于政府或国际组织之间国际结算的现状,使之真正成为国际贸易和金融交易公认的支付手段。尽管这一倡议并未得到西方国家的普遍支持,但这一发展趋势是明确的。随着跨境电子商务的长足发展,推动设立"超主权货币"体系必将提上重要议事日程。

第四章

跨境电子商务的监管理论体系研究

随着经济一体化的浪潮席卷全球,跨境电子商务也在这种大环境中得到飞速发展。当前,跨境电子商务正在悄然改变我国对外贸易的版图和模式。促进跨境电子商务行业的健康发展,有助于扩大国际市场份额、有助于拓展对外贸易销售网络、有助于转变经济发展方式。从这个意义上说,跨境电子商务必将成为推动我国经济发展方式转变的重要力量。在这种情况下,跨境电子商务的海关监管工作就被提上议事日程。

一、跨境电子商务的发展趋势

跨境电子商务的海关监管与跨境电子商务的发展息息相关。当前,跨境电子商务的发展呈现出以下三大趋势。

趋势之一:由个人代购转向专业网站经营。新关税政策的实施,对庞大的海外代购市场造成冲击,进而促使整个跨境电子商务代购行业出现两极分化。新关税调整后,成本显著上涨,这对个人类卖家影响最大。在这种情况下,部分个人类卖家面对经营困境,或者减少接单数量,或者提高现货价格,或者停业观望,或者跳槽转行。但与此同时,也有部分个人类卖家的生意依旧如火如荼,似乎并未受到新关税政策带来的消极影响。究其原因,是这些个人类卖家通常会由于工作需要或学习需要而定期出国,或者是在国外的亲朋好友会经常回国,顺便将商品带回国内进行销售。这些商品大多数都以自己使用为名流入境内,只要不被海关查到,就能偷逃关税。从长远来看,这种侥幸心理与投机行为是不可取的。因此,由个人代购转向专业网站经营是大势所趋。这些专业网站具有相当雄厚的实力,与国外的品牌供应商或经销商组成了脉络清晰、流程规范稳定的网络代购渠道。在这些专业网站的运作下,跨境电子商务中的代购商品经由正规渠道通过海关入境,合法缴纳关税。从某种意义上说,新关税政策的实施对它们而言反而是利好消息。

趋势之二：由零散采购转向集中采购。受到新关税政策的影响，那些小批量、多批次的个人采购行为往往受限，而那些集中的大规模的采购却很少受到影响。因此，目前的跨境电子商务的采购行为已开始从零散的小规模向集约的大规模转型。在这方面，专门经营国外奢侈品销售的电子商务网站纷纷涌现，国内的大型综合电子商务网站，如京东商城、淘宝商城等也开始在国外进行大宗采购。大浪淘沙，排列组合。应该说，这种由零散采购转向集中采购的趋势已经越来越明显。

趋势之三：由无序经营向有序经营转化。随着跨境电子商务逐渐由个人代购向专业网站经营转化，原有的无序状态将逐渐趋于有序。长期以来，消费者对跨境电子商务中出现的假冒伪劣问题深恶痛绝，对高昂的个人代沟费用也十分反感。于是，那些信誉高、品质正、服务好的正规跨境电子商务渠道就得到了消费者的欢迎。因此，从无序经营转向有序经营的确是跨境电子商务行业发展的大势所趋。

二、跨境电子商务对海关监管的挑战

所谓跨境电子商务的海关监管，是指海关行使国家赋予的权力，通过相应的管理制度与管理流程，依法对经由电子商务平台完成交易、进行支付结算并通过跨境物流运送商品、完成交易的国际商业活动所实施的一种行政管理。由此可见，国家对跨境电子商务进行海关监管的目的，就是促进跨境电子商务活动在遵守国家政策和法律的前提下的正常开展，维护国家的主权与利益。

（一）跨境电子商务对我国的影响

跨境电子商务对我国的影响是显而易见的，大致表现在以下两个方面。

一方面，跨境电子商务在一定意义上突破了产品和服务的国境屏障。这样一来，就能显著降低中国消费者的消费成本，为中国消费者提供更加多元的消费选择。此外，也能促进国际资源的优化配置，为国内企业营造一个更加积极的竞争环境。毫无疑问，这对完善我国的市场经济体制是极为有利的。

另一方面，部分跨境电子商务中也出现了种种弊端。有的卖家利欲熏心，想方设法逃避海关监管，导致国家税收流失，并引发多种金融风险。此外，也会对国内相关企业带来消极影响。产品的假冒伪劣问题层出不穷，产品质量和服务质量不合格导致各种纠纷不断。此外，个人隐私外泄，因涉嫌逃税、走私、输入国家管制物品或违禁物品而构成犯罪的风险大大增长。

（二）跨境电子商务的海关监管存在的问题

在跨境电子商务的海关监管中，普遍存在以下四个方面的问题。

一是传统监管模式落后。在对跨境电子商务进行海关监管时，按照传统的海关监管模式，往往难以获得全面、准确的交易信息。在跨境电子商务中，几乎所有的票据都可以采取电子的形式。但在传统海关监管中，更习惯于依靠书面凭证。在日渐电子化与信息化的今天,一些电子凭证和电子合同极易被修改,或者难以留下明显的追踪线索。交易痕迹的电子化、虚拟化,导致海关监管工作难度进一步加大。这些都证明,传统的海关监管模式已经过时,亟待更新、提升、完善。

二是通关手续烦琐。目前的通关手续过于烦琐,对跨境电子商务的健康发展是不利的。毋庸讳言,很多烦琐的手续的设计原本是针对跨境电子商务中的违规行为的。但事物都有两面性,通关手续烦琐本身也会导致跨境电子商务中的违规行为。一些跨境电子商务的卖家对烦琐的通关手续望而生畏,为了节省成本,便采取将跨境网购邮件伪装成个人自用物品邮件。于是,原本合法的小额外贸行为变成了逃避海关监管的走私行为。由此可见,海关的通过服务还有很大的提升空间,在遵守基本原则的前提下简化手续,必将大大提高通关效率,也能引导跨境电子商务卖家合法经营。

三是监管未能形成合力。目前,对跨境电子商务的海关监管存在监管力量单一、后续监管手段缺乏的弊端。长期以来,海关监管工作习惯于将注意力放在邮件查验上。这种过分依赖现场查验关员来进行监管的工作方式,往往缺乏后续监管首段。事实上,跨境电子商务已经出现迅猛增长的势头。如果缺乏风险管理、后续稽查等先进理念与配套措施,真正形成监管合力,是很难应对跨境电子商务的监管需求的。

四是法律保障问题突出。跨境电子商务涉及方方面面,包括网络监管、外汇管理、检验检疫等都会有相关行政执法部门参与。这些行政执法部门在制定相应的政策规定时,往往缺乏一致性、协调性,很容易出现政策冲突的尴尬局面。总之,缺乏足够的法律保障。因此,迫切需要立法规范上的顶层设计,强化法律法规秩序的引导。毫无疑问,这是一项跨部门、跨地区的社会系统工程,难度很大,但影响也很深远。

三、探索海关对跨境电子商务实施有效监管的途径

跨境电子商务是一种发展迅猛、前景广阔的新兴对外贸易模式,迫切需要进行有效的海关监管。为此,我们可以在以下四个方面探索海关对跨境电子商务实施有效监管的途径。

(一) 创新监管模式

客观地说,我国政府的行政体制改革目前还处于起步阶段。在这样一个宏观背景下,我们的海关监管长期处于"管"大于"促"的阶段。实践证明,如果海关监管过度,既会削弱海关服务企业、服务经济的力度,也会阻碍相关产业的正常发展,还可能在无形中出现更多的非法的地下交易。按照新公共服务理论,政府的职能应当是"服务",而不是纯粹意义上的"管理"。因此,在不违反党和国家的大政方针、不违反国家法律的前提下,作为政府部门的海关理应在对跨境电子商务实施有效监管时,突出服务意识,拓展服务内涵。只有创新监管模式,真正达到"宽严相济",才能处理好管理与服务之间的平衡关系。

（二）细化监管操作

监管模式的创新，既需要考虑宏观大局，又要关注微观细节。在微观细节方面，要着力避免模糊化、笼统化的倾向。否则，空有相关规定，却难以具体执行。这样一来，不仅无法体现公平原则，而且还容易滋长权力寻租现象。在对跨境电子商务的海关监管中，最大的难题就是征税。事实上，现有的法律法规并未彻底解决无形商品的征税问题。以邮包监管为例，往往难以判定哪些是跨境电子商务的邮包、哪些是自用物品的邮包。在实际工作中，很容易被道德低下的监管用来谋取私利。要想妥善解决这个问题，可以从细化监管操作入手。在这方面，韩国海关与英国海关的做法具有一定的借鉴参考价值。韩国海关明确规定："第一，发货人相同，同一日期超过两件以上的，需要合并计税。第二，日期不同，在每日进口一件的情况下，如果被认为是自用物品的情形，可以予以免税放行；但如果之后根据系统数据分析存在不当免税嫌疑的情形，可采取追缴措施。第三，统一收件人同一日期接收到由境外不同寄件人寄出的相同物品件时，应合并计税。"英国海关对境外网络购物有明确的提示："第一，在境外购物时，需在货物运送环节缴纳相应的关税和其他税费。第二，礼物的概念应定义为某个人直接向另一个人寄出的，而个人通过网络为他人订购的并不视为礼物，收件人应支付英国海关关税和其他税费。第三，网购的发货方要正确填写海关申报单，包括货物描述、货物价值，说明是礼物、是商品还是个人物品。第四，如果包裹中的物品有未申报或申报错误的情况，边境稽查机构需进一步核实。在某些情况下，包裹中的物品将被扣留，收件人需接受处罚。第五，对于从欧盟成员国进口的物品，网上的卖家有责任为货物交税。购物时的价格应已包括税费，否则，货物进境时将被海关查扣。所以，应向卖方确认是否符合以上要求。第六，对于从欧盟成员国以外国家进口的物品，当货值超过一定额度时，需支付海关关税和进口增值税。"

（三）形成监管合力

在西方国家，海关进行行政执法时，会高度重视报关协会、货代协会等行业协会的作用，允许这些行业协会积极参与海关行政管理。实践证明，这样做有助于形成海关监管合力。具体说来，可以在以下三个方面下功夫。

一是拓展监管时空，强化后续稽查管理。对跨境电子商务，应当注重全过程的监管。过去，海关监管主要侧重对相关产品的监管。在此基础上，要将重点逐渐转移到对跨境电子商务买卖双方的监管上来。具体一点说，就是要重点监管相关企业类卖家、个人类卖家及买家。要进一步引入风险制度、稽查制度，全程关注跨境电子商务活动的前期、中期、后期的监管，进一步提高海关监管的针对性和有效性。

二是切实做好情报信息工作。相关风险、情报部门应当充分发挥自身优势，对跨境电子商务活动的详细信息数据进行提炼。只有精准掌握这些信息数据，才能为后续稽查工作及补税、处罚等提供数据支撑。既然跨境电子商务是在网上进行，就要随时关注相关专业网站,搜集这些专业网站上所发布的信息,进而建立数据库,以便对重点卖家、重点买家、重点物品、重点服务进行重点分析,把握特点,总结规律,并对未来的发展趋势进行预测。

三是注重顶层设计。对跨境电子商务的海关监管,应当高度重视顶层设计,而不能满足于一时一事的成败得失。既要注重海关内部的情报、风险、验估、查验等部门和环节的协同工作,又要协调好海关与商贸、市场、质量、公安、交通等部门的关系,还要维护好国际海关之间的信息共享和执法协作。只有多方联动、合力监管,才能构建一个具有中国特色的相对完善的监管体系。具体说来,要努力完善三个层级的海关监管制度。第一层级是国务院行政法规。应当严格遵循"科学发展、规范引导、服务促进"的原则,注重对跨境电子商务进行相关政策上的顶层设计。只有完成了这个层级的制度建设,才能加快监管一体化进程。第二层级是部门规章。各个部门要根据行政法规制定本部门的规章,尤其要注重在建立专业化的监管制度上做文章。第三层级是操作规程。这属于微观操作,需要具体执行部门根据部门规章来精心制定。

(四)注重监管宣传

对跨境电子商务的海关监管工作涉及方方面面,其中就包括对海关监管工作的宣传。事实上,很多跨境电子商务卖家和买家之所以会出现违规甚至违法行为,很多时候是对相关的海关监管工作不了解、不熟悉。有的是一无所知,当然没有违规、违法意识。有的是明知故犯,但其实还是知之不深,因而总抱有侥幸心理。一旦宣传到位,会减少很多类似的违规、违法行为。例如,国家工商总局出台了《网络商品交易及其有关服务行为暂行办法》。对此,就应大力宣传。不仅要向海关监管工作人员宣传,而且要向所有参与跨境电子商务活动的卖家和买家宣传。这对于规范跨境电子商务,促进其健康发展是极有裨益的。

第二节　跨境电子商务的税收征管

近年来,全球购买力逐步增强、中国网民的网购习惯逐步形成。在中国经济稳健发展的这样一个宏观背景下,跨境电子商务已经发展成创新和发展的重要驱动。随着跨境电子商务的飞速发展,有关跨境电子商务的税收征管问题越来越受到人们的关注。但是,目前的跨境电子商务的税收征管依然处于探索之中,真正意义上的规范还需假以时日。

毋庸置疑,跨境电子商务的业务模式与现行税收监管体系不相适应,导致实际的税收征管中出现诸多深层次矛盾和体制性难题。要想促进跨境电子商务的健康发展,就必须从根本上解决深层次矛盾和体制性难题。

一、跨境电子商务卖家特点

要想开展跨境电子商务的税收征管工作，就要全面了解跨境电子商务卖家的特点。根据有关机构的调研结果，可以总结出跨境电子商务卖家的三个基本特点。

第一，在跨境电子商务中，既有企业类卖家，也有个人类卖家，但主要以企业类卖家为主。据相关调研，企业类卖家占83%，个人类卖家占17%。

第二，跨境电子商务卖家的资产规模呈现金字塔的形状。其中，塔尖属于资产规模最大的大型卖家，塔中属于资产规模居中的中型卖家，塔基属于资产规模垫底的小型卖家。据调研，资产规模超过1亿元人民币的大型卖家占25%，中型卖家占33%，小型卖家占42%。

第三，根据税务登记地和实际管理机构地来分析，在跨境电子商务卖家中，个人类卖家的规范性是比较差的。例如，很多个人类卖家没有提供税务登记地。所有企业的实际管理机构都在境内，但很多个人类卖家缺乏起码的实际管理机构地的概念。一些进行税务登记的企业类卖家，其企业的实际管理机构与税务登记地并不一致。还有一些资产规模较大的企业类卖家试图在境外建立实际管理机构地，并将国际业务机构都放在境外。

二、跨境电子商务交易特点

要想开展跨境电子商务的税收征管工作，还要了解跨境电子商务交易的特点。根据有关机构的调研结果，可以总结出跨境电子商务交易的四个基本特点。

第一，考察跨境电子商务卖家的产品类型及产品来源，绝大多数还是属于有形产品，而且产品采购地主要来自国内市场，一般是离跨境电子商务卖家采购半径较小的批发市场或大型终端卖场。

第二，考察跨境电子商务平台所在地，大多数都在境外。这些跨境电子商务平台主要使用境外服务器来进行交易数据的传输、存储、分析。一般说来，这些跨境电子商务平台主要包括eBay、亚马逊、速卖通（阿里巴巴海外平台）、敦煌、Wish、Ladaza，也有部分是规模较大的卖家自行开发的海外网站和APP。

第三，考察跨境电子商务卖家的货款结算方式和收款银行所在地，往往由第三方支付平台与境内银行账户结算。随着PayPal等第三方支付平台的广泛普及，跨境电子商务卖家都习惯于使用这种方式进行货款结算，而收款方账户则往往选择境内账户。

第四，考察跨境电子商务卖家的货物发出地，可谓范围广泛。相关调研表明，跨境电子商务卖家利用快递公司运输货物的所在地除了实际管理机构所在地之外，也往往选择北京、上海、广州等地。总体来看，这种货物发出地并不固定，而是处于变动之中。

三、跨境电子商务税收征管的基本情况

目前,跨境电子商务税收征管在实践中还面临诸多难题,亟待解决。主要表现在以下三个方面。

第一,在绝大多数情况下,跨境电子商务卖家习惯于选择小额包裹申报通关。究其原因,主要有两个。一方面,通关是跨境电子商务的主要涉税环节;另一方面,目前的跨境电子商务行业还是以中小型卖家为主。因此,大多数跨境电子商务卖家便采用化整为零的方式,进行小额包裹申报通关,也就不足为奇了。

第二,在当前的跨境电子商务税收征管中,环境问题、制度问题显得格外突出。在调研中发现,很多中小型卖家甚至包括部分大型卖家都存在无法取得有效凭证的问题。由于无法取得发票,这些跨境电子商务卖家就会进行变相操作。很多跨境电子商务卖家被迫选择程序复杂和周期偏长的模式,证明现行征跨境电子商务税收征管方式还难以适应跨境电子商务的特点。

第三,在调研中发现,针对跨境电子商务税收征管,还存在着各种各样的观念冲突。有些跨境电子商务卖家存在一些错误认识,如认为跨境电子商务属于新生事物,因而不应当交税。在跨境电子商务税收征管的征收思路和征收方式上,大多数卖家希望以鼓励扶持为主。有的卖家主张制订一个简易税率,作为企业整体税收负担率,实行一站式收取。有的专家担心,跨境电子商务税收征管工作一定要避免"一管就死,一死就放"的情况,但对宽紧适度的理解又各不相同。

四、跨境电子商务税收征管的现实问题

具体分析跨境电子商务税收征管中的现实问题,主要包括以下四个方面。

第一,跨境电子商务平台的注册登记与纳税登记严重分离。开展跨境电子商务交易,必须借助相应的电子商务平台来进行。但是,当前的电子商务交易类型多种多样,趋于多元化。更关键的是,电子商务平台的注册机制并未限制注册方必须是企业类卖家,也允许个人类卖家的存在。于是,就出现注册登记与纳税登记严重分离的局面,给跨境电子商务交易中确认纳税主体带来相当的困难。由于个人类卖家往往不进行税务登记,在现行制度跨境电子商务税收征管制度下,税收的公平性很难得到保证,进而影响到行业的持续发展问题。

第二,征税机关不确定。调研显示,跨境电子商务的税务登记地、实际管理机构地、货物发出地可以一致,但这种情况很少;大多数是不一致的,或者说是不完全一致的。这样一来,就很难判断究竟应该由谁来征收税款。

第三,应税收入数据境外化。跨境电子商务卖家的实际管理机构所在地均在境内,原本应当根据其经营所得征税。但是,由于跨境电子商务平台往往在境外且普遍使用

第三方支付平台来结算货款,要想准确、全面地获取交易数据并据此确定应纳税额就很难做到。

第四,涉税环节复杂。目前的跨境电子商务呈现的是中小型卖家从批发市场购进货物为主的产业链态势。因此,这些中小型卖家往往无法取得有效的发票去办理通关手续。

五、跨境电子商务税收征管的主要措施

综上所述,跨境电子商务卖家的货物发出地往往是全国各地,光从跨境电子商务物流信息上是很难解决税收征管的难题的。充其量,它也只能作为辅助技术手段加以应用。此外,跨境电子商务卖家的电子商务平台和电子支付都集中体现在信息流和资金流上,仅仅以信息流为指导,是无法获取境外服务器的计税收入数据的;仅仅以资金流为控制点,也只能对已经进行税务登记的那一小部分卖家进行征管,因而无法体现出税收的公平和全面。那么,针对跨境电子商务税收征管的现状,我们应当采取哪些措施呢? 总结起来,可以从以下五个方面下功夫。

第一,将注册溯源与税务登记有机地结合起来。这样做的最大好处,就是有助于妥善解决纳税主体问题。一般说来,跨境电子商务卖家必须依托电子商务平台进行交易。因此,电子商务平台上源自我国境内的注册主体即是境内纳税主体。如能对在境外电子商务平台上注册的数据进行反向追溯,并有序纳入税务机关的征收系统,就能涵盖个人类卖家这一纳税主体。再加上已经掌握的企业类卖家所进行的税务登记,就能全面覆盖所有纳税主体,避免将部分纳税主体遗漏在外。

第二,确定货款结算银行账户所在地为征税机关。一般说来,跨境电子商务卖家的所有交易数据都是存放在境外交易平台和第三方支付平台上的。在买家确认收货后,第三方支付平台就将与境内卖家针对成交金额进行结算。由于境内卖家的收款账户往往设立在境内,通过第三方支付平台汇入的境内收款银行账户所在地就可以确定为征税机关。

第三,应用嵌入银行账户的预收税款征收办法。在这方面,税务机关应同公安机关、海关、工信部等部门开展合作。关键是针对纳税主体是个人类卖家的境内银行账户,在第三方支付平台同境内卖家银行账户进行交易金额结算时,利用相关技术将税务机关收缴税款系统嵌入境内卖家的银行账户中,列示扣税额和交易净值。

第四,借助简易税率的设置方式来替代征收各项税种。在当前这个阶段,既然国家是积极鼓励和大力扶持跨境电子商务的,就应当在征税上进一步简化程序。一个切实可行的措施,就是设置简易税率来替代征收各项税种。这种单一的一税制税率,有助于平衡国家税收与经济发展之间客观存在的冲突。尽管其实行还需要解决一系列难题,但在现阶段还是大势所趋。

第五,利用"互联网＋税务"的方式,进一步加大有关纳税义务的宣传力度。考虑到很多跨境电子商务卖家的认识误区,有必要借助"互联网＋税务"的方式,全面宣传跨境电子商务卖家的纳税义务。当然,在这个过程中,除了强调纳税义务之外,还要针对跨境电子商务卖家存在的诸多认识误区,进行专题阐释、案例剖析、在线培训等工作,有助于获得跨境电子商务卖家对税收征管工作的积极配合。

第三节　跨境电子商务的金融监管

当前,在"一带一路""互联网＋""亚投行"的宏观背景下,跨境电子商务的金融监管引起了越来越多的关注。

一、跨境电子商务与互联网金融

从本质上说,跨境电子商务和互联网金融有着密不可分的内在联系。要想开展跨境电子商务,必然需要互联网为其提供相应的技术支撑。随着互联网越来越普及,信息传递与处理的速度越来越快。在这种情况下,商业活动和金融服务都日趋网络化、电子化。这就为跨境电子商务与互联网金融的融合提供了现实的可能。从实践的角度看,针对当今的电子商务尤其是跨境电子商务,金融机构开始逐步使用互联网新技术来完善金融服务模式。

有贸易存在就有金融需求,而电子商务平台正好为互联网时代的买卖双方提供了非常理想的沟通平台与交易平台。但是,线上电子商务交易不同于线下交易,尤其在交货与支付上存在明显的不同步问题。由于信息不对称,很容易被不道德的卖方和不道德的买方所利用。为妥善解决这个现实难题,基于互联网支付环境的第三方支付模式应运而生。事实上,金融领域是首先涉足第三方支付的。其基本流程是:第一,采集相关信息,形成专业数据;第二,借助搜索引擎、云计算,提供良好的路径;第三,量身定制,提供金融供应链、小额贷款等业务。

毋庸讳言,互联网金融与跨境电子商务的也存在诸多潜在的风险。目前,中国的跨境电子商务总体上还处于发展初期,经营不善、主体过多等问题层出不穷。跨境电子商务与互联网金融的结合是在数据分析的基础上产生的,而其中的大部分数据都来自小企业,这就注定出现良莠不齐、泥沙俱下的问题。此外,尽管跨境电子商务具备互联网的技术创新与应用的优势,但这种优势也难免会受到自然因素与人为因素的消极影响。

二、跨境电子商务的金融监管困境

对跨境电子商务进行金融监管是完全必要的,但目前在很大程度上已经陷入困境。

具体说来,主要表现在操作难、功能弱、融资少这三个方面。

(一)操作难

跨境电子商务的开展相对容易,但与跨境电子商务相关的外汇管理则相对困难。部分企业或个人并没有使用结算账户,目前的跨境电子商务平台都要求用身份证号来注册。个体商户可以利用账户办理的形式付汇,不用占额度。在国外市场中,个人拥有红利的支付部门的比例还是比较小的。此外,我国跨境外汇支付业务中的个人结售不纳入年度售汇总额中。在这里,所谓的支付机构是指既拥有人民银行业务许可证,又按照外汇管理规定办理的第三方支付机构。从目前的国际环境来看,跨境第三方支付很多是被 PayPal 美国公司垄断的。因此,如果采用境外机构支付,必然会受到相应的制约。

(二)功能弱

自从我国启动了人民币跨境支付系统(CIPS),它就为结算提供了一条有效通道。但是,这个系统与 Swift 还是存在很大的差异。主要差异有四个:一是 CIPS 系统的运行时间与服务时间都比较短,主要是早上九点至晚上八点;二是覆盖面很窄,直接参与CIPS 系统的中外资银行仅有 19 家,至于间接参与的也不过三百多家;三是 CIPS 系统主要是针对人民币汇款、结算与融资业务,功能还不够全面;四是从专业的角度来看,CIPS系统还需要进一步增强其独立性。

(三)融资少

与普通企业贷款相比,电子商务的结算、交易显然更加宽泛,可以结合数据模型、商务信息、在线视频、销售状态来控制风险,确立贷款总额。但就跨境电子商务而言,其致命弱点是融资偏少。关于这一点,市场反馈的信息也可予以证实。例如,阿里贷款受银行收贷款考核、风控、制度等多种因素的影响,真正能给予的总额还是比较有限的。

三、实施跨境电子商务金融监管的基本思路

(一)改善外汇管理

要实施跨境电子商务金融监管,就要不断改善外汇管理。在电子商务领域,必须打破传统跨境电子商务贸易与服务贸易的局限,确定各种无形商品,拓展游戏类的虚拟商品。在此基础上,要进一步优化个人外汇系统。可适当增加"跨境电子商务"的类型,做好相应的监管工作。要明确个人与机构的定义,明确个人对外贸易的经营条件。要不断优化支付机构与管理过程,从常规的准入管理逐渐过渡到备案管理。

(二)拓展融资渠道

要实施跨境电子商务金融监管,必须妥善解决融资渠道问题。针对电子商务的基本属性,在控制风险的基础上,进行动产质押与无形资产融资。结合银联收单、现金流

水,为跨境电子商务从业者提供消费贷款、流水贷、供应链等各种服务。要想方设法改善融资形式,在符合互联网交易条件的商务企业进行试点,并不断加大信用保险对商务企业的扶持力度,充分发挥政策性融资对电子商务的增信功能与担保功能。要切实做好金融扶持,促进"互联网+"模式的长足发展,提高电子商务企业的信用额度。

(三)规范跨境支付

跨境电子商务的支付是大势所趋,关键不是限制,而是规范。要确保监管机制的逐步完善,熟悉消费者保护、反洗钱、企业破产与后备金管理等相关政策,进一步落实监管操作。在监管实践中,要善于将相关经验提升到法律层面,注重与商法、民法、刑法的有机衔接,充分发挥各种类级的协会的作用。要借助网信征信、银行征信等第三方评价,营造更加和谐的市场氛围。要高度重视支付机构管理工作,尤其是注重对第三方支付风险的有效管理,妥善解决道德缺失、经营不善等问题。

第五章

跨境电子商务的法律研究

第一节 跨境电子商务中的消费者权益保护

在跨境电子商务中,交易相对复杂。这就给消费者权益保护带来新的挑战。随着跨境电子商务的迅猛发展,中国已经成为全球最大的跨境电子商务市场。国内外消费者足不出户,也能轻松享受到各种优质的产品和优质的服务。但是,与此同时,跨境电子商务的消费者的权益却并未得到强有力的保护。一旦合法权益受到损害,很难采取有效的应对措施。因此,潜心研究跨境电子商务中消费者权益保护问题,为消费者提供更多的制度保障,就成为当务之急。

一、跨境电子商务的模式与特征

(一)跨境电子商务的模式

要想研究跨境电子商务中的消费者权益保护问题,就要了解跨境电子商务的模式。大致说来,跨境电子商务的模式主要有以下三种。

(1)平台招商模式。所谓平台招商模式,就是借助跨境电子商务的吸引力,引导第三方商家入驻平台。例如,"洋码头"和"天猫国际"就是一个典型例子。当然,这两者之间也存在本质的区别。其中,"洋码头"有点"直销"的味道,由平台直接对接国外的商家;而"天猫国际"则更多的是采用代购的形式。

(2)自营模式。跨境电子商务的产品自营是十分普遍的,相应的跨境电子商务平台会进一步进行细分,一般分为单一产品的自营和综合产品的自营两种。

(3)平台自营模式。所谓平台自营模式,其实就是将平台招商模式与自营模式有机地整合起来。也就是说,既可以采取自营的模式,也可以吸引第三方商家入驻,因而显得比较自由。事实上,天猫、京东等电子商务平台都采取了这种综合模式。

(二)跨境电子商务的特征

除了了解跨境电子商务的模式,还要了解跨境电子商务的特征。总结起来,跨境电子商务主要有以下两大特征。

（1）全球性。得益于互联网技术的迅猛发展，跨境电子商务能够打破传统交易的时空界限，各种国际贸易往来更加便捷。因此，许多电子商务平台专门设立了跨境商品专区，充分体现出跨境电子商务的全球性。例如，天猫就设置了"亚洲馆""欧洲馆"。

（2）复杂性。跨境电子商务具有复杂性，因为它的交易主体处于不同的国家，是借助互联网技术，经由电子商务平台来进行交易的。归纳起来，其复杂性主要体现在四个方面。第一，由于存在显著的文化差异，不同的卖家与买家之间对产品信息的理解往往并不相同。甚至就连最普通的温度、尺码等计量单位，表现形式及理解上都有所不同。第二，由于是跨境交易，物流距离远，运输时间长，导致运输工具很多、运输成本很高。第三，在不同的国家或地区，跨境电子商务的税收政策也大相径庭。有的国家或地区可以免税，但有的国家或地区则必须支付进口税。第四，跨境电子商务的售后服务难度较大，也存在各种不尽如人意的地方。例如，有些产品并不支持退换货。即使有些卖家支持退换货，也会因为昂贵的运费问题而被迫放弃。于是，这就导致跨境电子商务交易存在严重的维权问题。

二、跨境电子商务消费者权益保护现状

尽管跨境电子商务能给消费者带来跨境购物的良好体验，但随之产生的消费者合法权益受到侵害的问题也不容忽视。总结起来，主要表现在以下几个方面。

（一）消费者的知情权难以保障

按照《中华人民共和国消费者权益保护法》的相关规定，消费者对于购买的产品的具体信息有了解的权利，任何人、任何机构不得以任何方式欺骗或误导消费者的购买意愿。但是，不同于普通的商务交易，跨境电子商务交易的特殊性决定了消费者很难真正了解跨境电子商务产品的基本信息。道理很简单，跨境电子商务产品的外观、功能等往往只能通过卖家的宣传页面来了解。因此，跨境电子商务的消费者对产品信息的知情权难以保障。随着跨境电子商务竞争日趋激烈，不良商家为了谋取私利，往往突破道德底线，夸大商品功能，甚至不惜制造虚假评论来误导消费者。结果，消费者购买产品后必然产生巨大的心理落差，进而引发相关争议。

（二）消费者的财产安全权易受侵害

按照《中华人民共和国消费者权益保护法》的相关规定，消费者在购买产品或服务时，人身及财产安全不应受到侵害，经营者有义务提供安全的产品以确保消费者的安全权不受侵害。目前，跨境电子商务交易习惯于采取第三方支付的方式，国内主要包括支付宝、信用卡等。在实际的跨境电子商务交易中，往往出现两大弊端。第一，重复扣费。在跨境电子商务中，经常会发生下单失败但扣款成功的情况。部分消费者急于购物，一看下单不成功，就往往选择修改订单并重新支付，从而导致重复扣费现象。由于跨境电

子商务交易不同于国内电子商务交易,部分电子商务平台经常出现订单信息不同步的问题。即使进行沟通,也会因为文化差异,出现理解上的不同。如果卖家利欲熏心,遭遇重复扣费的消费者就很难维护自身的合法权益。第二,信用卡盗刷。在不同的国家或地区,支付方式往往存在明显的差异。以信用卡为例,我国消费者习惯于设置支付密码,这就在相当程度上保障了信用卡的财产安全。但是,在一些国家或地区,使用信用卡时并不都使用密码,很容易出现信用卡被盗刷的问题,直接威胁消费者的财产安全。

(三)消费者的公平交易权无法保障

按照《中华人民共和国消费者权益保护法》的相关规定,消费者有公平交易的权利。但在跨境电子商务交易中,消费者往往处于弱势方,很难保障自身的公平交易权利。最典型的例子,就是卖家设置的各种霸王条款、不支持退换货等。按照《中华人民共和国消费者权益保护法》的相关规定,网购商品除特殊物品外,在七天内可以无理由退货。但在跨境电子商务交易中,这一条很难得到真正的执行。很多卖家想方设法地制订霸王条款,借口税务问题、运输问题,拒绝退换货物。更恶劣的是,卖家公然销售假货。事实上,这也是消费者投诉的主要内容。一些以"海淘"的形式实行的跨境电子商务交易,由于卖家所属国家或地区并未明文规定必须退换货物,导致消费者面临跨境电子商务责任主体难以认定的情况,直接造成退货难的问题,消费者的公平交易权根本无法保障。

三、跨境电子商务消费者权益保护法律体系的构建

要想确保跨境电子商务消费者的合法权益不受侵害,最关键的还是要构建跨境电子商务消费者权益保护法律体系。事实证明,这才是根本之策。

(一)完善买家身份信息

消费者要想维权,必须明确卖家的身份,获取相应的信息。一旦发生消费争议,就能迅速锁定卖家。否则,消费者的维权就无从谈起。我国应当在立法上进行顶层设计,逐步完善跨境电子商务卖家的信息范围,督促电子商务平台从严审查国外卖家的合法资质。现在,消费者对卖家商品的了解往往源于卖家对自家商品信息的描述上。由于卖家随时可以对商品信息的描述进行修改,这就给消费者举证商品信息描述与实物不符增加了难度。为了有效解决这个难题,可以从三个方面着手。第一,应督促跨境电子商务卖家合法经营、诚信经营。第二,跨境电子商务平台应保留产品信息描述的历史修改记录。第三,建立健全跨境电子商务追溯机制。只有这样,才能真正确保消费者的合法权益不受侵害。

(二)立法保护个人信息

在《中华人民共和国民法总则》中,公民的隐私权是作为一项独立的权利提出来的,

并特别规定对个人信息进行保护。但是,总地来看,我国对跨境电子商务中的消费者个人信息的保护还不够完善,相关法律过于分散,仍然缺少专门针对个人信息保护的立法。除了立法方面有待继续完善之外,相应的监管工作也需要进一步加强。要倡导行业自律,针对跨境电子商务平台及第三方商家制定有关个人信息保护的法规,避免个人信息因为交易而四处泄露。作为消费者,自身也应树立个人信息的保护意识,尽量避免个人信息泄露。

(三)合理使用格式条款

国内电子商务交易与跨境电子商务交易存在明显不同。在国内电子商务交易中,尽管在格式条款中也会出现一些不利于消费者的不公平的规定,但在国内法律监管机制的制约下,相对而言还处于一定的可控范围之内。但在跨境电子商务交易中,格式条款上的各种不公平现象就相当严重了。很多时候,消费者根本就没有选择的权利。针对这种情况,相关监管单位必须在格式条款的制定上严格要求,使之更加具体,更有操作性。具体说来,应提出以下要求:第一,用双语表明格式条款的具体内容;第二,告知消费者可能遇到的各种复杂情况;第三,格式条款必须公平合理,避免出现霸王条款;第四,严格限制不宜退换货物的范围,避免卖家恶意扩大;第五,在选择跨境物流时,卖家应当给予消费者自主选择的权利。

第二节 跨境电子商务中的知识产权保护

跨境电子商务行业要想获得长足的发展,就必须正视并克服自己的"短板"。在诸多"短板"中,知识产权保护问题引起人们的广泛关注。随着跨境电子商务的迅猛发展,有关知识产权的争议与日俱增,导致众多中国跨境电子商务卖家在对外开展业务时战战兢兢、如履薄冰。这就需要我们潜心研究跨境电子商务领域的知识产权问题,了解现状,剖析风险,寻找对策。这既是当务之急,也是大势所趋。

一、跨境电子商务的知识产权的现状

从某种角度来看,跨境电子商务具有两大本质特征:一是线上性;二是跨国性。换句话说,跨境电子商务是借助互联网技术,对各种数据信息进行相应的处理的一种境外贸易活动。在整个过程中,相关的数据信息主要是文字、图像、声频、影像。毫无疑问,这些数据信息都会涉及不同类别、不同层级的知识产权问题。事实上,跨境电子商务中的数据信息所关联的专利、商标、品牌往往被用来识别产品类级与产品品质,直接影响跨境电子商务卖家的知名度与美誉度。根据海关总署公布的最新数据,跨境电子商务涉及的遭受侵犯的知识产权主要包括商标权及商标专用权、专利权及专利使用权、著作

权版权及其他相关权利。其中,90% 以上是侵犯商标专用权。就目前而言,国内的跨境电子商务行业依然处于摸索阶段,侵犯知识产权的违法现象比比皆是,消费投诉层出不穷。相比国外企业,国内企业在跨境电子商务中,对知识产权既缺乏保护意识,又缺乏相关的技术能力。与此同时,国外跨境电子商务卖家借助知识产权保护,处处制约中国企业。这与中国企业缺乏知识产权保护意识、舍不得增加技术投入、不熟悉海外法律、厌恶和逃避诉讼等特点息息相关。因此,在由国家跨境电子商务卖家提起的知识产权诉讼中,中国企业往往处于劣势,不仅屡屡败诉,而且国际形象也严重受损。从这个角度来看,知识产权风险已经成为我国跨境电子商务行业难以根治的痼疾。归纳起来,我国跨境电子商务在知识产权保护方面的主要问题包括:一是知识产权意识淡薄;二是品牌观念模糊;三是侵权假冒现象严重;四是处理涉外侵权争议渠道不畅。为了彻底解决跨境电子商务发展中面临的日益严重的知识产权问题,我国政府出台了一系列相关政策。国务院批准成立了中国(杭州)跨境电子商务综合实验区,注重对跨境电子商务的知识产权保护进行顶层设计。

二、跨境电子商务的知识产权的风险

(一)表现形式

跨境电子商务的知识产权的风险是不言而喻的,其主要表现形式包括以下内容。

(1)侵犯商标权。在跨境电子商务经营中,最典型的知识产权争议源于商标侵权。具体说来,商标侵权主要包括以下五种情况:第一,未经权利人许可,在相同或相似的商品上使用与他人相同或相似的商标;第二,非法销售侵犯注册商标专用权的商品;第三,伪造或擅自制造他人注册的商标标识;第四,为侵权商品提供生产加工仓储运输等便利条件;第五,有意混淆合法商标与违法商标,进行虚假宣传。至于商标侵权的具体形态,就很多了。既有制假问题,也有售假问题;既有第三方卖家冒用侵权商标,也有第三方卖家售卖侵权商品。可以预见,随着跨境电子商务的稳步发展和竞争升级,商标侵权行为必将多元化、综合化、新颖化。这就给商标权的保护带来了更大的难度。

(2)侵犯著作权。在跨境电子商务中,侵犯著作权也是非常普遍的。一些跨境电子商务卖家未经版权人许可,进行文字、音乐、视频等的盗版,在自身的产品与服务中大肆宣传,以牟取暴利。其中,最常见、最典型的莫过于"盗图"了。跨境电子商务卖家未经版权人许可,擅自使用他人的文字、图片、视频,或售卖含有他人版权的作品,直接侵害了权利人的合法利益。由于网络的丰富性、便捷性,那些跨境电子商务的不良卖家很容易从网上搜集到各种电子化数据、各种趣味横生的图案、各种意味隽永的文案、各种滑稽可乐的视频。他们为了一己之私,毫不顾及权利人的合法权益,直接为我所用,使权利人遭受了难以估量的损失。

(3)侵犯专利权。在跨境电子商务领域,专利侵权非常普遍。一些跨境电子商务的不良卖家未经许可,擅自采用他人的专利,以便从中牟取私利。与商标权、著作权不同的是,专利权的确具有极强的专业性和地域性,在责任划分及具体的操作上都存在很大的难度。不过,一些国家近年来已将跨境电子商务纳入专利保护范围。例如,美国专利与商标局和司法机构全力支持商业模式的专利保护。亚马逊就因此阻止了Barnesand-noble公司对其"一次点击购物"技术的模仿,成为维护自身专利权的经典案例。需要注意的是,在跨境电子商务中,有关服装类的商品常常采用多种元素的组合,真正涉及功能的设计很少。这样一来,这一领域的专利保护就缺乏比较清晰的边界。举例来说,卡地亚之所以起诉益实多公司、梦克拉公司,就是因为对方使用了"卡地亚款"的设计创意。尽管益实多公司、梦克拉公司使用的是自己的品牌商标,但仍存在专利侵权的事实。只不过,类似问题的认定还是有很大的难度。

(二)原因分析

跨境电子商务的知识产权之所以出现各种风险,源于各种因素的存在。其中,最主要的是以下两种。

(1)跨境风险。跨境电子商务的知识产权的风险往往与跨境电子商务的跨境性有关。跨境性就意味着国际性、差异性、滞后性、分散性,这其实是一种全球性的制度风险。在跨境电子商务的买卖中,买家只需点击鼠标就能完成下单,看似非常简便。但正由于跨境性的存在,会有显著的跨境风险。不同的国家或地区之间,原本就存在着政治、文化、经济、军事等的巨大的差异。因此,有关知识产权的认定、知识产权的保护都有所不同。就以知识产权争议中适用的法律规定来说,各个国家或地区截然不同。无论是企业还是个人,在面临这一类知识产权争议中,往往处于单打独斗、形单影只的地步,堪称举步维艰。实事求是地说,我国的跨境电子商务产业还处于起步阶段,相关的法律法规还不够健全。因此,体现在法律法规上,无论是对知识产权的保护深度上,还是对知识产权的保护广度上,都与发达国家存在显著的差距。这不仅与不同国家的经济发展、法制建设息息相关,也与不同国家之间的政策冲突、贸易争端密不可分。即使在国家内部,不同部门的相关制度也缺乏协调性,很容易出现彼此冲突的尴尬局面。对有些问题的管理,不同部门会出现重叠交叉;对有些问题的管理,不同部门又会出现管理真空。要么都管,却各管各的;要么都不管,导致管理缺失。

(2)电子商务风险。跨境电子商务除了具有跨境性之外,还具有电子商务性。所谓电子商务性,就意味着正反两方面的内容。就正面而言,跨境电子商务充分利用了网络的开放性、便利性;就反面来说,跨境电子商务的虚拟性、匿名性也给不良商家提供了违法违规的土壤。从知识产权所保护的客体来看,主要是作品、商标、专利技术等。这些东西在跨境电子商务模式下的呈现形式都是数据信息,很容易在互联网上进行传播。换句话说,不良商家对知识产权的侵权是很容易的,但对知识产权的保护却很费劲。既然违法违规的难度、成本都这么低,那些不良商家自然乐此不疲了。在很多网络平台上，商家销售的产品大部分趋同。说白了，就是很多产品都属于侵权商品。有的是侵犯了他人的著作权，有的是抄袭了他人的专利设计或广告创意。由于此种现象层出不穷，缺乏知识产权保护意识的企业和个人也就熟视无睹，习以为常了。从消费者的角度来看，往往贪图便宜，并不关心他人的知识产权是否遭受到侵害，因而对不良商家的侵权行为不仅不制止，而且有时还很受欢迎。这就在无形中助长了不良商家的违法违规行为。从海关监管的角度来看，很多跨境电子商务的相关商品多为散户件邮政小包，即使判定为侵权产品，除了收缴查扣，一般也很难采取更加严厉、更加有效的制裁手段。

三、跨境电子商务的知识产权的保护

当前，跨境电子商务方兴未艾，但知识产权保护却严重滞后。究其原因，主要还在于四个"难以"：一是侵权主体难以认定；二是侵权行为难以判定；三是侵权责任难以划分；四是国际争端难以解决。这四个"难以"堪称跨境电子商务行业的"阿喀琉斯之踵"，严重阻碍了跨境电子商务行业的健康有序发展。因此，要想实现对跨境电子商务的知识产权的有效保护，就必须从以下五个方面下功夫。

（一）立法先行

当务之急是强化跨境电子商务知识产权的制度设计，切实做到立法先行。实践证明，离开了立法上的顶层设计，是很难从根本上彻底解决跨境电子商务领域的知识产权保护的难题的。我国政府早就出台了《关于实施支持跨境电子商务零售出口有关政策的意见》，但对相关法律、相关政策的解读依然滞后，缺乏足够的操作性，进而导致法律真空的出现。为此，必须精心设计跨境电子商务知识产权的法律保护体系，这是进一步强化执法的前提条件。可以借鉴国外的成熟经验，结合中国自身的实际，进行相应的立法创新。与此同时，也要督促跨境电子商务行业协会制定知识产权保护自律规范和信用机制，完善跨境电子商务认证中心、信用评价体系，以便更有针对性地打击各种侵犯知识产权的行为，促进跨境电子商务长足发展。

（二）强化执法

立法先行之后，就必须强化执法。缺了执法这一环节，知识产权的保护就形同虚设。目前，在对跨境电子商务进行知识产权管理方面，还存在主管众多、管理分散、执法交叉等现象，导致整个知识产权管理体系混乱，严重影响了执法效率。要想妥善解决这个问题，除了在立法上注重顶层设计之外，还需要进一步完善执法环节的诸多工作，具体包括：第一，出台跨境电子商务知识产权保护的执法程序；第二，明确执法监管主体；第三，强化不同部门之间的协调和联动；第四，进一步规范侵权责任判定和争议解决的流程；第五，进一步完善跨境电子商务知识产权保护的事前审查、事中监控、事后处理等一系列风险控制和稽查制度；第六，建立健全联合信用惩戒机制和信息公开制度。只有采取以上综合措施，才能有效提高不良商家侵犯知识产权的违法违规成本，促进跨境电

子商务进入良性循环。

（三）促进合作

由于跨境电子商务涉及众多国家或地区，而不同的国家或地区存在着知识产权保护方面的差异，因此，促进合作就成为跨境电子商务知识产权保护的题中应有之义。事实上，对跨境电子商务知识产权的保护主要借助国家公约、多边协定及互惠对等原则。知识产权的侵权问题是一个全球性问题，各个国家之间、各个地区之间、各个机构之间理应进行执法合作，以便造成事实上的管理真空。尽管不同国家、不同地区、不同机构对跨境电子商务知识产权的保护的理解存在差异，但大方向还是基本一致的，而且客观上也需要精诚团结、彼此配合。毋庸讳言，在不同国家之间，尤其是在发达国家和发展中国家之间，有关知识产权保护的问题确实存在着不平衡现象。这就更需要加强不同国家之间、不同地区之间、不同机构之间的合作，求同存异，实现知识产权的全球一体化。要进一步扩展海关国际合作的空间，加大跨境执法协作的力度，在实践中逐渐探索出既维护国家权益，又符合国际惯例的知识产权保护国际合作机制。

（四）塑造品牌

在促进跨境电子商务长足发展的过程中，必须高度重视知识产权保护问题。无论是企业还是个人，都要具备知识产权保护意识，努力塑造品牌。长期以来，很多企业和个人缺乏知识产权保护意识，既不注重自身合法权益的维护，也不注重对他人知识产权的规避。换句话说，就是经常被他人侵权，也经常成为侵权者。当前，国内企业的重点客户还是在欧美市场。由于欧美市场在知识产权保护方面要求很高，制度也相对完善，因此，中国的卖家极易出现知识产权的侵权争议。为此，应当在两个方面进行不懈的努力。第一，强化知识产权意识，避免侵害他人的知识产权。第二，塑造自己的品牌，并注重对自身知识产权的保护。这两者都很关键，但相比之下，后者更容易被人们所忽视。这就要求企业和个人进一步加大对知识产权的投入，加强自主研发，塑造自身品牌。从长远来看，如果缺乏自有品牌，就根本谈不上对自身知识产权的保护，也更容易受到他人知识产权的制约。在这方面，海信的深刻教训的确非常惨痛。由于缺乏知识产权保护的敏感性，海信没有及时在海外注册自己的商标。结果，西门子公司快人一步，利用游戏规则之便，抢注了"HiSense"商标。原本"物美价廉"的海信产品，因为受制于"Hisense"商标，而无法进入欧盟市场，损失惨重。

（五）积极维权

无论是现在还是将来，也无论是企业类卖家还是个人类卖家，都要始终高度重视维权问题。很多跨境电子商务卖家遭受知识产权侵权时，往往不知所措，缺少切实有效的应对策略。为此，必须吸取相关教训，提前做好知识产权检索查询工作，及时完成风险预警工作。要根据相关法律法规的要求，采取相应的维权措施，最大限度地降低侵权风险。如果遭遇知识产权的诉讼或侵权警告,既不能麻痹大意,也不能战战兢兢。应当根据事实本身,充分研究相关的法律法规,采取积极的应对策略。有时候,可以谋求协商调解的可能性;有时候,可以采取反诉的策略。近年来,跨境电子商务在知识产权侵权争议方面呈现上升趋势,尤其是自主知识产权数量持续增长、进口环节查出侵权案件显著上升。这就充分表明,跨境电子商务行业的知识产权保护意识正在逐步增强,总体上处于良性循环态势。跨境电子商务既给中国卖家提出了挑战,也给中国卖家提供了机遇。只有进一步增强知识产权意识,进一步加大知识产权投入,进一步提升产品的核心竞争力,中国的跨境电子商务才能获得新发展、开启新篇章。

第三节　跨境电子商务中的争议解决机制

中国电子商务研究中心的监测数据显示,近年来,中国跨境电子商务交易规模不断提升,年均增长超过20%。国务院总理李克强在政府工作报告中强调,要将跨境电子商务发展作为"坚持对外开放的基本国策"的工作项目之一。

当前的跨境电子商务呈现出两大趋势:一是跨境电子商务迅猛发展,关联到更多的国家或地区,关联到更多的企业或个人;二是由于客户分散、主体多元、数额偏小,导致跨境电子商务中的争议层出不穷。这就需要在客观上建立一种跨境电子商务中的争议解决机制。这不仅对目前的跨境电子商务的发展有利,而且也决定了跨境电子商务未来的发展空间。

一、跨境电子商务争议的基本特点

要想建立跨境电子商务中的争议解决机制,就必须首先掌握跨境电子商务争议的基本特点。从表象上看,近年来跨境电子商务争议的领域的争议数量不断增加,争议焦点是各种合同争议,案件多发地区是广东省和浙江省,绝大多数案件属于企业被动应诉。

总结起来,当前的跨境电子商务争议主要呈现出以下三大基本特征。

(一)多元化

从技术上分析,跨境电子商务关联着移动支付、电子传输等信息技术。由于交易便捷,促使参与跨境电子商务的主体越来越多。由于跨境电子商务并不受地理位置的制约,因此,跨境电子商务的客户可散在全世界的任何一个角落。即使是同一个固定客户,他也可能随时变化位置,但并不影响其参与跨境电子商务。因此,相对于传统的内贸、传统的外贸,跨境电子商务的主体越来越多元化。这还只是问题的一个方面。在另一方面,跨境电子商务必然关联各种第三方服务机制,诸如 IT、营销、代运营、售后、物流、支付、金融、保险、质检等。这种第三方服务主体的多元化同样加剧了跨境电子商务争议的主体的多元化趋势。由此可见,一旦出现跨境电子商务争议,争议主体众多,直接导致争议解决难度加大。

(二)小额度

从总体上看,跨境电子商务在经营数量上趋于小额度。这是跨境电子商务的另一个基本特点。由于日常生活趋于碎片化,支付方式逐渐多元、成熟,跨境网购已经从消费者的一种需求变成一种习惯。由于消费者的喜好因人而异,这就决定了量身定制的小额量交易成为主流。在这种情况下,一旦出现跨境电子商务争议,由于争议数额偏小,争议数量就自然增大,争议解决机制面临新的考验。

(三)全球性

与传统的国内贸易相比,跨境电子商务争议的范围不断扩大,经常出现跨国争议。严格说来,这就属于典型的全球性争议。俗话说:"网络世界无边界。"那么,基于网络世界进行的跨境电子商务也就没有边界。这是跨境电子商务的一大优势,也给各个国家或各个地区的消费者带来了福音。但是,一旦出现跨境电子商务争议,解决起来就相当困难。道理很简单,这涉及不同国家或地区的政治、文化、经济、军事的差异,必然产生交易模式、争议机制之间的冲突。无论是对于买家,还是对于卖家,都将面临复杂的局面,争议解决的变数无形中就增大了。

面临跨境电子商务争议,传统的国际商事争议解决方式是很不理想的。主要是维权成本过高,争议周期过长。尤其是针对主体多元和金额偏低的跨境电子商务争议,传统的国际商事争议解决方案的弊端显露无遗。因此,跨境电子商务争议的解决方式就需要创新,力求更加便捷、更加高效、更加低廉。

二、跨境电子商务争议的主要类型

(一)交易争议

在跨境电子商务交易中会出现各种争议,这就是交易争议。交易争议涉及面很广,主要包括以下四个方面。

(1)运输争议。跨境电子商务的产品要送到买家手中,就离不开运输。由于运输涉及费用计算问题、产品损害问题,跨境电子商务的卖家与买家经常会出现运输争议。运输争议具体表现在:一是发货时间的争议;二是在途时长的争议;三是运输损害的争议。据不完全统计,运输争议在整个跨境电子商务争议中的比例超过一半。

(2)退换货争议。在跨境电子商务中,买家要求退换货,就很容易与卖家产生争议。退换货争议具体表现在:一是商品是否已被使用;二是商品是否人为破坏;三是退换货的费用如何承担。

（3）购买评价争议。在跨境电子商务中，买家对卖家及其产品或服务的评价很容易与卖家产生争议。购买评价争议具体表现在：一是卖方认为买方购买评价进行诽谤；二是竞争商家假装买方互打差评。

（4）支付争议。不同于传统的信用证、托收、汇付等线下跨境支付方式，跨境电子商务主要依托国际信用卡和第三方支付方式进行在线支付。在线支付存在不少风险，自然容易引起相应的争议。支付争议具体表现在：一是为了规避交易信用风险和交易核实风险，导致交易欺诈争议；二是网络风险导致支付信息泄露和资金流失，进而引发争议；三是资金沉淀风险导致虚拟账户资金挪用，进而引发争议。

（二）知识产权争议

围绕跨境电子商务交易中的知识产权保护问题会出现各种争议，这就是知识产权争议。知识产权争议涉及面很广，主要包括以下两个方面。

一方面，跨境电子商务领域涉及的知识产权争议。具体说来，主要包括商标权争议、内容版权争议、产品专利争议、产品外观设计争议这四类。

一是商标权争议。商标体现的是产品的品牌价值，主要以文字图片组合为主要表现形式。所谓商标权侵权，就是盗用他人的商标，或在自己的产品上使用极为相似的标志。这类侵权，原因众多：有的是故意盗用；有的是委托商标设计网站设计，结果"中奖"了；有的是思维趋同，在无意中与现有商标如出一辙。但不管属于哪种情况，都不影响被侵权方对其侵权行为的认定。

二是内容版权争议。在跨境电子商务平台上，有关产品描述的页面不得使用未购买或未授权的图片资源。如果擅自使用或修改后使用，均属于侵权行为。

三是产品专利争议。所谓产品专利，主要包括设计专利和实用专利两种。前者主要保护产品的外观，后者主要保护产品的设计原理和用途。

四是产品外观设计争议。具体包括产品的形状、颜色、包装等。

另一方面，跨境电子商务还面临平行进口的问题。尽管平行进口的商品既不是假冒商品，也不是走私商品，却在事实上影响了知识产权所有者对商品销售的地域控制力。在这方面，争议主要集中在商标权上。目前，国内司法机关对商标平行进口的合法性基本持肯定态度。北京市高级人民法院在《当前知识产权审判中需要注意的若干法律问题》中，针对"平行进口是否构成侵犯商标权"的问题，明确强调，若被控侵权商品确实来源于商标权人或其授权主体，此时商标权人已经从"第一次"销售中实现了商标的商业价值，而不能再阻止他人进行"二次"销售或合理的商业营销，否则将阻碍市场的正常自由竞争秩序建立的进程。最高人民法院在《关于为自由贸易试验区建设提供司法保障的意见》中指出，要"妥善处理商标产品的平行进口问题，合理平衡消费者权益、商标权人利益和国家贸易政策"。但是，以上司法文件并未提及如何判断商标平行进口的合法性。在实践中，一般还是根据各级法院的个案裁判来形成一个笼统标准进行参考。

如果一个企业被判定存在知识产权侵权行为,按照《中华人民共和国知识产权海关保护条例》的规定,将没收并处货物价值30%以下的罚款。《电子商务法(草案三次审议稿)》也规定,跨境电子商务平台在知识产权侵权处理过程中应负有相应的义务。

(三) 行政处罚风险

在跨境电子商务的风险当中,包括行政处罚风险。所谓行政处罚风险,具体包括海关的处罚和相应主管部门的处罚。这种行政处罚有助于跨境电子商务卖家规范自身的行为,随时注意风险提示。一般说来,行政处罚风险主要体现在以下三个方面。

1. 特殊商品的监管规则。事实上,并非所有的商品都能进行跨境电子商务交易。对此,有的卖家比较清楚,有的卖家全无概念,还有的卖家知之不详。那么,哪些商品属于特殊商品呢?以食品为例,既要接受海关监管,又要受到《食品安全法》的规制,必须办理入境检验检疫、卫检证明等。同时,进口食品还要有中文标签。凡是向我国境内出口食品的境外出口商或代理商、进口食品的进口商,都必须向国家主管部门备案。

2. 跨境电子商务的税收代缴义务。《海关总署关于跨境电子商务零售进出口商品有关监管事宜的公告》明确规定,在海关注册登记的电子商务企业、电子商务交易平台企业或物流企业等代收代缴义务人都是海关的纳税义务监管对象。举例来说,即使消费者并未向代收代缴义务人支付有关商品的进口税款,上述代收代缴义务人仍应向海关履行纳税义务。

3. 跨境电子商务平台的连带责任。《中华人民共和国消费者权益保护法》明确规定:"消费者通过网络交易平台购买商品或者接受服务,其合法权益受到损害时,可以向销售者或者服务者要求赔偿,如平台能提供销售者或者服务者的真实名称、地址和有效联系方式,即无须承担赔偿责任。"这一条款证明,我国对跨境电子商务平台的连带责任规定越来越严格。

当然,跨境电子商务所面临的风险不仅仅限于以上三个。面对诸多争议,跨境电子商务从业者理应从两个方面采取对策:一是在争议发生前,尽量做到合法合规;二是在争议发生后,迅速采取最佳的解决方式。

三、跨境电子商务争议的解决方式

在解决跨境电子商务争议的事件中,ODR(矛盾纠纷多元化解一体化网络平台)成为相对理想的解决方式。究其原因,主要源于其三大优势:一是便捷;二是高效;三是低成本。从具体运用来看,主要包括:一是联合国贸法会(UNCITRAL)《关于网上争议解决的技术指引》;二是欧盟出台的《消费者ODR条例》和ODR平台;三是加拿大、英国等国的网上法院。早在2002年,中国国际经济贸易仲裁委员会就开通了网上仲裁,标志着我国在线争议解决机制应用的开始。2004年,中国成立了第一个专门的在线争议解决机构"中国在线争议解决中心"。

首先,就类别而言,ODR 主要分为依附型和独立型。

所谓依附型,是指电子商务平台附设的在线仲裁平台解决争议机制。这方面的典型代表 eBay 的内部调解系统、美国 CyberSettle 争议解决网站、天猫国际及京东国际附设的争议解决机制等。从客户的角度看,依附型 ODR 无疑为他们提供了增值服务。客户面临争议时,可以很便捷地提交争议。大多数争议不大的争议可经由平台的调解予以化解,不仅便利,而且成本较低。当然,依附型 ODR 也存在固有的弱点。如果相关工作人员调解能力偏弱,将会直接影响调解成效。而且,如果工作人员数量不足,也同样难以获得预期的调解成效。更关键的是,很多时候,平台工作人员并不具备足够的决定权。一旦调解失败,平台工作人员在后续环节中就难以继续发挥作用。

所谓独立型,是指与跨境电子商务平台相分离的在线调解、在线仲裁程序。在这方面,比较典型的代表有墨西哥消费者保护署(PROFECO)、美国和加拿大地区运作的商业促进局理事会、中国电子商务协会调解中心、专业仲裁机构的网上争议解决平台(如 CIETAC 的网上争议解决平台、国际商会的 Net Case 系统、广州仲裁委网络仲裁平台)。一般说来,独立型争议解决机制相对专业一些。

其次,就内容而言,ODR 主要包括在线协商、在线调解、在线仲裁、在线诉讼四种形式。

一是在线协商。调研表明,大多数跨境电子商务争议属于额度小、数量大的跨境电子商务争议。对这一类争议来说,在线协商堪称最佳解决方式。在线协商也有各种方式。第一种是自助式在线协商。采用这种协商方式,不需要公开报价处理,计算机程序可以自动完成交易。第二种是辅助式在线协商。网站可以提供一个虚拟环境,争议双方直接进行协商,并最终达成协议。在这个过程中,不需要计算机软件参与。总地来说,在线协商的优点是高效便捷,缺点是不适用于较大的争议。

二是在线调解。与在线协商不同,在线调解必须借助第三方的力量进行调解,并最终达成调解协议。这种解决方式有一个好处,就是顾及争议双方的面子,便于各自都下一个台阶,从而达成调解协议。很多时候,争议双方针锋相对,很难直接进行理智的协商。但在线调解与在线协商一样,即使达成了双方认可的调解协议,因未经公权机关认可,因而不具有约束力。在后续执行上,如果争议双方能有诚意,当然最好。如果有一方不愿执行,在线调解与在线协商也就趋于无效。

三是在线仲裁。所谓在线仲裁,就是借助网络信息技术,在线进行案件庭审。换句话说,无论是订立仲裁协议,还是执行仲裁程序抑或是做出仲裁裁决,都是通过互联网进行。与线下仲裁相比,在线仲裁的优势是显而易见的:第一,可以为争议双方保密;第二,非常安全;第三,由于在网上进行,因而节省了大量的交通时间;第四,开庭比较容易安排,大大节省仲裁成本。以《纽约公约》为例,成员国已达 159 个。因此,即使需要在域外执行,也有相应的保障。当然,在线仲裁的前提是争议双方都能接受同一仲裁条款,都能选择同一仲裁机构。

四是在线诉讼。所谓在线诉讼,就是将线下诉讼流程在线上进行。在线诉讼这种方式对争议双方来说,是很有保障价值的,既具有法院的权威性,又具有在线的便捷性。2016年,《最高人民法院关于人民法院进一步深化多元化争议解决机制改革的意见》明确规定:"创新在线争议解决方式。根据'互联网+'战略要求,推广现代信息技术在多元化争议解决机制中的运用。推动建立在线调解、在线立案、在线司法确认、在线审判、电子督促程序、电子送达等为一体的信息平台,实现争议解决的案件预判、信息共享、资源整合、数据分析等功能,促进多元化争议解决机制的信息化发展。"如今,中国各地的法院已陆续建立起在线调解平台、空中调解室、电子法院、电子商务法庭。与在线仲裁类似,在线诉讼的立案、审理都在线进行,成本低、用时短,方便快捷。但是,争议双方要事先约定管辖的法院,避免出现发生争议不知到哪个法院起诉、确定了管辖的法院却不具备在线审理的条件的问题。

实践篇

第六章

海外市场分析和调研

第一节　海外市场调研方法

一、什么是海外市场调研

所谓海外市场调研,是指借助科学的调研方法,针对海外市场的相关信息进行系统的搜集、记录、整理、分析,进而制订符合实际的市场营销决策。海外市场调研以现代营销观念为指导、以满足消费需求为宗旨,调研的范围涉及产品生产及产品消费的整个过程。

二、海外市场调研的价值

要想开拓海外市场,就必须做好海外市场调研这个基本功。具体说来,海外市场调研的价值主要包括以下内容。

第一,根据海外市场的现状,选择符合实际的海外市场经营战略,其中就包括对海外商业机会的分析、对海外目标市场的分析等。

第二,通过海外市场调研,制订科学的商业计划,明确进入海外市场必不可少的各种前提条件。

第三,研究海外市场的各种反馈信息,从而为海外商业活动的进一步优化提供必要的信息支撑。

第四,合理预测今后一段时间海外市场可能出现的各种事件,提前采取应对举措,并为大规模介入海外市场做好各方面的充分准备。

三、海外市场调研的要素

在开展海外市场调研的过程中,必须关注海外市场调研的各种参数。

（一）新的参数

这里所说的新的参数,主要包括两部分内容。

一是关税、外币的变化及运输方式、海外单证。

二是采取不同经营模式时所产生的新的参数,具体包括进出口业务、产品许可经营制度、合资企业及海外投资等。

（二）新的环境要素

国际市场往往不同于国内市场。一旦进入海外市场发展,就必然面对、熟悉和适应新的发展环境。为此,必须对海外环境中的政治要素、经济要素、文化要素、法律要素进行全面研究,尤其要规避海外商业领域中固有的风险。

（三）相关要素的数量

进入海外市场之后,不仅要研究各种新的要素,而且要研究相关要素的数量。很多时候,各种要素的变化往往首先体现在各种要素的数量的变化上。如何适应这些相关要素的数量变化,往往决定了海外市场发展的成败得失。

（四）竞争的广泛性

毫无疑问,海外市场的竞争更加激烈,因为竞争对手更多、更强。为此,在进行海外市场调研时,必须潜心研究参与海外市场竞争的范围与宽度,客观评估各类竞争活动的现实特质与潜在影响。

四、海外市场调研的内容

进行海外市场调研时,需要关注各个方面的内容,诸如相关国家或地区的政治局势、法律制度、文化属性、地理环境、市场特征、经济水平等。很多时候,一个看似细小的问题也会对海外市场竞争产生决定性的影响。一般说来,应当关注以下五个方面的内容。

（一）经济发展信息

对有意参与海外市场竞争的企业或个人来说,首先要关注相关国家或地区的经济发展信息。事实证明,这类信息是确定海外市场发展方向、发展目标的关键依据。所谓信息发展信息,主要包括相关国家或地区的经济环境、经济增速、通货膨胀及其与之相关的价格、税收、外贸方面的具体政策。

（二）社会政治信息

社会政治信息会直接影响或制约相关国家或地区的经济发展态势,因而也是海外市场调研的重要内容。所谓社会政治信息,主要包括各种非经济发展的信息,诸如政治局势、法律制度、风俗习惯、宗教文化等。

（三）市场条件信息

在进行海外市场调研时,不能不关注专业化的市场条件信息。所谓市场条件信息,主要包括相关国家或地区的市场结构、市场容量、交通条件、运输条件、产品获利能力、产品需求总量等。

（四）市场竞争信息

既然要参与海外市场竞争,就必须潜心研究海外市场的竞争者。大致说来,海外市场的竞争者主要包括三类:一是国内竞争者;二是当地竞争者;三是第三国竞争者。所谓市场竞争信息,主要包括市场竞争结构、市场垄断程度、竞争企业实力、当地关税及非关税壁垒等。

（五）科技发展信息

对海外市场来说,相关国家或地区的科技发展的影响是十分深远的。因此,有志于开拓海外市场的企业或个人理应关注与海外市场发展相关的科技成果或发明专利。这对海外市场的经营决策是极为关键的。

五、海外市场调研的目标

进行海外市场调研,往往有着明确的目标。大致说来,海外市场调研的目标主要分为以下三大类。

（一）着眼于出口业务的调研

要想在海外市场开展出口业务,就必须潜心研究海外市场,以便节省时间、节省成本,最大限度地获取经济利益。在开展这种着眼于出口业务的调研时,主要采取以下三个步骤。

步骤1:进行常规的变量分析,关注相关国家或地区的总体 GNP 和人均 GNP、人口死亡率和人口数量等。

步骤2:针对相关国家或地区,搜集所有能搜集的有助于进行总体评价的相关信息。

步骤3:重点研究某一特定行业、特定产品、特定服务的生存现状、发展空间,根据市场需求来决定是否参与相应的市场开发。

（二）着眼于进口业务的调研

如果着眼于进口业务,也需要对相关国家或地区的海外市场进行一番研究。在进行调研时,应侧重关注海外市场的供应商的相关信息,诸如市场信誉、产品质量、服务等级等。与此同时,还要关注相关国家或地区对某些产品的限制政策。

（三）着眼于市场扩张的调研

除了进行着眼于出口业务和进口业务的调研外,还需要专门开展着眼于市场扩张的调研。在这方面,重点应关注相关国家或地区的市场扩张政策与市场扩张态势。这对于今后拓展海外市场是大有裨益的。

六、海外市场调研的方法

开展海外市场调研是一项极其复杂的专业化工作,需要调研者掌握科学的调研方法。一般说来,海外市场调研资料的取得途径主要有两个:一是亲自观察、搜集、分析、研究;二是参考他人的研究结论。相比之下,前者所获取的调研资料属于原始资料或称一手资料,后者所获取的资料属于间接资料或称二手资料。在具体开展海外调研的过程中,最常用的是案头调研法和实地调研法。

(一) 案头调研法

所谓案头调研法,是指借助二手资料或文献资料进行的调研方法。案头调研法往往采取室内查阅的方式,全面搜集与自己关注的研究目标的所有重要资料。在此基础上,进行认真细致的研究,最终得出相应的海外市场调研结论。一般说来,二手资料的来源渠道有很多,包括相关国家或地区的政府机构或企业内部的研究资料、国际组织公开的海外市场资料、行业协会提供的资料等。

(二) 实地调研法

所谓实地调研法,是指直接前往海外市场进行实地考察的调研方法。采取实地调研法所搜集到的资料,就属于典型的原始资料,也称为一手资料。在实地调研法中,一般可分为三个细类:一是询问法;二是观察法;三是实验法。当然,这些调研方法是可以综合使用的。至于如何整合、组合,就得看调研者的意愿和能力了。进行海外市场的实地调研时,有很多渠道可以采用:可以深入海外市场,通过销售的形式、问卷的形式、谈话的形式进行调查,获取一手资料;也可以借助书、报、刊、网等寻找相关信息,获取二手资料;还可以委托我国驻外商务机构进行调查。

采取案头调研法和实地调研法之后,就能初步获得相关国家或地区的海外市场的相关结论了,具体包括:是否适合作为自己的海外市场;哪些产品适合出口或进口;采取什么价格或方法去拓展海外市场等。

七、海外市场调研的程序

要想拓展海外市场,必须对海外市场进行专业化的评估。只有这样,才能避免盲目性,降低各种风险,并找到最具获利潜力的海外市场。但在进行专业化的评估之前,必须进行有关海外市场的科学调研。一般说来,海外市场调研的程序主要包括两个环节,即在国内进行案头调研、在国外进行实地调研。

(一) 在国内进行案头调研

在真正拓展海外市场之前,可以在国内进行案头调研。尽管案头调研所获得的资料属于二手资料,但仍然具有相当意义上的参考价值。事实上,调研结论的得出不仅与调研素材的真实性、完整性、及时性有关,而且也与调研者的调研素养有关。案头调研与实地调研各有利弊,关键就在于调研者如何去合理把握。一般说来,在国内进行的案头调研工作主要涉及三个方面的具体内容。

第一,对进入海外市场进行可行性分析。首先,要选定潜在的目标市场。其次,针对这一目标市场,进行多方面的资料搜集工作。最后,根据掌握的各种资料,对进入海外市场的可行性进行科学的论证。只有得出"可行"的结论,才能进行其他两个方面的分析。

第二,对获利进行可能性分析。在确定进入海外市场可行的前提下,就要进一步研究相关产品的获利的可能性。一般是具体了解海外市场价格、市场需求,并对竞争者的相关情况进行全面分析。

第三,市场规模分析。在确定相关产品在海外市场的获利可能之后,就要进一步研究海外市场的规模和潜力,从而为在海外市场的经营行为做好充分准备。

(二)在国外进行实地调研

在国内进行案头调研是很有价值的,但还不够直接,也存在一定的片面性。为此,必须在国外进行实地调研,获取原始资料或一手资料。所谓实地调研,就是直接前往海外市场,直接调研当地的市场行情、消费水平、法规制度,以此作为对海外市场进行评估的依据。

在国外进行实地调研时,无论是出口初创市场,还是发展潜力巨大市场,抑或是高度重视售后服务市场,都可以郑重其事地派出调研人员甚至调研小组到海外市场实地调研,获取最真实的原始资料或一手材料。此外,在国外进行实地调研也可以分为两个阶段进行:在国外进行实地调研的初期,可以重点关注特定市场的关键问题,主要解决"面"和"体"的问题;在国外进行实地调研的后期,则需要对所有细节进行全面调研,主要解决"点"和"线"的问题。两个阶段的调研有机结合,将有助于获取最佳的实地调研成果。

八、海外市场调研的注意事项

以上所述属于海外市场调研的基本原则、基本思路。在此基础上,还要进一步关注海外市场调研的均衡问题。实践证明,如果忽视了均衡问题,海外市场调研就难免出现顾此失彼、畸轻畸重的后果。实际上,这也是进行海外市场调研的注意事项,不可等闲视之。这当中,最关键的是三个平衡问题,即模型问题、测量问题、抽样问题。

(一)模型问题

每一个国家或地区都有着政治、文化、经济、军事等方面的独特性,而这种独特性正是海外市场调研的关注重点。如果忽视这种独特性,那么海外市场调研就成了走过场,没有真正的价值。因此,进行海外市场调研必须充分重视不同国家或地区的独特性。根据这种独特性设计出海外市场的调研模型能够体现出不同国家或地区的差异性,进而体现出海外市场调研的有效性。

这种海外市场调研模型主要由四大要素构成,具有相当的稳定性。这四大要素如下。

一是行为感知。即使在国内,不同地区、不同民族的人,在思维方式、行为方式、表达方式上都存在着明显的差异。同样的道理,在不同的国家或地区,消费者的行为感知往往大相径庭。如果不研究这种差异性,拓展海外市场就会面临巨大的风险。这还仅仅只是不同国家或地区的差异性的一个方面。同样一个举动,在不同变化的国家或地区,在不同的文化背景下,往往会有不同的内涵,会产生不同的结果。例如,向客人递一杯咖啡,是一种友善的表现。那么,客人能否拒绝呢?如果是在美国,客人完全可以拒绝,主人不会有任何不愉快的想法。但如果是在沙特阿拉伯,客人的拒绝就被视为一种严重的冒犯行为。在研究消费的行为感知时,主要关注三个方面:一是行为感知的内容;二是行为感知的客体;三是行为感知的名称。

二是定义变量。一般说来,不同的国家或地区对比较分析模型中的变量有不同的定义。举个例子,在中国传统的套餐中,一般是不包括餐后的甜点的;但在英国和法国,套餐中除了主食,还有主食之后的甜点。这就会带来一个后果:即使你搜集了很多的数据,也往往缺乏可比性。为了避免模型产生偏差,就必须定义变量。

三是时间差异。开展海外市场调研,既可以在不同的国家或地区同时进行,也可以在不同的国家或地区独立进行。事实上,完全同步的调研是很难实际操作的。这样一来,调研数据就会出现时间上的差异。即使是在同一个国家或地区调研,在不同的季节、在不同的经济周期,都会得出不同的调研结论。因此,时间差异也是模型设计中必须充分考虑的要素。

四是市场结构。在不同的国家或地区,在不同的历史阶段,其市场结构完全可能出现明显的差异。造成这种现象的原因是多种多样的,诸如分销渠道的差异、广告覆盖的差异、竞争程度的差异等,都会影响模型的客观表现力。

(二)测量问题

模型的构造固然重要,数据的测量也不可忽视。事实上,数据测量与模型构造之间存在着密切的关系。但不能据此就认定模型构造的均衡可以确保数据测量的均衡。一般说来,在涉及测量问题时,应重点关注以下两个问题。

一是定性标准。在不同的国家或地区,有关产品的质量、安全、等级都可能有不同的标准。因此,在进行海外市场调研时,应充分考虑这种国家或地区的差异性,最好使用统一的公认的国际标准。

二是翻译效果。有时候,模型构造是相对均衡的,但检测结果却并不精准。这时候,就要考虑是否源于翻译效果问题。即使是同一个模型,如果使用不同的语言进行分析,往往会出现各种偏差。所谓翻译效果问题,既包括语言翻译效果问题,也包括非语言翻译效果问题。一般说来,可以借鉴社会学的调研方法,采取双向翻译法。

(三)抽样问题

在进行调研时,我们往往会使用抽样的方法。但在海外市场调研中,使用这种抽样方法必须解决两个现实问题。

一是分类定义的标准不一致。要进行抽样,就要先进行分类。但在不同的国家或地区,分类标准往往大相径庭。以常见的"社会地位"为例,在美国社会中通常是关注考察对象的财产,在英国社会则关注考察对象的家族、党派的社会地位。

二是样本范围和代表性需要兼顾。在进行海外市场调研时,必须在样本范围和代表性之间进行权衡。以常见的"习惯"为例,通常在调研中会考虑考察对象的年龄、性别、收入、教育、职业等。但如果是在我国,往往还要考虑南北的地域差异。否则,调研结论就与实际相差甚远。这时候,就应当兼顾调研的样本范围与代表性。

九、实例说明——贸易商品进出口的海外市场调研

从贸易商品进出口的角度来看,海外市场调研主要包括海外市场环境调研、海外市场商品调研、海外市场营销调研、海外市场客户调研等。

(一)海外市场环境调研

开展海外市场环境调研,就像军队的战前地形分析,只有熟悉环境、适应环境,才能知己知彼,百战不殆。一般说来,海外市场环境调研的主要内容包括以下四个方面的内容。

一是海外市场的经济环境。具体包括一个国家或地区的经济结构、经济发展、就业前景、收入分配等。

二是海外市场的政治环境和法律环境。具体包括一个国家或地区的政治结构、经济政策、贸易措施,以及有关关税、配额、外汇限制、卫生检疫、安全条例在内的法律法规。

三是海外市场的文化环境。具体包括一个国家或地区的语言文字、教育发展、宗教类别、风俗习惯等。

四是其他因素。具体包括一个国家或地区的人口状况、地理状况、交通状况等。

(二)海外市场商品调研

要想拓展海外市场,除了研究海外市场环境之外,还需要重点研究海外市场商品。如果说前者涉及的是宏观环境的话,那么后者涉及的则是微观细节。这两者对拓展海外市场都是必不可少的。在对海外市场商品进行调研时,主要应关注以下三个方面的

信息：

一是海外市场商品的供给信息。具体包括商品的供应渠道、生产厂家、生产能力、生产数量、库存数量等。

二是海外市场商品的需求信息。具体包括海外市场所需商品的品种、数量、质量标准等。

三是海外市场商品的价格信息。具体包括商品的价格及其与供求变动之间的关系等。

（三）海外市场营销调研

进行海外市场营销调研的目的是全面掌握海外市场的营销组合情况。海外市场营销调研的内容主要包括以下四个方面。

一是商品及其价格。

二是商品的销售渠道。具体包括销售网络的组建、批零商的经营渠道、消费者印象、售后服务等。

三是广告宣传。具体包括消费者的购买动机及广告的内容、时间、方式、效果等。

四是竞争分析。具体包括产品质量、产品价格、产品政策、产品广告、分配路线、市场覆盖等。

（四）海外市场客户调研

在进行海外市场调研时，既要重视海外市场环境调研、海外市场商品调研、海外市场营销调研，也要重视海外市场客户调研。很多时候，我们对海外市场客户缺乏深入的研究，我们所推出的经营策略往往缺乏针对性，因而无法做到投其所好，自然难以取得理想的营销效果。一般说来，海外市场客户调研的内容主要包括以下四个方面。

一是海外市场客户的政治情况。重点考察海外市场客户的政治背景、政商关系、所属党派、对中国的政治态度等。

二是海外市场客户的资信情况。重点考察海外市场客户的资本和信誉。这里的资本是指注册资本、实有资本、其他财产及资产负债等情况。这里的信誉是指企业文化、经营风格。

三是海外市场客户的业务情况。重点考察海外市场客户所经营的商品及其品种。有时，还需要考察海外市场客户究竟是中间商还是使用户，是专营商还是兼营商。

四是海外市场客户的能力情况。重点考察海外市场客户的融资能力、贸易关系、经营方式、销售渠道等。

第二节 分析海外市场需求

一、市场需求分析的定义

所谓市场需求分析,一般是指对市场规模及产品潜在需求进行的全面而专业的分析。市场需求分析的外文名称是"market demand analysis"。

二、海外市场需求分析的具体步骤

进行海外市场需求分析,有很多种方法。这些方法不仅可以综合使用,而且还可以整合成以下普适性广、针对性强的九大操作步骤。

步骤1:确定目标市场。要想分析海外市场需求,首先要确定目标市场。可以在选定市场后,在该市场的总人口数中确定细分市场的人数,以此计算潜在消费者的数量与需求。也可以先选定一个细分市场,计算该市场占区域目标市场总人口数的百分比,进而推断出区域目标市场的相关数据。

步骤2:考虑消费限制。重点关注在目标市场中,是否存在对产品的限制条件。如果确实存在,就要在目标市场的数量中减去受此影响的数量。如果忽视了这种消费限制,就会直接影响海外市场的宏观调研结论。

步骤3:计算购买均量。可以经由购买率、购买习惯等,推算出目标市场中每个消费者每年的平均购买量。

步骤4:计算购买总量。进一步推算出目标市场的消费者的购买总量。可以将目标市场的消费者的购买均量乘以目标市场的消费者人数,即可得出目标市场的消费者的购买总量。

步骤5:计算产品均价。借助专业化的定价方法,计算出目标市场的产品的平均价格。

步骤6:计算购买金额。将目标市场的购买总量乘以目标市场的产品均价,即可算出购买金额。

步骤7:计算企业需求。要想获知企业的具体购买量,可以将目标市场的购买金额乘以企业的市场占有率。在此基础上,再适当考虑最近几年企业在竞争者的市场份额的变动信息,进行合理的调整,就能获知企业的具体购买量。

步骤8:完成以上步骤之后,还要进一步考虑其他的一些因素。这些因素主要包括:海外市场的经济变动;海外市场的人口变动;海外市场的客户变动等。这些因素都会对海外市场的产品需求产生显著影响,自然也应成为海外市场需求分析的关注点。

一般说来,完成了以上八个步骤之后,就能合理分析出海外目标市场的客观需求,为拓展海外市场打下坚实的基础。

第三节　市场调研报告

一、市场调研报告的定义

所谓市场调研,其实是市场调查与市场研究的合称。市场调研的过程,实际上是一个围绕某一核心问题展开的、针对各类市场信息的设计、搜集、记录、整理、分析、研究的过程。市场调研报告则是市场调研的成果之一。

所谓市场调研报告,是指经过科学、严谨、全面的市场调研之后,根据掌握的各类市场信息进行分析,揭示本质,寻找规律,总结经验,最终以书面形式呈现的调研报告。

二、市场调研报告的核心

市场调研报告一般由企业市场部撰写,也可以委托专业的市场研究公司撰写。相比之下,专业的市场研究公司在撰写市场调研报告时拥有显著的优势。这些优势主要表现在:第一,在数据采集、资料归类、观点提炼、报告撰写方面驾轻就熟;第二,拥有专业的撰写团队;第三,拥有完整的数据库。

市场调研报告是由人撰写的,具有一定的主观性,但必须符合实际,必须实事求是地反映客观事实并进行科学的分析。大致说来,市场调研报告主要包括两大部分:一是市场调查部分;二是市场研究部分。

既然是市场调查,就应当深入实际,准确反映客观事实,不能凭借主观想象去胡乱编造。为此,必须尽可能地占有所有能获取的材料。既然是市场研究,就要在市场调查的基础上,透过市场现象、借助市场信息去把握市场本质、揭示市场规律。在市场调研报告中,应当提出一些对策。但需要注意的是,这里的对策更多地属于建议类的对策,还不是真正意义上的政策。在市场调研报告的对策之上,还要经过长期的、深入的、复杂的、综合的研究过程,才能逐步完善这种对策,并逐步上升为政策。这个过程就是我们通常所说的政策评估的过程。

三、市场调研报告的作用

市场调研报告的作用是显而易见的,它不仅可以为市场预测提供科学依据,而且也能为政策调整提供科学依据。具体说来,市场调研报告的作用主要体现在以下四个方面。

一是均衡供需。供需之间的矛盾是一对先天的矛盾,可以说始终存在。要想避免供需之间的严重冲突,就需要供需均衡。在这方面,市场调研报告堪称供需之间的桥梁或纽带。

二是指导生产。撰写市场调研报告的初衷,就是深刻认识市场需求,据此确定相应的经济政策。因此,市场调研报告在指导生产方面将会发挥独特的作用,不可等闲视之。

三是合理定价。合理定价是一个关键问题,也是专业性很强的细节问题。市场调研报告不仅从宏观上解决了方向问题,而且也涉及诸多中观甚至微观上的细节问题,有助于合理定价。

四是了解信息。在市场调研报告中,会提供不同类别、不同层级的各种信息。这固然是出于撰写市场调研报告的现实需要,但却为市场调研报告的受益者提供了丰富而真实的市场信息。

四、市场调研报告的特点

一份优秀的市场调研报告应当具备以下四大特点。

一是针对性。市场调研报告的撰写具有明确的针对性,而不是一种纯粹的形式或摆设。事实证明,市场调研报告的针对性越强,其指导意义、参考价值、社会效应就越大。

二是真实性。判断、评估一份市场调研报告的优劣,必须考察其真实性。这里所说的真实性,具体内容包括相关数据的真实性、相关调研的真实性、相关论证与相关结论的真实性等。

三是新颖性。市场调研报告必须新颖,否则就谈不上任何针对性。这里所说的新颖性是宽泛的,既包括立意选材,也包括布局谋篇,更包括遣词造句。换句话说,无论是观点、数据,还是结论、建议,抑或是结构、表述,都应给予市场调研报告的受益者新颖的启示。

四是时效性。市场调研报告的时效性是很强的。即使是一份优秀的市场调研报告,也往往与撰写时的市场态势密不可分。一旦市场态势发生变化,再优秀的市场调研报告也会丧失其价值。当然,有些优秀的市场调研报告在研究思路、研究方法上始终能给予人们各种启示,这也是客观事实。但这与我们强调时效性并不矛盾。

五、市场调研报告的写法

撰写市场调研报告的前提是进行科学的市场调查与市场研究。当市场调查和市场研究基本结束之后,就必须以市场调研报告的形式,向客户呈现工作成果。那么,市场调研报告具体怎样撰写呢?

在结构体系上,市场调研报告主要应包括调研目的、调研方法、调研范围、数据分析、基本结论等内容。这种结构体系在同类市场调研报告中大同小异,这里不展开阐述。需要了解的读者可以参考本节最后提供的"市场调研报告的模板",就一目了然了。在这里,我们重点介绍数据分析问题。

关于数据分析,在通常情况下,人们都习惯于采用图表的形式。这是很自然的事情,因为图表的一大特点就是非常直观,有助于将研究成果展现给读者。当然,在市场调研报告中,市场调研的分析结果最初未必都是现成的图片。因此,这就有一个将单纯的文字转化为图表的过程。在这个转化过程中,必须明确一点:图表终究只是一种传递信息的工具,在使用中应力求简明、直接。有些市场调研报告的撰写者有意识地设计了许多非常复杂的图表,认为这样能更好地体现出专业性。但从实际效果来看,每个图表最好只包含一个核心信息。图表越复杂,信息传递的效果就越差。这是撰写市场调研报告时必须引起重视的问题。

在撰写市场调研报告时,各种图表形式都可能被采用,这是没有什么限制的。但最常用的图表并不多,主要还是柱状图表、条形图表、饼形图表、线形图表这四种。

在使用图表来传递数据时,要注意细节的处理。例如,在使用柱状图表和条形图表时,相邻柱体之间的距离必须小于柱体本身;如果说明文字较多,为便于读者阅读,可选择条形图表;在使用饼形图表时,既要标明数值,又要突出数据标识。实践证明,是否注重这些细节,将直接影响市场调研报告的严谨性与说服力。

六、撰写市场调研报告的注意事项

第一,材料必须确凿而丰富。市场调研报告是否具有生命力,首先取决于市场调研报告中的材料是否确凿、是否丰富。要想获取确凿而丰富的材料,大致有两大途径:一是注重实地考察;二是注重对书、报、刊、网的研读。前者可以获取直接材料,后者可以获取间接材料。对于前者,关键是不畏辛劳,脚踏实地。对于后者,关键是不甘懈怠,眼望星空。如能两者有机结合,效果自然更佳。

第二,研究必须严谨、到位。无论是实地考察得来的直接材料,还是通过研读书、报、刊、网得来的间接材料,都存在两个问题:一是有真有伪;二是有浅有深。所谓有真有伪,是指对这些材料必须做艰苦细致的辨别真伪的工作。所谓有浅有深,是指这些材料所揭示的市场本质、市场规律的程度是不一样的,还需要进行一番深入的研究,才能得出正确的结论。

第三,用词准确,通俗易懂。关于通俗问题,要澄清两种误解:一是认为市场调研报告应体现专业化,要用专业术语,不能要求语言通俗;二是认为语言通俗有助于理解,不主张采用专业术语。事实上,市场调研报告理应使用专业术语,但必须是概念成熟的专业术语。同时,非专业用语就应力求通俗易懂。在这方面,毛泽东所撰写的《湖南农民运动考察报告》就是一个典范。

第四,逻辑严谨,条理清晰。市场调研报告的观点必须鲜明,立论必须严谨。不要将论据狭窄化,也不要习惯于罗列论据。在撰写市场调研报告时,不仅要善于举实例、讲故事,而且还要注重论据和观点之间的内在的逻辑联系。离开了严密的逻辑关系,论据再多也缺乏足够的说服力。市场调研报告的结构可以固化,也可以创新,但不能为了创新而创新。

七、市场调研报告的编制流程

市场调研报告的编制流程是基本一致的,往往要经过以下十个环节。

环节 1:确定市场调研的价值。

环节 2:确定市场调研的方向。

环节 3:确立市场调研的目标。

环节 4:确定市场调研的方案。

环节 5:问卷调查设计。

环节 6:抽样方案设计。

环节 7:信息收集。

环节 8:资料分析。

环节 9:调查结果。

环节 10:撰写报告。

八、市场调研报告的模板

第一章　行业概况

　第一节　行业介绍

　第二节　产品发展历程

　第三节　当前产业政策

　第四节　所处产业生命周期

　第五节　行业市场竞争程度

第二章　产品生产调查

　第一节　国内产量统计

　　一、产品构成

　　二、产量统计数据

　第二节　地域产出结构

　第三节　企业市场集中度

　第四节　产品生产成本

二、消费群体构成

三、消费渠道构成

四、价格变化趋势

五、产品满意度调查

第七章 细分市场调查

第一节 细分市场一

一、产品应用特点

二、市场容量

三、消费模式

四、发展趋势

第二节 细分市场二

一、产品应用特点

二、市场容量

三、消费模式

四、发展趋势

第三节 细分市场三

一、产品应用特点

二、市场容量

三、消费模式

四、发展趋势

第八章 市场上下游市场调查

第一节 原材料市场

一、上游原材料构成

二、国内产销量

三、原材料价格走势

四、主要供应企业供应量

五、产业政策

第二节 消费市场

一、消费市场构成

二、消费市场结构变化趋势

三、下游市场相关政策

四、主要消费群体(企业)消费量

第三节 产业链运行分析

一、产业环境分析

第七章

速卖通的注册、认证、选品和产品发布

第一节　速卖通注册与认证

一、速卖通是什么

下面用一张图来了解什么是速卖通,如图 7-1 所示。

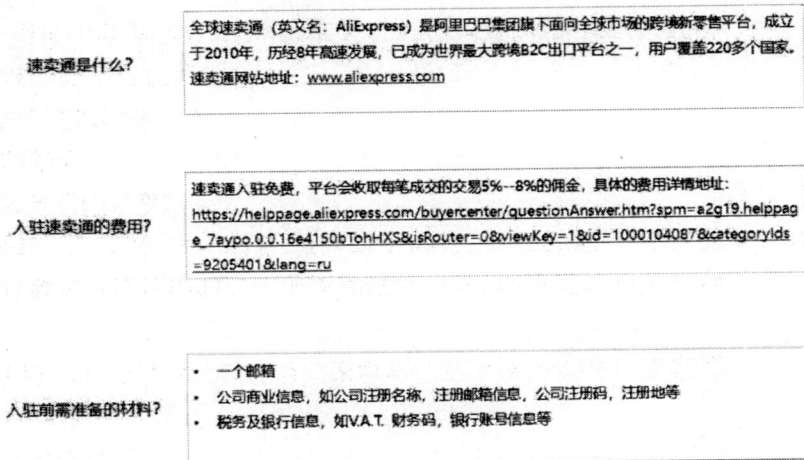

速卖通是什么?	全球速卖通(英文名: AliExpress)是阿里巴巴集团旗下面向全球市场的跨境新零售平台,成立于2010年,历经8年高速发展,已成为世界最大跨境B2C出口平台之一,用户覆盖220多个国家。速卖通网站地址: www.aliexpress.com
入驻速卖通的费用?	速卖通入驻免费,平台会收取每笔成交的交易5%--8%的佣金,具体的费用详情地址: https://helppage.aliexpress.com/buyercenter/questionAnswer.htm?spm=a2g19.helppage_7aypo.0.0.16e4150bTohHXS&isRouter=0&viewKey=1&id=1000104087&categoryIds=9205401&lang=ru
入驻前需准备的材料?	• 一个邮箱 • 公司商业信息,如公司注册名称,注册邮箱信息,公司注册码,注册地等 • 税务及银行信息,如V.A.T. 财务码,银行账号信息等

图 7-1　什么是速卖通

二、如何入驻

(一)先注册。设置用户名,填写账户信息。打开邮箱,获取验证码。

(二)选择公司所在国家,填写公司商业信息,填写税务及银行信息。

(三)填写完毕,等待审核结果。在一般情况下,需要等待审核 2~3 个工作日。

(四)申请成功后,打开登录链接,填写邮箱及登录密码,自动开通店铺。

三、如何创建运费模板

发布商品前,应创建运费模板。

(一)进入运费模板界面。

(二)设置运费模板。

(三)保存运费模板。

(四)若设置为卖家包邮,为了提升竞争力,可设置为包邮。

四、如何发布商品

(一)登录商家后台,选择发布语系,填写商品标题及对应类目。

(二)填写商品基本信息,编辑商品价格与库存。

(三)进行价格设置,选择额外定价的区域,选择"调价方式"。

(四)以服装行业为例,选择尺码表,进行批发价的批量设置。

(五)添加商品描述,内容包括商品照片、商品卖点等。

(六)设置包装与物流信息,填写发货期、物流重量、尺寸、运费模板、服务模板。

(七)完成所有设置后,点击"提交",完成商品发布。

(八)发布成功之后,即可在前台展示样例。

第二节　速卖通平台规则

这里提供的是全球速卖通平台规则,也是典型意义上的卖家规则。为了便于速卖通新卖家的理解,我们将速卖通平台的87条规则分为十九个部分,分别包括:一是卖家基本义务;二是注册;三是认证、准入及开通店铺;四是商标准入及经营;五是发布商品;六是搜索排序;七是订单超时规定;八是物流;九是纠纷;十是售后宝服务;十一是评价;十二是放款;十三是提现、佣金;十四是违规处理措施;十五是违规类型分类及处理;十六是知识产权禁限售违规;十七是交易违规及其他;十八是商品信息质量违规;十九是附则。

一、卖家基本义务

第一条　卖家在平台的任何行为应遵守中国及其他国家可适用的法律、法规、规章、政令、判决等规范性文件。对任何涉嫌违法的行为,平台有权依照本规则进行处罚或处理。同时,速卖通对卖家的处理不免除其应尽的任何法律责任。

第二条　作为交易市场的卖方,卖家应就双方达成买卖交易自主对买家负责,切实履行卖家的信息披露、质量保证、发货与服务、售后及质保等义务。同时,卖家有义务了解并熟悉交易过程中的平台对买家市场规定,遵守并提供善意、合理的配合。

　　第三条　遵守平台各类目的商品发布规则;禁止发布禁限售的商品或信息,详见全球速卖通禁限售商品目录。

　　第四条　尊重他人的知识产权,严禁未经授权发布、销售侵犯第三方知识产权的商品,包括但不限于商标、著作权、专利等,详见全球速卖通知识产权规则。

　　第五条　卖家应恪守诚信经营原则,及时履行订单要求,兑现服务承诺等,不得出现虚假交易、虚假发货、货不对版等不诚信行为,详见交易类规则。

　　第六条　保障消费者知情权,履行信息披露的义务。发布商品应如实描述义务,包括但不限于在商品描述页面、店铺页面、TradeManager(或"贸易通")等所有平台提供的渠道中,向买家就商品的基本属性、成色、瑕疵等必须说明的信息进行真实、完整的描述,不做虚假或误导性陈述。

　　第七条　保证出售的商品在合理期限内可以正常使用,包括商品不存在危及人身财产安全的风险,具备商品应当具备的使用性能、符合商品或其包装上注明采用的标准等。

　　第八条　卖家不遵守本章约定,严重违反卖家基本义务,全球速卖通保留依照本规则进行市场管理的权利。情节恶劣的,全球速卖通有权立即清退卖家。

二、注册

　　第九条　卖家在速卖通所使用的邮箱不得包含违反国家法律法规、涉嫌侵犯他人权利或干扰全球速卖通运营秩序的相关信息,否则速卖通有权要求卖家更换相关信息。

　　第十条　卖家在速卖通注册使用的邮箱、联系信息等必须属于卖家授权代表本人,速卖通有权对该邮箱进行验证;否则,速卖通有权拒绝提供服务。

　　第十一条　卖家有义务妥善保管账号的访问权限。账号下(包括但不限于卖家在账号下开设的子账号内的)所有的操作及经营活动均视为卖家的行为。

　　第十二条　全球速卖通有权终止、收回未通过身份认证或连续一年180天未登录速卖通或TradeManager的账户。

　　第十三条　用户在全球速卖通的账户因严重违规被关闭,不得再重新注册账户;如被发现重新注册了账号,速卖通有权立即停止服务、关闭卖家账户。

　　第十四条　速卖通的会员ID在账号注册后由系统自动分配,不可修改。

三、认证、准入及开通店铺

　　第十五条　速卖通平台接受依法注册并正常存续的个体工商户或公司开店,并有权对卖家的主体状态进行核查、认证,包括但不限于委托支付宝进行实名认证。通过支付宝实名认证进行认证的卖家,在对速卖通账号与支付宝账户绑定过程中,应提供真实有效的法定代表人姓名身份信息、联系地址、注册地址、营业执照等信息。

第十六条 若已通过认证,卖家需选择销售计划类型,速卖通有两种销售计划类型:标准销售计划和基础销售计划。一个店铺只能选择一种销售计划类型。

第十七条 无论选择哪种销售计划,均需根据系统流程完成类目招商准入,此后卖家方可发布商品。卖家(无论是个体工商户还是公司)还应依法设置收款账户。

第十八条 商品发布后,卖家将在平台自动开通店铺,即基于速卖通技术服务、用于展示商品的虚拟空间("店铺")。除本规则或其他协议约定外,完成认证的卖家在速卖通可最多开设六个虚拟店铺。店铺不具独立性或可分性,是平台提供的技术服务,卖家不得就店铺进行转让或任何交易。

第十九条 卖家承诺并保证账号注册及认证为同一主体,认证主体即为速卖通账户的权责承担主体。如卖家使用阿里巴巴集团下其他平台账号(包括但不限于淘宝账号、天猫账号、1688账号等)申请开通类目服务,卖家承诺并保证在速卖通认证的主体与该账号在阿里巴巴集团下其他平台的认证主体一致,否则平台有权立即停止服务、关闭速卖通账号。同时,如卖家使用速卖通账号申请注册或开通阿里巴巴集团下其他平台账号,承诺并保证将使用同一主体在相关平台进行认证或相关登记,否则平台有权立即停止服务、关闭速卖通账号。

第二十条 完成认证的卖家不得在速卖通注册或使用买家账户,如速卖通有合理依据怀疑卖家以任何方式在速卖通注册买家账户,速卖通有权立即关闭买家会员账户,且对卖家依据本规则进行市场管理。情节严重的,速卖通有权立即停止对卖家的服务。

第二十一条 卖家不得以任何方式交易速卖通账号(或其他卖家的权利义务),包括但不限于转让、出租或出借账户。如有相关行为的,卖家应对该账号下的行为承担连带责任,且速卖通有权立即停止服务、关闭其速卖通账户。

第二十二条 完成认证、入驻的卖家主动退出或被准出速卖通平台、不再经营的,平台将停止卖家账号下的类目服务权限(包括但不限于收回站内信、已完结订单留言功能及店铺首页功能等)、停止店铺访问支持。若卖家在平台停止经营超过一年的(无论账号是否使用),平台有权关闭该账号。

第二十三条 速卖通店铺名和二级域名需要遵守命名规范《速卖通二级域名申请及使用规范》,不得包含违反国家法律法规、涉嫌侵犯他人权利或干扰全球速卖通运营秩序等相关信息,否则速卖通有权拒绝卖家使用相关店铺名和二级域名,或经发现后取消店铺名和二级域名。

四、商标准入及经营

第二十四条 为保证消费者权益,卖家申请经营商标产品,需提供系统要求的商标注册证、授权书或进货发票,审核通过后方可发布商标商品。本规则下"商标"是指已获得法定商标管理部门颁发的商标注册证或商标受理通知书的商标。

第二十五条　限制类商标的准入和经营限制。

(一)店铺不得销售涉嫌不正当竞争的相关商标("限制类商标"),即属于任一下列类型的商标或品牌。

1. 与速卖通已有的品牌、频道、业务、类目等相同或近似的。

2. 包含行业名称或通用名称或行业热搜词的。

3. 包含知名人士、地名的品牌的。

4. 与知名品牌相同或近似的。

5. 纯图形商标。

6. 经营品牌封闭管理规则的行业,不属于行业邀约品牌名单且未通过品牌审核的。

(二)对于入驻时申请经营限制类商标产品的,速卖通有权拒绝或终止入驻申请;对于已经营限制类商标产品的,速卖通有权要求按照卖家规则规定的程序对相关产品进行下架。

第二十六条　影响消费者权利品牌的准入和经营限制。如您经营的品牌在准入中或准入后出现以下情况,平台将有权按卖家规则下架该品牌的商品,您不得继续经营。

(一)品牌商品被速卖通或第三方专业机构证明由不具备生产资质的生产商生产的,不符合国家、地方、行业、企业强制性标准。

(二)该品牌经速卖通或第三方专业机构判定对他人商标、商品名称、包装和装潢、企业名称、产品质量标志等构成仿冒或容易造成消费者混淆、误认的。

(三)品牌在经营期间被证明存在高纠纷率、高投诉率、低市场认可度,品牌商品描述平均分严重低于行业平均水平,严重影响消费者体验,经平台告知后在一个月内无明显改善的。

五、发布商品

第二十七条　选择"标准销售计划"的店铺,店铺内的在线商品数量上限为3000个;选择"基础销售计划"的店铺,店铺内在线商品数量上限为300个;特殊类目(Special Category)下每个类目在线商品数量上限5个。平台保留为行业发展、消费者利益而不时调整可发布商品数的权利。

第二十八条　商品如实描述及对其所售商品质量承担保证责任是卖家的基本义务。"商品如实描述"是指卖家在商品描述页面、店铺页面、等所有速卖通提供的渠道中,应当对商品的基本属性、成色、瑕疵等必须说明的信息进行真实、完整的描述。

第二十九条　卖家应保证其出售的商品在进口国法律规定的合理期限内可以正常使用,包括商品不存在危及人身财产安全的不合理危险、具备商品应当具备的使用性能、符合商品或其包装上注明采用的标准等。

第三十条　卖家在速卖通发布商品应当严格遵守本规则下,详见《速卖通行业标准》。

六、搜索排序

第三十一条　速卖通有权按照系统设定的统一算法进行平台商品的排序。商品在搜索页面的排序包含多种因素,包括但不限于商品的信息描述质量、商品与买家搜索需求的相关性、商品的交易转化能力、卖家的服务能力、搜索作弊的情况。详见《速卖通平台搜索排名规则解析》。

七、订单超时规定

第三十二条　订单关闭:就平台一般商品,自买家下订单起的20天内,买家未付款或者付款未到账的,订单将超时关闭。在闪购、限时抢购等特殊交易场景下,为维护卖家利益,买家未付款或付款未到账的订单会在平台认为的合理时限内(半个小时起)关闭。

第三十三条　买家取消订单:自买家付款成功之时起到卖家发货前买家可申请取消订单。买家申请取消订单后,卖家可以与买家进行协商,如果卖家同意取消订单,则订单关闭货款全额退还给买家;如果卖家不同意取消订单并已完成发货,则订单继续。如果卖家不做任何操作直至发货超时,则订单关闭货款全额退还给买家;如果卖家对订单部分发货,并且在发货期内没有完成全部发货,则订单关闭货款全额退还给买家。

第三十四条　卖家发货超时:自买家付款成功之时起至备货期间内,如果卖家无法及时发货,可以与买家协商由买家提交延长卖家备货期的申请,卖家需在协商期限内发货;如果卖家在备货期内没有完成全部发货,则订单发货超时关闭,货款全额退还给买家。

第三十五条　买家确认收货超时:自卖家声明全部发货之时起,买家须在卖家承诺的运达时间内确认收货(如卖家承诺的运达时间小于平台的默认值则以平台默认值为准),期间卖家应与买家及时沟通收货情况;如果与买家沟通确实一直未收到货物,可以由卖家延长买家收货时间;如果买家一直未确认收货且未申请退款的,则该订单买家确认收货超时并视为交易完成。

第三十六条　买家申请退款:自卖家声明全部发货后,如卖家承诺的运达时间小于10天(自然日,如无特殊说明外,下同)则在卖家发货后买家就可以申请退款,如卖家承诺的运达时间大于等于10天则在卖家发货后的10天后买家可以申请退款。

八、物流

第三十七条　发货物流方式。

（一）卖家可自主选择发货采用的物流服务，包括但不限于菜鸟平台的线上物流服务商、菜鸟无忧物流或其他的线下物流方式。但向部分国家发货平台有特殊规定的，卖家应按照该规定进行。

（二）如买家自行选择物流方式，卖家发货所选用的物流方式必须是买家所选择的相关物流方式。未经买家同意，不得无故更改物流方式。

（三）卖家填写发货通知时，所填写的运单号必须完整、真实准确，并可查询。

（四）同时，为保证经营秩序和买家体验，就特殊市场的订单，卖家应按照如下的物流政策选择发货的物流方式。

1. 俄罗斯

订单实际支付金额 >5 美金的订单：允许使用标准类、快速类物流服务，不可使用经济类物流服务（即无挂号平邮）及简易类物流服务发货。

订单实际支付金额 >2 美金且≤5 美金的订单：允许使用线上简易类物流服务、标准类和快速类物流服务，不可使用经济类物流服务（即无挂号平邮）及线下简易类物流服务发货。

订单实际支付金额≤2 美金的订单：允许使用线上经济类、线上简易类、标准类和快速类物流服务，不可使用线下经济类物流服务（即无挂号平邮）及线下简易类物流服务发货。

2. 西班牙

订单实际支付金额 >5 美金的订单：允许使用标准类物流服务中的"AliExpress 无忧物流－标准"（特殊类目商品除外）及快速类物流服务，其他标准类、简易类物流服务及经济类物流服务不可使用。

订单实际支付金额 >2 美金且≤5 美金的订单：允许使用线上简易类物流服务、标准类和快速类物流服务，不可使用经济类物流服务（即无挂号平邮）及线下简易类物流服务发货。

订单实际支付金额≤2 美金的订单：允许使用线上经济物流服务的"中外运西邮经济小包"、线上简易类物流服务、标准类物流服务及快速类物流服务，线下简易类物流服务及线下经济类物流服务不可使用。

3. 美国

订单实际支付金额 >5 美金的订单：允许使用标准类物流服务中的"E 邮宝""AliExpress 无忧物流－标准"（特殊类目商品除外）及快速类物流服务，其他标准类物流服务及经济类物流服务不可使用。

订单实际支付金额≤5 美金的订单：允许使用标准类、快速类物流服务及线上经济类物流服务，线下经济类物流服务（即无挂号平邮）不可使用。

4. 法国、荷兰、智利

订单实际支付金额 >5 美金的订单：允许使用标准类物流服务中的"AliExpress 无忧物流 – 标准"（特殊类目商品除外）及快速类物流服务，其他标准类及经济类物流服务不可使用。

订单实际支付金额 ≤5 美金的订单：允许使用线上经济物流服务、标准类及快速类物流服务，线下经济类物流服务不可使用。

5. 乌克兰

订单实际支付金额 >5 美金的订单：允许使用标准类及快速类物流服务，经济类和简易类物流服务不可使用。

订单实际支付金额 ≤5 美金的订单：允许使用线上简易类物流服务、标准类及快速类物流服务，线下简易类物流服务和经济类物流服务（即无挂号平邮）不可使用。

6. 巴西、白俄罗斯

所有订单不可使用经济类物流服务发货。

7. 其他国家

订单实际支付金额 >5 美金的订单：允许使用标准类及快速类物流服务，经济类物流服务不可使用。

订单实际支付金额 ≤5 美金的订单：允许使用标准类、快速类物流服务及线上经济类物流服务，线下经济类物流服务不可使用。

海外仓发货不受以上物流政策调整。

第三十八条　物流保护政策

（一）采用线上发货物流方式的订单

1. 若产生"DSR 物流服务 1、2、3 分"和由于物流原因引起的"纠纷提起""仲裁提起""卖家责任裁决率"，平台会对该笔订单的这 4 项指标进行免责（即不记入相关平台考评）。

2. 因物流问题产生的纠纷（如妥投地址错误，但卖家填写地址无误的情况），卖家可发起线上发货投诉。

（二）采用无忧物流发货的订单

1. 若产生"DSR 物流服务 1、2、3 分"和由于物流原因引起的"纠纷提起""仲裁提起""卖家责任裁决率"，平台会对该笔订单的这 4 项指标进行免责。

2. 因物流问题产生的纠纷，直接由平台介入核实物流状态并判责。

3. 物流导致的纠纷退款，由平台承担（标准物流赔付上限 800 人民币，优先物流赔付上限 1200 人民币）。

九、纠纷

第三十九条　卖家发货并填写发货通知后，买家如果没有收到货物或者对收到的货物不满意,最早可以在卖家全部发货 10 天后申请退款(若卖家设置的限时达时间小于 10 天或者是俄罗斯精品馆订单、本地仓服务订单,则买家最早可以在卖家全部发货后立即申请退款),买家提交退款申请时会在系统中生成争议流程("纠纷")。

第四十条　除第四十二条规定的纠纷外,买家提交或修改纠纷后,卖家必须在 5 个自然日内对买家纠纷点击"接受"或"拒绝",否则订单将按照买家提出的退款要求被执行。

第四十一条　如卖家不同意买家提出的纠纷诉求,卖家应在买家提起纠纷之日起 7 个自然日内与买家进行自主协商;协商后仍无法解决的,纠纷将在上述期限后提交至平台进行仲裁。

第四十二条　对于升级至平台,但被平台依照本规则判定不属于售后宝或无忧物流服务订单的纠纷,卖家及买家应在平台作出上述判定之日起接受仲裁。

第四十三条　为提高买家体验和对平台及卖家的信心,平台鼓励卖家积极与买家协商;协商不一致的情况,平台有权主动介入给出建议方案解决。但该等情形下,平台介入不影响买卖家平等协商。

第四十四条　如买卖双方达成退款协议且买家同意退货的,买家应在达成退款协议后 10 天内完成退货发货并填写发货通知,全球速卖通将按以下情形进行处理。

(一)买家未在 10 天内填写发货通知,则结束退款流程并交易完成。

(二)买家在 10 天内填写发货通知且卖家 30 天内确认收货,速卖通根据退款协议执行。

(三)买家在 10 天内填写发货通知,30 天内卖家未确认收货且卖家未提出纠纷的,速卖通根据退款协议执行。

(四)在买家退货并填写退货信息后的 30 天内,若卖家未收到退货或收到的货物货不对版,卖家也可以提交到速卖通进行纠纷裁决。

第四十五条　部分纠纷在买家提出后,会依照本规则或其他约定由平台先行介入;如平台判定需要卖家承担责任,卖家应在平台判责后按判定执行处理结果。该等纠纷包括但不限于:

(一)享受售后宝服务的订单纠纷。

(二)使用无忧物流、符合相关标准,由物流方代为处理的纠纷。

(三)其他依约由平台先行介入的纠纷类型。

十、售后宝服务

第四十六条　售后宝服务。为提升平台竞争力、保障买家体验,平台在综合消费者反馈和各行业情况下,就特定类目商品的订单在买家因特定货不对版提出纠纷情况下,对卖家提供赔付处理服务("售后宝服务")。该服务由平台出资免费为符合条件的卖家提供,具体权限开放条件、适用的货不对版纠纷情形以本规则为准。售后宝服务不免除任何卖家根据平台规则、与买家协议及法律法规规定下的义务或责任。

第四十七条 开放类目。平台对符合本规则约定条件的卖家以订单为维度提供售后宝服务,即如卖家销售的商品是指定类目,且该订单纠纷符合本规则确定的特定货不对版纠纷,那么平台为该卖家就此订单提供售后宝服务。对此,平台保留自主决定关闭或新增任一类目(子类目)的权利。

第四十八条 售后宝限制。享受免费售后宝服务的卖家应遵守以下约定,否则平台有权在通知后(以通知发出为准)停止您的售后宝权限,并且在您恶意违规情况下有权就平台向买家赔偿货款部分向您追偿。

(一)对于不享受售后宝的订单纠纷,卖家应按平台规则积极履行相关义务,按纠纷流程及时对买家进行响应,并善意处理相关纠纷。

(二)即便卖家在享受售后宝服务,如平台认为解决纠纷需要卖家配合的,卖家应尽一切合理努力配合平台及买家,包括但不限于提供或澄清关于产品的信息,提供产品问题出现的分析,对不清晰的产品信息进行修正等。如卖家拒绝配合的,平台有权终止售后宝服务,并要求卖家直接向买家承担相关纠纷解决的费用和责任。

(三)卖家应善意地使用售后宝服务,不得以任何方式滥用售后宝,包括但不限于在达成订单后以次充好、调包商品、短装少发、发空包裹、出售假货、勾结买家诈骗售后宝赔付金等。为进一步说明,滥用售后宝、不能享受售后宝服务的情况还包括(但不限于):

1.买家投诉卖家销售假货或其他侵权商品的。

2.买家投诉卖家销售平台禁限售商品的。

3.买家收的商品多次出现短装、少发、空盒的(无论是否可以证明卖家的过错)。

4.买家投诉卖家未按约定物流方式发货的。

5.买家投诉收到商品与购买商品不一致,不属于同一类目或/且价值差距依照平台判断十分显著的。

6.买卖家在任何时候已就纠纷达成一致的。

7.卖家以直接或间接、明示或暗示等任何方法告知买家平台将退款,或鼓励买家提起纠纷的。

8.卖家存在且向买家承认过错的(如承认发错货物),让买家提交纠纷并承诺退款的。

9.因卖家产品信息描述错误、有显著误导或不清晰而导致的纠纷。

第四十九条 对于卖家滥用售后宝服务的,平台有权向卖家追偿平台就其订单纠纷向买家支付的全部资金损失;对于卖家滥用售后宝服务、恶意获取售后宝资金涉嫌违法犯罪的,平台有权向执行机关报案。

第五十条　不适用售后宝的情形。就本规则下不适用售后宝服务的货不对版纠纷或其他纠纷,仍应由您作为卖家及责任人向买家履行义务、承担相关责任。为进一步澄清,该等不适用售后宝的情形包括但不限于:

(一)买家提起的"未收到货物"或"限时达超时"等物流类纠纷。

(二)买家因收到货物出现短装、少发或空盒的。

(三)买家以无理由退货提起的纠纷,该等原因包括但不限于:买家下错单、买家不再需要订单产品、买家购买了更低价优质的产品等。

(四)账号处于 disable(关闭)状态下的卖家的订单纠纷。为避免歧义,卖家账号无论何种原因进入关闭状态后,其交易的任何订单不再享受售后宝服务。

第五十一条　卖家接受售后宝服务应知悉并同意,平台有权就不适用售后宝的情形进行说明,且有权对售后宝规则不时进行修改。

十一、评价

第五十二条　平台的评价分为信用评价(Seller Summary)及店铺评分(Detailed Ratings)。其中,"信用评价"包括"好评率"和"评论内容","评论内容"包括"文字评论"和"图片评论"。"店铺评分"是指买家在订单交易结束后以匿名的方式对卖家在交易中提供的商品描述的准确性(Item as described)、沟通质量及回应速度(Communication)、物品运送时间合理性(Shipping speed)三方面服务作出的评价,是买家对卖家的单向评分。信用评价买卖双方均可以进行互评,但卖家分项评分只能由买家对卖家作出。

第五十三条　所有卖家全部发货的订单,在交易结束 30 天内买卖双方均可评价。买家提起未收到货纠纷且买家在纠纷上升到仲裁前未主动取消,最终产生退款,无评价入口。

第五十四条　对于信用评价,买家评价即生效;双方都未给出评价,则该订单不会有任何记录。

第五十五条　商家好评率(Positive Feedback Ratings)、商品评分和店铺评分(Feedback Score)的计算。

(一)成交金额低于 1 美元的订单不计入好评率和商品分数。(成交金额为买家支付金额减去售中的退款金额,不包括售后退款情况)

(二)补运费/差价、赠品类目、定制化商品等特殊商品的评价不计入好评率和商品分数。除以上情况之外的评价,都会正常计算商家好评率、商家/商品评分。不论订单金额,都统一为:四星五星 +1,三星 0,一星和二星 −1。

第五十六条　评价档案包括近期评价摘要(会员公司名、近 6 个月好评率、会员起始日期),评价历史(过去 1 个月、3 个月、6 个月历史累计的时间跨度内的好评率、中评率、差评率、评价数量)和评价记录(会员得到的所有评价记录、给出的所有评价记录以及在指定时间段内的指定评价记录）。

好评率 = 6 个月内好评数量/(6 个月内好评数量 + 6 个月内差评数量)

差评率 = 6 个月内差评数量/(6 个月内好评数量 + 6 个月内差评数量)

平均星级 = 所有评价的星级总分/评价数量

卖家分项评分中各单项平均评分 = 买家对该分项评分总和/评价次数(四舍五入)

第五十七条　对于信用评价,买卖双方可以针对自己收到的差评进行回复解释。

第五十八条　速卖通有权对异常订单对应的评价及销量作不计分、屏蔽、删除等处理。异常订单包括但不限于以下情形:

(一)交易主体被排查为在注册、登录、交易、评价、退款、售后等环节明显异于正常交易的。

(二)存在扰乱速卖通平台或商家经营秩序情形的订单。

(三)其他对终端消费者不具购物决策参考意义的订单。

第五十九条　速卖通有权删除评价内容中包括人身攻击或者其他不适当的言论的评价。若买家信用评价被删除,则对应的卖家分项评分也随之被删除。

第六十条　速卖通保留变更信用评价体系包括评价方法,评价率计算方法,各种评价率等的权利。

十二、放款

第六十一条　为确保速卖通平台交易安全、保障买卖双方合法权益,速卖通及其关联公司在满足规定的条件时,根据平台规则及本规则决定相应放款时间及放款规则。

第六十二条　放款时间

(一)一般情况下,速卖通将在交易完成、买家无理由退货保护期届满后向卖家放款,即买家确认收货或系统自动确认收货加十五个自然日(或平台不时更新并公告生效的其他期限)后。

(二)速卖通根据系统对卖家经营情况和信用进行的综合评估(例如经营时长、好评率、拒付率、退款率等),可决定为部分订单进行交易结束前的提前垫资放款(“提前放款”)。提前放款的具体金额可以为订单的全部或部分,由速卖通根据综合评估单方面决定。卖家可随时向平台申请退出提前放款。

(三)如卖家账号清退或主动关闭的,针对账号被清退、关闭前的交易,为保证消费者利益,平台在订单发货后 180 天放款。

(四)如速卖通依据法律法规、双方约定或合理判断,认为卖家存在欺诈、侵权等的,速卖通有权视具体情况延迟放款周期并对订单款项进行处理,或冻结相关款项至依据消除后。

第六十三条　提前放款

（一）对于经评估符合条件的交易，平台将在卖家发货后、买家付款经银行资金清算到账后进行提前放款，放款时卖家授权速卖通及 Alipay Singapore E‑Commerce Private Limited 冻结提前放款的部分金额作为卖家对平台的放款保证金。对于保证金数额，卖家同意平台根据卖家的经营状况、纠纷率等因素不时调整，卖家可随时在后台查询保证金总额。

（二）因相关订单发生纠纷、买家无理由退款或其他原因导致卖家需要向买家退还货款，而速卖通已为该等订单提前放款的，速卖通有权从卖家支付宝国际账户、速卖通账户直接进行划扣、进行相关赔付；不足赔付部分（如有），速卖通有权从放款保证金中直接划扣，仍不足赔付的，速卖通及买家有权继续向卖家追索。

（三）并非每个卖家的每笔订单均可享受提前放款。如果任何订单存在平台认定的异常，或卖家经系统判断不符合享受提前放款的情形的，平台有权不进行提前放款。无法享受提前放款的订单包括但不限于：

1. 订单卖家综合经营（纠纷率、退款率、好评率等）情况不佳或数据很少（如经营时间不超过三个月等）。

2. 卖家违反平台规定进行交易操作的。

3. 卖家有违反协议及本规则的行为。

4. 其他平台认为不适宜进行提前放款的情形。

（四）经速卖通评估，不再符合提前放款条件的卖家，放款保证金将在速卖通平台通知取消之日起 6 个月后退还；期间若因卖家原因导致买家、平台或其他第三方损失或产生退款、垫付的（包括但不限于享受提前放款的订单纠纷等导致），速卖通有权从放款保证金中划扣以补偿损失，并将剩余部分于 6 个月期限届满后退还卖家；不足部分，速卖通有权对卖家支付宝国际账户中的资金进行划扣，仍不足赔付的，速卖通有权继续向卖家追讨。

第六十四条　提前放款政策特别规定

为在本协议下享受提前放款，卖家接受《提前放款特别约定》。

第六十五条　卖家在放款后，应自主按照可适用的法律法规对结汇、提现进行申报或操作，并依法纳税。

第六十六条　卖家在进行提现时，银行会收取 15 美元/笔的手续费，手续费在提现时扣除。如卖家余额少于 15 美元，平台会建议卖家不要进行提现；如卖家坚持提现的，卖家应向平台或银行补足 15 美元手续费。

十三、提现、佣金

第六十七条　实时划扣交易佣金

（一）卖家就享受的发布信息技术服务需要按照其订单销售额的一定百分比交纳佣金。速卖通各类目交易佣金标准不同，各类目佣金比例见下表。同时，速卖通保留根据行业发展动态等情况调整佣金比例的权利，届时将依照本规则发布公告，并在公示期满后生效。

（二）各类目佣金比例。

（三）平台仅针对最终成交的订单金额收取佣金，如订单取消、卖家退款的，佣金将按相应比例退还。

第六十八条　原大额订单（超过1000美元一单的付款订单）的佣金优惠自北京时间2月22日起截止，所有订单将按本节规定收取佣金。

十四、违规处理措施

第六十九条　为保障消费者、经营者或速卖通的正当权益，在会员违规处理期间速卖通按照本规则规定的情形对会员采取以下违规处理措施，直至速卖通确认风险基本可控后予以部分或全部解除管控。

（一）警告，指速卖通通过口头或书面的形式对卖家的不当行为进行提醒和告诫。

（二）搜索排名靠后，指店铺的部分或全部商品在搜索排序时出现在原所处位置之后的处罚措施。

（三）屏蔽，指卖家的所有商品（包括违规商品和非违规商品），除了在卖家店铺能看到外，在前台搜索页面不会有没有任何展示的处罚措施。

（四）限制发送站内信，指禁止速卖通会员发送站内信。

（五）删除评价，指店铺评分等删除不计分，并删除评论内容。

（六）限制发布商品，指禁止全球速卖通会员发布新商品的处罚措施。

（七）品牌下挂，指限制或禁止该品牌商品在平台展示。

（八）下架商品，指全球速卖通对会员商品进行下架的处罚措施。

（九）删除商品，指全球速卖通对会员商品进行删除的处罚措施。

（十）限制参加营销活动，是指限制商家参加平台发起或协助组织的营销活动。

（十一）关闭经营权限，是指关闭卖家单个经营类目/整个经营大类的权限。

（十二）关闭提前放款功能，指关闭卖家使用提前放款的功能。

（十三）冻结账户，指下架店铺内所有出售中的商品，限制发布商品的处罚措施。

（十四）冻结卖家账户资金（包括但不限于国际支付宝账户/速卖通账户），直至平台认为风险可控。

（十五）关闭账户，指冻结账户，同时限制发送站内信、停止店铺访问、冻结卖家账号资金180天的处罚措施。

（十六）关闭账户的同时平台有权根据违规严重情况对卖家其余订单进行审核

处理。

全球速卖通将对其正在进行中的订单按以下方式处理。

1. 买家已下单但未付款的订单:关闭订单。

2. 买家已付款(风控审核中)而卖家未发货的订单:关闭订单,订单款项将全额退款给买家。(备注:平台判定发货的标准为卖家是否已在平台填写并提供货运单号)

3. 买家已付款(风控审核通过后)而卖家未发货的订单:冻结订单,卖家需提供发货证明、进货证明(及部分产品需提供相关资质证明);如果卖家无法提供相关证明,关闭订单,订单款将全额退款给买家,如果卖家提供相关证明,订单解冻,允许此订单按正常交易流程进行。(备注:平台判定发货的标准为卖家是否已在平台填写并提供货运单号)

4. 卖家已发货而未产生纠纷的订单:冻结订单,卖家需提供发货证明、进货证明(及部分产品需提供相关资质证明);如果卖家无法提供相关证明,关闭订单,订单款将全额退款给买家,如果卖家提供相关证明,订单解冻,允许此订单按正常交易流程进行。

5. 已产生纠纷的订单:卖家需在全球速卖通平台限定的申诉期内进行举证,速卖通将根据买卖双方提供的举证材料对纠纷进行判定。

6. 交易成功但未放款的订单:冻结订单款资金,卖家需提供发货证明、进货证明(及部分产品需提供相关资质证明),如果卖家无法提供相关证明,订单款将全额退款给买家。

7. 其他订单情况:如果有其他订单情况,全球速卖通平台可酌情处理,要求卖家提供相关证明材料才进行判定。

8. 如果该会员涉嫌在全球速卖通平台同时注册或控制使用其他账号,以上订单处理方法也适用该等关联账号的订单。

十五、违规类型分类及处理

第七十条 平台将违规行为根据违规性质归类分为知识产权禁限售违规、交易违规及其他、商品信息质量违规、知识产权严重违反四套积分制。四套积分分别扣分、分别累计、处罚分别执行。

第七十一条 知识产权禁限售违规包括:知识产权侵权一般违规、禁限售商品发布违法行为;积分累计达48分,账号将执行关闭。

第七十二条 知识产权严重违规包括:知识产权侵权严重违规行为;侵权严重违规行为实行三次违规成立者关闭账号(侵权情节特别严重者直接关闭账号)。

第七十三条 交易违规及其他包括:交易违规行为及其他平台杜绝的违规行为;积分累计达48分,账号将执行关闭。

第七十四条 商品信息质量违规包括:搜索作弊等商品发布违规行为;积分累计达

12 分及 12 分倍数,账号将执行冻结 7 天。

第七十五条　积分清零逻辑:四套积分的每个违规行为的分数按行为年累计计算,行为年是指每项扣分都会被记 365 天,比如 2013 年 2 月 1 日 12 点被扣了 6 分,这个 6 分要到 2014 年 2 月 1 号 12 点才被清零。

第七十六条　速卖通四套积分体系处罚节点一览表(表 7 - 1)。

表 7 - 1　速卖通四套积分体系处罚节点

违规类型	违规节点	处罚
知识产权严重违规	第一次违规	冻结(以违规记录展示为准)
	第二次违规	冻结(以违规记录展示为准)
	第三次违规	关闭
知识产权禁限售违规	2 分	警告
	6 分	限制商品操作 3 天
	12 分	冻结账号 7 天
	24 分	冻结账号 14 天
	36 分	冻结账号 30 天
	48 分	关闭
交易违规及其他	12 分	冻结账号 7 天
	24 分	冻结账号 14 天
	36 分	冻结账号 30 天
	48 分	关闭
商品信息质量违规	12 分及 12 分倍数	冻结账号 7 天

第七十七条　如果该会员涉嫌在平台同时注册或控制使用其他账号,速卖通可将该等账号进行冻结并同时清退。

第七十八条　对于开通支付宝国际账户/速卖通账户的卖家,若被平台给予关闭账户或清退处理的,卖家的支付宝国际账户/速卖通账户将同时被冻结 6 个月;针对用户侵权情节特别显著或极端时,速卖通有权在关闭账号之日起,冻结用户关联国际支付宝账户资金及速卖通账户资金两年,其中依据包括为确保消费者或权利人在行使投诉、举报、诉讼等救济权利时,其合法权益得以保障;针对严重扰乱平台秩序的行为,速卖通有权冻结卖家账户(包括但不限于国际支付宝账户/速卖通账户)中的资金,直至平台认为已经风险可控。

第七十九条　冻结期间,卖家对于支付宝国际账户/速卖通账户不能进行提现等资金操作,支付宝国际账户/速卖通账户中的资金也将被冻结。

第八十条　冻结期间,若卖家无产生退款、赔付或其他纠纷的,冻结期满,平台将支付宝国际账户中的资金(如有)返还给卖家,支付宝国际账户同时关闭。

第八十一条 冻结期间,若卖家因纠纷、银行拒付或其他原因产生退款或赔付义务的,平台有权对卖家支付宝国际账户/速卖通账户中的资金进行相应的退款、赔付操作;冻结期满,平台将支付宝国际账户/速卖通账户中的资金余额(如有)返还给卖家,支付宝国际账户/速卖通账户同时关闭。

十六、知识产权禁限售违规

第八十二条 知识产权禁限售违规

详见:全球速卖通知识产权规则及《全球速卖通禁限售违禁信息列表》。

第八十三条 知识产权严重违规

详见:全球速卖通知识产权规则。

十七、交易违规及其他

第八十四条 交易违规行为

(一)虚假发货

(二)信用及销量炒作

(三)严重货不对版

(四)恶意骚扰

(五)不法获利

(六)严重扰乱平台秩序

(七)不正当竞争

(八)违背承诺

(九)诱导提前收货

(十)引导线下交易

(十一)店铺严重恶意超低价

(十二)资质证明或申诉材料造假:卖家需保证提供的资质证明或申诉材料真实及合法,若出现有明显造假嫌疑的,或者被授权方、官方或其他认证权威鉴定为造假的,速卖通有权对该卖家账号作出处罚,甚至关闭账号清退处理。

(十三)其他速卖通认为违反本规则,扰乱市场秩序,侵害消费者或其他卖家合法权利的不当经营行为。速卖通保留在合理期限内公告或告知增加或修改其他违规行为的权利。

第八十五条 其他

不正当谋利,是指会员采用不正当手段谋取利益的行为,包括:

(一)向速卖通工作人员及/或其关联人士提供财物、消费、款待或商业机会等。

（二）会员通过其他手段向速卖通工作人员谋取不正当利益的行为。

会员不正当谋利的，无论是否获得利益，会员的店铺及其关联店铺将永久关闭，速卖通将永久不向其提供或接受其提供的任何产品或服务；在会员使用速卖通关联公司的网站（包括但不限于阿里巴巴中国站、国际站、淘宝网、天猫网站等）所提供的服务过程中，存在违反上述网站不正当谋利条款或有其他涉及不诚信行为被上述网站关闭账户的，速卖通有权对该会员拥有或实际控制的在速卖通网站上的账户执行相同操作。

实施不正当谋利行为的运营服务商，速卖通永久不向其提供或接受其提供的任何产品或服务，由该运营服务商代运营的其他店铺亦应在收到速卖通通知之日起三个月内自营或更换运营服务商，逾期，则速卖通将对相关店铺进行监管直至其执行完毕。

实施不正当谋利行为的会员有如实主动申报及/或如实积极举报情形的，速卖通酌情给予从轻或减轻的处理措施。

自对会员进行不正当谋利调查之日起，速卖通将限制该会员店铺及其关联店铺参加速卖通营销活动，直至调查终结。

会员向速卖通工作人员及/或其关联人士明确表达不正当谋利意图或已经开始实施不正当谋利行为，但由于会员意志以外的原因而未得逞的，亦会员的店铺将永久关闭。

有以下情形之一的，视同为不正当谋利行为。

（一）商家为速卖通工作人员的，直接关闭会员的店铺。

（二）商家为速卖通工作人员之关联人士且该速卖通人员未依据《阿里巴巴集团商业行为准则》规定进行如实申报且该速卖通工作人员利用职务便利条件的，直接关闭会员的店铺。

十八、商品信息质量违规

第八十六条　商品信息质量违规

（一）搜索作弊。

（二）商家图片盗用。

（三）商家水印图盗用投诉。

卖家在所发布的商品信息或所使用的店铺名、域名等中不当使用他人水印图等或卖家所发布的商品信息或所使用的其他信息造成消费者误认、混淆；扣分 6 分/次，首次投诉不扣分；首次投诉 5 天内算一次；其后一天内若有多次投诉成立扣一次分。时间以投诉结案时间为准。

（四）发布非约定商品的规则。

（五）留有联系信息或广告商品

任何字段或图片中禁止出现联系方式，如邮箱、微信、手机号、QQ、MSN、Skype 等；

如以宣传店铺或商品为目的,发布带有广告性质(包括但不限于在商品标题、图片、详细描述信息中等留有联系信息或非速卖通的第三方链接等)的信息,吸引买家访问,而信息中商品描述不详或无实际商品,在任何描述中禁止出现非速卖通平台的网站链接。

留有联系信息或广告商品,平台有权对商品信息退回或删除,违规商品信息过多或屡犯者,速卖通平台将视违规行为情节保留扣分及直接对账号进行处罚的权利。

(六)其他不当发布行为

1. 虚假发布商品,即发布商品却用于交易其他商品,以形式上符合或类似平台要求的方式发布,掩盖真实的非法、违规发布商品。包括但不限于:

(1)通过站外平台的其他商品链接,可以跳转到速卖通商品,利用该商品完成交易的。

(2)以非常规的数量单位、款式型号或其他信息进行商品描述,让正常消费者误导,不可依一般认知判断的。

(3)通过编辑商品类目、品牌、型号等关键属性暗示另一款商品,无法让正常消费者进行判断或选择的。

2. 躲避平台规则的。指刻意规避速卖通商品 SKU 设置规则发布商品或隐藏、遮挡、模糊处理商品相关信息的发布。

3. 在商品、店铺标题、描述中带有攻击性、亵渎性、虚假等违法或有违道德的文字图片,或信息内容与所发布的商品不相关或带有诱导性或其他不恰当语言,如:

(1)发布中文信息。

(2)违反行业发布规范。

(3)信息类型设置错误:如求购与销售信息混淆。

(4)非商业信息:如单纯的工厂、车间展示、求职、征婚、投诉、求医等。

(5)不当使用第三方软件发布商品。

(6)其他通过虚假、恶意规避的方式以不正当发布的行为。

4. 其他违反行业发布规则的。

不当发布平台有权处罚:

(1)商品信息退回或删除。

(2)违规信息过多、屡次发布违规信息或发布的违规信息性质恶劣的,速卖通平台将视违规行为情节严重程度保留 6 分/次扣分及直接账号处罚的权利。

(3)对于违反特定行业商品发布规范的违规订单,速卖通将关闭订单,如买家已付款,无论物流状况均全额退款给买家,卖家承担全部责任。

(4)或其他行业发布规则规定的处罚。

十九、附则

第八十七条　其他

（一）如无其他说明,本规则中的日、月均指自然日、自然月。

（二）如基础规则与招商规则有冲突的,以基础规则为准；如基础规则与《行业规则》《营销规则》《知识产权规则》《禁限售规则》有冲突的,以后者为准。

第三节　速卖通选品

对于速卖通新卖家来说,面对产品、运营、客户,往往感觉一片茫然。即使熟读了速卖通的平台规则,也不知先从何处下手。根据速卖通平台卖家的实际经验,对于新卖家来说,首先可以关注选品问题。一旦选定了产品,其他工作就顺理成章了,遇到什么问题就研究什么问题、解决什么问题,就可以在实践中慢慢熟悉、逐步提升。

一、站内选品

作为速卖通的新买家,如何进行选品呢？方式方法很多,最常见的就是借助速卖通平台来寻找。事实证明,这种方式可以帮助速卖通平台的新买家迅速找到合适的产品。

进入速卖通的首页,点击"Bestselling",就能看到下面的界面。可以选择"Hot product"或"Weekly Bestselling",具体查看平台里哪些产品卖得比较好。

继续往下拉,可以选择类目,进一步查看各个类目的热销品。

具体的操作步骤如下。

打开速卖通平台的首页,在"CATEGORIES"中找到所带店铺的类目。把鼠标放在所选的类目,进一步查看各个二级类目的产品。

点击其中一个你最感兴趣的类目,就会立刻呈现这个类目下卖得好的那些产品。点击"orders"后,可查看该产品的一系列交易记录。点击"sort by latest"更新到最新,可查看到最近三天的销量总数,算出日均销售,进而预估一个月可能达到的销量。同时,用预估的月销量乘以该产品的售价,就能得出该产品的预估月销售额。新卖家可以通过这一数据来判断是否需要开发此类产品。如果准备开发,新卖家的价格就要比此产品更有优势,或者在产品上具备一些微妙的独特之处。

二、使用数据纵横

数据纵横是速卖通平台的新卖家进行选品的好助手。数据纵横的功能十分强大,可借助数据分析的形式帮助新卖家进行速卖通选品。

具体操作步骤如下。

打开速卖通后台,点击"数据纵横",选择"选品专家",点击"热销",选择"店铺的主营行业",选择"国家"和"时间",分析当前行业哪些品类更具备市场竞争优势。

在对各种品类进行市场竞争分析时,必须了解界面中圈的含义。这主要包括两个方面:一是圈的大小的含义;二是圈的颜色的含义。

一般说来,圈的大小代表了该品类产品的销量:圈越大,说明该品类产品的销量越大;圈越小,说明该品类产品的销量越小。至于圈的颜色,则代表产品的竞争度:圈的颜色越红,说明该品类产品的市场竞争度越大;圈的颜色是灰色,说明该品类产品的市场竞争度居中;圈的颜色越蓝,则代表该品类产品的竞争度越小。

在此基础上,为了更好地进行分析,还可以点击界面中的下载数据。例如,我们可以选择汽车、摩托车这个类目下的二级类目汽车电子,下载该类目的 30 天原始数据。通过这些数据,我们就能分析出汽车电子这个二级类目下的热销品类,核算出各品类的综合指数。根据计算出来的综合指数进行排序,排名靠前的这些商品关键词所对应的品类便是我们需要的产品。相对而言,这些产品更具有市场竞争优势。

我们还可以打开"数据纵横",选择"实时概况",点击"实时商品",具体分析究竟哪些产品的浏览量比较高,但是出单却比较少。这样一来,我们就可以挑选这一类的产品,或者打折销售,或者借助直通车进行推广。

三、分析搜索词

具体操作步骤如下。

打开后台中的"数据纵横",选择"搜索词分析",点击"热搜词",选择"店铺主营行业",具体分析当前行业哪些搜索词品类是被买家大量搜索且竞争度较小的品类。

点击"下载表格",筛选出"是否品牌原词为 Y 的词",从表格中删除。必须先排除这些品牌词,以免出现侵权行为。

然后,把"浏览—支付转化率为 0% 的词"也筛选出来,进行删除。事实上,没有转化的词也不是我们需要寻找的目标,应当删除。

针对最后剩下来的这些词,计算出它们的综合指数。对所有搜索词的综合指数进行降序排序,选择其中综合指数排名靠前、搜索指数高、竞争指数偏低的品类。这便是我们需要寻找的品类。

第四节　速卖通产品定价

速卖通平台的新买家完成了选品工作之后,就要关注产品定价问题。客户是否对新买家的产品感兴趣,是否能最终下单,往往与新卖家的产品的价格息息相关。有些新买家认为,这还不好办:要么定高一点,赚一点是一点;要么定低一点,准能吸引客户。其实,问题并没有这么简单。就产品定价而言,如果价格过高,就往往没有销量;如果价格过低,就很可能亏本。那么,速卖通的产品究竟如何怎么定价?在这里,我们向新卖家提供有关产品定价的五大思路。

一、考虑成本与利润

产品的价格不是随便确定的,必须考虑产品的成本与利润。知道了产品的成本,就可以适当提高标价,以便创造利润。速卖通定价策略的计算方式如下:

价格 = 成本 + 期望的利润额

举个例子,你想采购/制作一件衬衫,需要花费 11.5 美元。如果再加上这件衬衫的平均运费 3 美元,保守估计,这件衬衫的成本是 14.5 美元。如果你想在每件衬衫上赚取 10.5 美元的利润,你就可以将产品价格确定为 25 美元。

当然,你也可以使用百分比来计算定价。你可以先确定产品的成本,然后加上你预期达到的利润率,产品价格就出来了。

这种定价策略就属于基于成本的速卖通定价策略,其优点是可以让卖家避免亏损,其缺点是有可能导致利润下降。但也不是绝对的,也要考虑客户的意愿。例如,你的客户愿意支付更多的费用,你的利润就增加了;如果你的客户嫌你的产品价格偏高,那么你销售的产品数量就可能偏少,于是利润就下降了。

利润既不能过高,也不能过低。在一般情况下,选择 30% ~ 50% 的利润是比较适中的,可以给促销活动留出一定的价格空间,便于适当减低引流款的价格。

二、参考同类商品及同行的价格

有些速卖通平台的新买家坚信"时间就是金钱",因而在发布产品时争分夺秒,唯恐落在人后。这当然可以理解,也没有什么错。但要注意,一些必要的环节还是不可缺少的。例如,在新卖家发布产品之前,最好先去搜索一下该产品在整个速卖通平台上的销售情况。这样做,有两大好处:一是了解该产品是否适合在速卖通平台上销售,做到心中有数;二是有助于发现销量较好的价格区间,在此基础上,再结合自身情况进行微调。

很多速卖通的新卖家在发布产品时,主要是根据进货成本、运费、包装成本、佣金、汇率、潜在损耗、预期利润等因素来确定价格。他们自以为已经考虑得很全面了,结果却发现:自己确定的产品价格要么过高,导致没有客户问津;要么过低,反而加剧了整个速卖通平台有关该类产品的价格战。

其实,这些新买家所犯的致命错误就是忽略了对竞争对手的研究。如果能够参考同行的同类产品的价格,你不仅胸有成竹,而且在产品价格的确定上也极有针对性。只有对竞争对手的情况进行全面、认真、细致、深入的研究,你才能真正了解竞争对手的实际情况。竞争对手究竟采取了什么样的竞争策略?他们的卖点究竟在哪里?他们的盈利主要来自何处?这一系列的问题都需要深思。如果你能进一步掌握竞争对手的思维方式、行为方式、表达方式,何愁不能在产品价格的确定上取得成功?

需要强调的是,参考同行的产品价格,是为了更合理地确定自己的产品的价格,而不是为了单纯地打价格战。

三、注重后续营销

在速卖通平台,营销活动是至关重要的。选品正确、价格适中,只是为销售成功提供前提与基础。至于后续营销,则相当于足球场上的临门一脚,无论如何估价都不为过。速卖通平台往往通过店铺打折、联盟营销、直通车、平台大促活动等形式,为卖家的营销工作提供最便利的条件。

当然,营销活动也是一把双刃剑:营销活动多,既意味着更高的销量,也意味着更高的成本。最终效果怎样,往往因人而异。因此,在开展后续营销时,必须对产品定价有一个全面的考量:究竟是所有营销活动都不参加,直接确定一个最低价,还是将产品价格定得稍微高一些,去参与速卖通平台的营销活动呢?不同的做法,往往会有不同的效果。在这里,介绍两种比较实用的方法。

第一种方法,直接确定一个最低价,一步到位。采取这种方法的好处是不必参加速卖通平台的任何营销活动,始终具备价格上的优势,往往能抢到更多的订单,也免除了营销活动的前、中、后的价格调整。

第二种方法,在发布产品时,就有意确定一个比较高的价格,并进行持续的高比例打折。采取这种方法,可以借助高折扣引入较多的流量,还能保持相当层次的利润率。最关键的是,因为持续的高折扣率,很容易参与到速卖通平台的大促活动中。

四、借助神奇的数字效应

在确定产品价格时,往往需要研究客户的心理。如果单纯地从卖家的角度考虑,利润多一元与少一元是无关紧要的。但是,对于绝大多数客户来说,神奇的数字效应往往会影响客户的购买行为。举个例子,"0.9元"其实与"1元"相差无几,但给予客户的感受是不一样的。事实上,客户会产生相应的错觉,误以为"0.1元"是很大的差异,进而产生很强的购买意愿。这就是著名的"0.9元效应"。速卖通平台的买家在确定产品价格时,应当自觉地、充分地发挥这种神奇的数字效应。

五、避免两大失误

(一)填错产品价格

细节决定成败。有的速卖通平台的新买家做事大大咧咧,结果在填写产品价格时也大而化之,居然将产品价格填错了。这还不是绝无仅有的事情。例如,有的新卖家在产品包装信息的销售方式一栏选择了"打包出售",但在填写产品价格时,却把LOT当成 PIECE,填的是 1 件产品的单价。结果,到了客户这里,就发现产品单价莫名地低。事实上,有些新买家的产品的价格低得离谱,除了有意为之之外,确实存在这种粗心大意的情况。

（二）弄错货币单位

在填写产品价格时,不仅要注意数字的准确性,而且要注意文字的准确性。有的速卖通平台的新买家就从来不注意看货币单位,默认美元为人民币。这样一来,尽管数字是正确的,货币单位却错了。本来是 100 元的产品,显示出来就变成了 100 美元。可想而知,客户怎么可能接受?

第五节　速卖通产品发布

速卖通平台的新卖家在产品发布时,应掌握哪些技巧? 这里介绍一些常规的做法,但往往也是最重要的细节。

一、产品标题

产品标题的确定似乎再容易不过了,其实不然。这就好比给新生儿取个名字,往往会绞尽脑汁。更关键的是,产品标题的确定与今后的销售直接挂钩。这与给新生儿取名字还是有一点区别的:光是自己满意是没有用的,主要是能够得到客户的认可。

因此,在确定产品标题时,可以先做一番调查。通过站内外的关键字搜索,你很容易从海量的优质产品中获得一个优秀的产品标题。衡量一个产品标题是否合适,可以分析一下这个产品标题中所包含的客户最关注的产品属性。换句话说,就是看看这个产品标题究竟突出的是产品的哪个卖点。一般说来,产品标题中刻意突出三大卖点,具体内容如下。

卖点之一:产品的关键信息及销售亮点。

卖点之二:销售方式及提供的特色服务。

卖点之三:客户可能搜索的那些关键词。

在文字组成上,产品标题主要包括:物流运费;服务;销售方式;产品特质;产品名称。

二、运费

对于跨境电子商务来说,无论是买家还是客户,往往会特别关注物流成本。所以,如果速卖通平台的新买家能够设置免运费,就会对客户产生较大的吸引力。当然,新卖家也不必自己承担全部运费。可以将部分物流运费合理地添加到产品价格中,既不增加多少成本,又能吸引客户。事实上,设置 free shipping(免运费),是在线交易中非常实用的一种促销方式。据调查,80%的海外客户习惯通过搜索 free shipping 来挑选产品。甚至有研究表明,在客户的所有搜索词中,"free shipping"占据了第六位。

一般说来,免运费产品都有独特的标示,识别起来非常方便。需要说明的是,速卖通平台支持客户进行免运费产品的筛选。

三、图片

速卖通平台的新买家的店铺主图最好选用六张,以白色或纯色为主,尺寸是 800 × 800。不要有边框与水印,logo 应放置在左上角。

在图片的排序上,建议采取以下模式:正面图——背面图——侧面图——细节图。

最好给原图备份,以防将来被人盗图时,可以进行成功的投诉。

需要注意的是,在不同类目中,图片的要求有可能不一致。具体详情可参照速卖通后台要求。

四、产品定价

目前,速卖通平台所有类目的手续费一般为 8%,联盟营销佣金从 3% 起计算。至于具体的产品定价,可参考前文所述。

五、产品详情描述

产品详情描述非常重要,并非可有可无。很多时候,客户就是通过新卖家的店铺的产品详情描述来了解卖家及其销售的产品的。从心理上分析,客户在看完产品详情描述之后,其实就已经产生了是否下单的意愿了。那些出色的产品详情描述能够迅速打消客户对网上购物的不信任感,迅速拉近客户与卖家及其销售的产品的距离。

要想制作一个既专业又得体的产品详情描述,必须充分考虑以下五个方面的因素。

一是产品重要的指标参数、功能描述。

二是 5 张及以上详细描述图片。

三是支持的物流、运输方式。

四是售后赔付规则。

五是其他重要内容,如公司实力、促销礼品等,又如服装类产品的材质、颜色、测量方法,以及电子类、工具类、玩具类产品的相关使用方法。

第八章

速卖通店铺优化和营销策略

第一节　速卖通店铺优化

一、速卖通店铺的建设

（一）速卖通店铺层级

速卖通的店铺存在一个层级问题，直接影响流量分配机制。简单地说，速卖通店铺的层级越高，权重就越高。在速卖通系统中，按照月销售额来计算，速卖通店铺可分为5个层级。

第一层级：月销售额为 0 ~ 1 000 美金。

第二层级：月销售额为 1 000 ~ 5 000 美金。

第三层级，月销售额为 5 000 ~ 10 000 美金。

第四层级，月销售额为 10 000 ~ 50 000 美金。

第五层级，月销售额为 50 000 美金以上。

速卖通店铺的层级不一样，店销的货源、流量、权重都不一样。因此，一个速卖通店铺一旦被划分到某一层级，这一层级的商家就成为其最直接的竞争对手。速卖通店铺的层级越高，竞争对手越强，权重也越高。在这种情况下，参加店铺促销活动的机会就越多，新产品的审核速度也就越快。于是，店铺运营就进入良性循环。

（二）速卖通店铺的主图

速卖通店铺都有一个主图，这相当于是该店铺的基本形象。一般说来，主图确定之后就不能轻易修改，因为会涉及背后的数据和权重积累。所以，精心设计主图是当务之急。当然，如果出于某种需要，必须修改主图的话，有一个相对稳妥的办法：先把要修改的主图放到第6张图片里，两三天后，再把第6张图片挪到第1张图片。

相对而言，那种曝光低、权重低的产品，适当修改主图还是可以的；至于店铺内曝光的始终处于前几位的产品以及处于快速发展期的产品,其主图就最好不要改动,以免出现预料不到的变化。但也有一种特例,一些原本曝光率高的产品后来明显走低了,这时就可以修改主图。至于一些曝光率始终很低、质量也很差的产品,即使精心修改其主图,也没有太大的实际意义。在这种情况下,与其费心费力地去修改主图,还不如删掉这个产品,重新上传。这样做,将有助于降低产品的滞销率。

需要注意的是,即使可以对速卖通店铺的主图进行修改,一般修改幅度也不能过大。如果主图修改过大的话,速卖通平台就可能判定卖家在偷换产品,该产品就可能被关进"小黑屋"。

(三)速卖通店铺的附图、卖点、review、好评率

如上所述,主图修改始终是存在一定的风险的。在速卖通店铺的常规建设中,也可以关注速卖通店铺的附图、卖点、review、好评率。

(四)速卖通店铺的产品质量、物流、客服

对于速卖通店铺中的商品评分低的产品,我们可以采取删除的办法。但这样做,其实对提升速卖通店铺的每日服务分没有大多意义。应当从根本上下功夫,切实抓好产品质量、物流、客服环节,确保这三项的评分至少达到及格。为此,平时应关注速卖通新出台的物流政策,逐渐把握速卖通平台的未来发展趋势。就以目前来说,只要卖家有库存,确保48小时和72小时的上网率,那就很容易获得速卖通平台的扶持。就大趋势而言,速卖通的扶持重点将逐渐转向海外仓自发货。由此可见,彻底解决货源问题才是确保速卖通店铺运营长久的必由之路。

二、速卖通店铺的优化

除了常规建设,速卖通店铺也需要定期进行优化,这样才能有效提高速卖通店铺的流量。概括起来,主要应做好"关键词""标题""信息质量"三个方面的优化工作。

(一)关键词

由于缺乏经验,很多速卖通的新手卖家根本没有设置关键词的概念。有些卖家虽然知道要设置关键词,却存在一些观念偏差。他们认为,要设置关键词很容易,随便找几个好听的词就行了,或者干脆模仿其他店铺的关键词。实际上,关键词的设置是至关重要的,因为它会直接影响买家能否搜索到产品。一个速卖通店铺的关键词一旦出现在搜索结果中,就意味着更多的订单。同时,要想设置一个好的关键词并不容易,这中间还是需要一定的技巧的。即使你的速卖通店铺的关键词被买家搜索到,其中的效果还是有着天壤之别。

1.关键词的设置目的

速卖通店铺的标题就是最直接、最醒目的关键词,必须将产品最核心、最精准的信

息涵盖其中。关键词的设置目的主要有两个:第一,能够被搜索引擎抓取,进入搜索结果;第二,有助于买家迅速了解你的速卖通店铺的特质与优势。

2. 关键词的使用技巧

关键词大致分为三类:一是大词;二是精准词;三是长尾词。

所谓大词,相当于类目词。如果卖家卖的是服装,大词就应当是"服装/衣服"。所谓精准词,是指细分类词。以服装买家为例,如果所卖的服装是韩版短裙,精准词就是"韩版短裙"。显而易见,相对于大词"服装/衣服",精准词"韩版短裙"的针对性更强、吸引力更大,有助于招揽具有特定需求的买家。所谓长尾词,则是指使用不太普遍但又关联特定群体的词。相对而言,长尾词的辨识率更高、针对性更强,但普适性较差。

在设置速卖通店铺的关键词时,基本原则是:大词不能遗漏,精准词应突出相关性,长尾词要巧妙配合。具体说来,还要注意以下问题。

关于大词。由于大词涵盖了最大的搜索量,所以要尽可能多地使用。这是必不可少的,能确保所卖产品始终留在一个大圈子里。

关于精准词。在通常情况下,喜欢选择用精准词进行搜索的买家,其目的性很强,往往冲着某类产品、某个产品而来。这就需要注意,相关性必须足够强。如果产品与精准词风马牛不相及,即使买家根据精准词搜索到了该产品,由于这个产品并不是他想要的,他也会果断离开,不大可能产生实际的购买行为。

关于长尾词。长尾词虽然辨识率高、针对性强,但并不是每个产品都要有长尾词。在这方面,一定要从实用、高效的角度出发,关键是恰到好处,避免画蛇添足。

3. 关键词的排序组合

关于关键词的排列组合,一般有三种形式,可根据自身的需要进行选择。

排列组合之一:精准匹配。其特点是:第一,设置了一个核心的关键词;第二,关键词在标题里出现;第三,几个关键词的顺序始终不变。

排列组合之二:中心匹配。其特点是:第一,设置了一个核心的关键词;第二,用一两个其他的词分隔,但距离较近;第三,可以与核心关键词组成长尾关键词。

排列组合之三:广泛匹配。其特点是:第一,存在一些与产品相关性较低的热搜词;第二,不能与核心关键词组成长尾关键词;第三,重点的关键词必须靠前;第四,切忌造成关键词堆砌。

(二)标题

速卖通店铺的标题除了体现关键词之外,还需要注意其他方面的优化工作。从某种意义上说,速卖通店铺的产品的标题不可能不变,需要定期进行必要的完善。标题中的关键词应尽早确定,关键是提炼必须精准。一般说来,关键词应涵盖产品属性、销售方式。其中,产品属性的参数配置与产品的曝光率密切相关。只有产品的曝光度提高了,才有更多的机会被买家搜索到。可以搭配必要的长尾词,进行关键词的优化。

一般说来,在优化速卖通店铺的标题时,应注意以下事项。

第一,必须高度重视对标题的描述。描述必须真实准确,体现产品特质。描述中,不能出现错别字及语法错误,尤其要尊重海外买家的语法习惯。描述切忌千篇一律,雷同的描述必然会导致买家的阅读疲劳。

第二,不要在标题中堆砌关键词。例如,有一个速卖通店铺的标题是这样的:"mp3、mp3 pla<x>yer、music mp3 pla<x>yer。"毫无疑问,这类堆砌关键词的标题不仅无助于提升排名,反而可能遭受搜索降权处罚。

第三,标题切忌出现虚假描述,否则后果严重。如果所销售的是 MP3,却填写了"MP4、MP5",试图借此获取更多的曝光,那么结果会令人大失所望。这不仅达不到预期的效果,反而得不偿失。一方面,速卖通平台的技术手段完全可以监测此类作弊产品;另一方面,这种虚假描述会直接影响产品的转化。

第四,标题不仅要写产品的名称,而且要写产品的属性、尺寸。但是,标题中切忌加符号,尤其是引号、句号。否则,会降低你的产品的搜索率。道理很简单,买家在搜索产品时,是不会在关键词中添加符号的,一般都习惯于用空格。

(三)信息质量

事实上,影响速卖通店铺产品销售的信息质量的因素有很多,主要包括产品属性、主图、标题、价格区间设置、运费设置、产品详细描述等。因此,要想提高速卖通店铺的流量,可以针对这些信息质量问题,逐一进行有针对性的优化工作。

第二节　速卖通营销策略

作为速卖通卖家,必须掌握速卖通营销策略。只有这样,才能进行精准客户营销,取得预期的销售成绩。

一、速卖通的常规沟通渠道

从本质上说,销售也是一种沟通,销售技巧就是沟通技巧。所谓沟通,就是处理人与人之间的一切问题的基本方法。在速卖通平台上,常规的沟通渠道有哪些呢?

(一)订单留言

借助订单留言,可以针对现有订单进行沟通。如果考虑到买家的国籍,在订单留言中还可以采用多种语言。除了文字留言之外,比较重要的订单还可以在订单附件中提供实物图片,能更加形象地说明相关情况。

（二）站内信

站内信的特点之一，就是在具备基本沟通功能的基础上，实现多功能的合并。站内信具有准确时间提醒功能和标识功能，还有指定黑名单功能和查看历史订单功能。

（三）旺旺聊天工具

速卖通卖家可以借助旺旺聊天工具，沟通起来更加方便快捷。需要注意的是，在使用旺旺聊天工具时，一定要养成两个好习惯。第一个好习惯是给重要买家进行备注，第二个好习惯是给重要买家进行分组。在分组时，可以按照国家或地区进行，也可以按照行业类别进行。一旦养成这两个好习惯，卖家在与买家沟通时就非常便捷，而且不易因为出现混淆而导致任何差错。

二、速卖通平台的回复操作

（一）回复的时机

在速卖通平台上，卖家经常要给买家进行回复。这就涉及一个回复的时机问题。只有把握住回复的正确时机，才能充分发挥回复的沟通效用。那么，卖家应当在哪些情况下回复买家呢？大致说来，主要是以下四种情况。

第一，在订单生成前回复。有时候，买家已经拍下了产品，却因故迟迟没有付款。这时候，卖家可以发送邮件进行询问。此外，如果想知道买家的支付方式，卖家也可以在买家下单之前发送邮件进行询问。

第二，在订单处理中回复。在订单处理的过程中，经常会遇到一些细节问题，卖家需要与买家进行沟通。这时，可以发送邮件给买家，具体确认相关细节问题，诸如报价、清关、图片、发票、货运方式等。

第三，在订单结束后回复。在订单结束后，卖家可以主动联系买家，征求反馈意见，提醒买家给予好评。在这个过程中，还可以有意识地了解买家的需求，开发新客户，为今后的合作创作条件。

第四，在特殊情况下回复。这里所说的特殊情况，主要包括四种情况：一是需要买家修改差评；二是化解与买家的纠纷；三是因为缺货而取消订单；四是向老客户推荐新产品。遇到这些特殊情况，卖家就可以给买家发送邮件。

（二）回复的要点

回复不能长篇大论，而要突出针对性。具体说来，应注意以下四点。

第一，回复应简明，不要废话连篇。

第二，回复应清晰，不要含糊其词。

第三，回复应严谨，不要逻辑混乱。

第四，回复应统一，不要前后矛盾。

三、速卖通的营销策略

不同于其他平台所进行的单渠道的优化,速卖通不仅始终致力于为国内外卖家创建直观、简捷、强大的平台,而且尤其注重提升卖家在平台经营链路上的经营体验。为此,速卖通不断优化店铺私域、商品管理、信息互动、仓配物流,取得了可喜的成绩。

在此基础上,速卖通从六大版块进行升级,帮助卖家更好地实现规模化增长的运营目标。这六大版块分别是机制版块、店铺版块、内容版块、沟通版块、服务版块、营销版块。事实上,要想全面掌握和运用速卖通的营销策略,卖家可以而且必须从这六大版块的升级上进行潜心研究和实践探索。

(一)机制升级

俗话说得好:"水往低处流,人往高处走。"对于速卖通来说,其平台运营也是如此。在这方面,已经取得长足进步的速卖通卖家对此更是深有体会。可以说,卖家个体的销售增长与速卖通系统的机制升级有着密切的联系,就看卖家能否为我所用。

速卖通在 2018 年上线了一种名为"商家成长"的产品,2019 年则在此基础上继续升级。总体来讲,可分为两大部分:一是卖家的七大能力模块;二是 48 个考核指标。借助这个系统,可以精准地衡量卖家的运营能力,进行相应的商家分层和权益匹配。针对卖家的实际情况,这个系统可以明确指出卖家在运营能力上存在的短板,并提供极具针对性与操作性的提升指南和行动指引。卖家借助这一系列解决方案,可迅速实现自身店铺的长足发展。

对于七大能力模块的研究,有助于卖家真实地了解自身所处的发展层级。具体说来有以下内容。

一是商品能力。速卖通平台会通过展示商品的基础指标、运营指标、商品数、爆品数、动销值,帮助买家更准确地了解卖家的商品实力。

二是流量能力。如今的跨境电子商务行业,早已不是过去那种"酒香不怕巷子深"的初级竞争阶段了。要想取得销售成功,必须借助便捷的渠道,迅速获取自然搜索流量和站外流量,进一步提升订单的转换率。在这方面,速卖通提供了直通车等便捷渠道,全面体现卖家的流量能力。

三是流量承接能力。速卖通平台会借助营销网络,根据卖家店铺的转化指标,衡量卖家的流量承接能力。在此基础上,引导卖家进一步拓宽引流渠道,完成对核心用户的转化工作。

四是用户运营能力。速卖通平台会对卖家的运营能力进行科学判断,而这主要是通过对相关指标的分析进行的。这些指标主要包括老卖家数、新卖家数、订单转化率、回购率等。

五是服务能力。速卖通平台会向买家提供纠纷率、好评率等指标,还可以帮助卖家向买家传递服务能力方面的积极信息。

六是物流能力。速卖通平台会对卖家的物流服务进行客观评分,真实呈现卖家的发货时长、海外仓详情、货物纠纷等数据,充分展现卖家的物流能力。

七是多维度能力。这直接涉及卖家的运营规模。

总体来看,速卖通平台所升级的"商家成长机制"成功地塑造了卖家的运营能力模型。一方面,突出卖家的优势与业绩,帮助卖家进行合理的宣传;另一方面,关注卖家的短板与不足,并提供极具针对性的行动指南。这样一种机制升级,能在客观上引导卖家定期诊断病症,不断优化店铺。卖家就能解决一个普遍担心的难题:既想实行优化,又怕盲目操作;既想提升业绩,又怕得不偿失。速卖通所提供的这种成长机制可帮助卖家减轻运营负担,获取更多、更好的运营抓手。卖家在常规经营之余,可以很便捷地根据自身店铺的各项数据指标,科学衡量自身店铺的商品实力、物流服务等运营能力,进而选择快速优化盘活策略,有效拓展流量渠道,成功管理新老客户。

(二)店铺升级

如今的电子商务行业,是一个"流量为王"的激烈竞争的行业。作为速卖通的卖家,究竟该如何通过店铺升级来精准引入流量呢?长期以来,这个经营难题始终困扰着那些流量承接能力偏弱的卖家。在类似的平台中,这种店铺升级的问题主要是由卖家自己想方设法去解决的。相比之下,速卖通平台为卖家提供了很大的方便,一举解决了这个老大难问题。

以店铺首页来说,这相当于针对买家的导购页,实质上在买家面前展示了店铺的产品和品牌。根据心理学上的第一印象原理,店铺首页会给予买家第一印象:可能是良性的第一印象,也可能是恶性的第一印象,当然也不排除中性的第一印象。由此可见,店铺的美观度直接决定了买家能够停留多少时间。如果你的店铺给予买家的第一印象不佳,买家就不大可能去浏览商品详情页,更不可能产生购买行为。因此,如何引导买家关注自身店铺,是店铺升级的基本原则。

早在 2018 年,速卖通就对平台上的店铺进行了升级。过去,习惯于采取单张"店铺首页"的形式。在此基础上,速卖通将"店铺首页"升级为"店铺双页"。其中,第一页是首次出现的"自定义页面",第二页是反馈良好的"大促承接页面"。

所谓"自定义页面",实际上是一个二级中间页,可作为常规促销中的短购页面。如果你的店铺开展了某一个活动,就可以经由"自定义页面"去吸引粉丝,甚至做成粉丝权益的承接页。

所谓"大促承接页面",主要由三个部分组成:一是页面头部区域;二是自定义装修区;三是页面尾部区域。当你的店铺活动结束后,进店买家会直接进入"大促承接页面"。

此外,速卖通平台还非常贴心地设计了四大模块,专门帮助卖家承接流量。这四大模块包括以下几点。

一是热销排行。在速卖通的排行榜中,你的店铺所热卖的前三个产品会被默认展示。所谓热卖,是平台根据你的店铺的最近 3 个月的销量进行排序的结果。这种热销排行的设计,有助于引导买家购买你的店铺中的爆款。

二是智能分组。速卖通平台会自动引入算法,进行智能分组。一般是根据买家的习惯与喜好,提供 3 个分类。在每个分类之下,会展示买家最感兴趣的产品。

三是新品模块。速卖通平台会自动选取你的店铺最近 1 个月上架的新品,并向卖家推荐买家最感兴趣的新品,让卖家心中有数。

四是猜你喜欢。速卖通平台会自动进行算法引入,推荐买家最感兴趣的产品。

最后,作为速卖通平台的店铺卖家,最好学会使用短视频,借助图文并茂、音色俱全的宣传方式,展示行业前景、店铺亮点,实现对买家的购买引导。

(三) 内容升级

2019 年,速卖通平台上线了新伙伴"Feed"。这是一种使用英语和俄语的社交工具,可有助于实现多元化、趣味性的内容营销。借助速卖通平台的这种内容升级,卖家可以有针对性地进行内容创作,精细化地运营自己的买家。究其原理,好比是明星借助自己的粉丝来赚钱。如今,速卖通平台已将"Feed"内容频道开放给所有语种,一举覆盖所有国家。毫无疑问,这将是速卖通平台店铺卖家的福音。

在"Feed"的频道中,你只要找到并点击 APP 底部的第二个位置,就能进入"Feed"频道的第一个 Tab-Following。在这里,所有买家曾经关注过的内容和店铺都会详细呈现。这对于卖家研究买家的购买心理与购买行为,是大有裨益的。如果人们将 Following 往下滑,呈现出来的将是卖家的各种帖子。在下滑的过程中,速卖通平台会自动穿插部分卖法所推荐的内容。假设买家从来没有关注过任何一个卖家的店铺,速卖通平台就会自动用算法逻辑向他们推荐相关内容。这就意味着,所有卖家的店铺内容都可以展示在所有买家眼前,有助于提升不同店铺卖家的关注率。

卖家要想成功地获取流量,需要在很多方面进行努力。其中之一,就是创作精品内容。具体做法包括以下几点。

第一,卖家要想方设法去引导买家关注,逐步积累自己的粉丝。

第二,卖家对自己的粉丝应进行精细化运营,成功地获取回头客。

第三,卖家在创作精品内容时,应使用相关国家或地区的语言,尽量给买家提供方便。

第四,买家创作精品内容之后,应保持两个月的产品上架状态。

第五,买家创作的精品内容中的前三个产品应当足够优秀,能有效吸引买家。

第六,买家对精品内容的创作频率应基本稳定,这样有助于提升被速卖通平台推荐的概率。

（四）互动升级

对于跨境电子商务行业来说，时效性的要求是非常严格的。可想而知，如果卖家与买家能即时连接、实时互动，就很容易促成销售；但如果消息滞后，买家无法迅速与卖家联系，就会带来一系列问题，不仅影响购买，而且还会影响卖家的声誉。可惜的是，消息滞后始终是困扰跨境电子商务行业的普遍现象。可喜的是，速卖通平台已经先人一步，全面升级上线"IM& 消息中心"。速卖通会在 PC 端上线，面向所有卖家开放。

在现阶段，速卖通平台的"IM& 消息中心"既支持 IM 消息功能，也支持站内信功能。因此，卖家完全可以通过 PC 端，从站内信上查看相关的历史消息。速卖通的这种互动升级将支持包括汉语、英语、俄语、西语、土耳其语等在内的多语言的实时在线 AI 翻译功能，方便世界各地的买家与卖家进行实时互动。

在此基础上，速卖通平台将消息与社交彻底打通。所有"账号绑定""订单查询""联系卖家""一键分享、内容穿透"的内容，都将在域内与域外同步展示。为达此目的，速卖通平台的卖家可打开内容发布模版，点击"同步到社交平台"，选择自己绑定的账号，然后发布。这样一来，相关内容就会同时发布在 AliExpress 及其社交账号下，极为方便。

（五）服务升级

跨境电子商务行业的成功与否，不仅与产品质量息息相关，而且与产品服务密不可分。因此，进行服务升级也是速卖通的营销策略的题中应有之义。在如今的跨境电子商务行业，卖家要想实现跨境贸易本地化，就不能不考虑买家的购买体验。而流量、竞争、好评率、退换货、物流费用等，正是买家衡量购买体验的具体标准。为了解决跨境电子商务物流成本高、配送周期长这一难题，很多卖家已经形成共识，将"海外仓"作为有效的解决方案。

针对这一发展趋势，速卖通平台升级了海外仓产品，这就是所谓的打标展示。从市场反响来看，打标展示的效果是显而易见的：同一个产品，进行打标展示的要比未进行打标展示的增加 30% 甚至 50% 的点击率，与之相应的变化还包括高时效、支持退货等权利的好评率也显著提升。可以预料，将来的打标展示将全面覆盖筛选、橱窗、新热促、频道、P4P 红包、社群引流等方面，给予卖家更多的实惠。

（六）营销升级

对于跨境电子商务卖家而言，获取精准流量既是当务之急，也是大势所趋。针对这个现实难题，速卖通平台上线了"直通车"。实践证明，"直通车"的上线有助于卖家积累订单、增长订单，效果显著。"直通车"凭借异常丰富的用户数据，为同等预算精准地匹配更多的流量。借助"直通车"，速卖通平台的卖家能够精准找到核心用户。据相关统计，使用"直通车"的买家所成交的 GMV 均值比未使用"直通车"的卖家高出 45.25% 。

目前,速卖通平台的"直通车"的功能包括:第一,精确计算"直通车"上线前后的对比数据;第二,可实时提供调整、增删的相关数据;第三,围绕产品的导入期、成长期、成熟期、衰退期进行全面的营销升级;第四,在流量、数据、用户成长体验方面进行全面优化。

一些跨境电子商务行业的卖家一味寻求排斥性极强的运营模式,产生了沉重的市场差异陌生感。相比之下,速卖通平台开展的营销升级为卖家提供了更多的新商机,得到了广大卖家的青睐。

四、速卖通 SNS 营销

实践证明,如能合理使用速卖通 SNS 营销,就能收到非常理想的速卖通引流效果。因此,速卖通平台的卖家必须高度关注速卖通 SNS 营销。

(一)速卖通 SNS 营销的定义

所谓速卖通 SNS 营销,是指速卖通平台的一种营销方式。

SNS 大致有三种解释。第一种,全称是 Social Networking Services,意为社会性网络服务。这是一种旨在建立社会性网络的互联网应用服务。第二种,全称是 Social Network Site,即社交网站或社交网。第三种,有时候是指当今社会已普及的信息载体,如短信服务。

一般说来,SNS 营销就是利用社交网络来建立有关产品和品牌的群组,借助 SNS 的分享特点,开展相应的营销活动。

(二)速卖通 SNS 营销的价值

速卖通 SNS 营销主要有三大价值。

(1)打开速卖通产品页面,选择一键转发按钮进行转发。

(2)平台广泛,具有很强的分享传播性。

(3)可以免费推广大流量曝光。

(三)速卖通 SNS 营销的优势

速卖通 SNS 营销主要有三大优势。

(1)具备十分丰富的资源。

(2)买家的依赖性非常高。

(3)卖家与买家之间的互动性极强。

(四)速卖通 SNS 营销的形式

速卖通 SNS 营销主要有四大形式。

(1)转发式营销。

（2）评论式营销。

（3）私信式营销。

（4）粉丝式营销。

（五）速卖通SNS营销的技巧

速卖通SNS营销主要有四大技巧。

（1）广泛撒网，开展多平台的营销布局。

（2）合理选拔，实行网红大V式的营销。

（3）注重文案策划、图片设计、视频录制。

（4）定期发布动态，持之以恒地吸引粉丝。

第三节　速卖通店内推广

对于速卖通平台的新卖家来说，快速推广自己的新店铺是一件难度不小的重要工作。

一、新店铺的劣势

既然是新卖家的新店铺，就是与老卖家的老店铺相对而言的。那么，与老卖家的老店铺相比，新卖家的新店铺存在哪些劣势呢？大致说来，主要有以下四个方面的劣势。

第一，新卖家在经营新店铺上存在经验不足的问题。

第二，新卖家的新店铺往往缺少热卖产品，因而难以进行精准的市场定位。

第三，新卖家的新店铺信誉偏低，评价稀少，转化率极低。

第四，新卖家的新店铺人气差，排名靠后，流量很少。

二、新店铺的推广

尽管新卖家的新店铺存在以上四个较大的劣势，但也并非毫无对策。事实上，新买家的新店铺也具有一些优势。只要经营得当，后来居上也并不是不可能。在新店铺的经营上，当务之急就是进行新店铺的推广。为此，可以从方案搭建、操作优化、营销组合三个方面下功夫。

（一）方案搭建

方案搭建是新店铺推广的第一步。其中，主要包括定品、选词、描述三项工作。

1. 定品

在速卖通平台的店铺中，基本不存在特卖商品。因此，卖家要想从店铺中最受欢迎的产品中选择产品是不大现实的。关键在于,如何更有效地推广自身店铺的产品。在推广自身店铺的产品之前,必须先做好一件事,那就是对自己所推广的产品进行分类。这就是我们所说的定品。

在新店铺的推广初期,可以按照产品的2∶7∶1的比例进行分类。其中,"2"是专指市场上的热销产品,可借助热销来进行低价引流;"7"是专指热销产品的升级版,可借助打折促销来赚取利润;"1"是专指品牌,可借助品牌来赢取品牌价值。

在跨境电子商务行业的经营中,电子商务流量是重中之重。从某种意义上说,所有的推广工具的真正价值都在于能够带来最直接的流量。市场瞬息万变,在这些热销款及其升级款中,很可能有你的店铺的核心产品。所以,热销款及其升级款占推广预算的比例分别为"7"与"2"。至于品牌款,对新卖家的新店铺而言,是可遇而难求的,所以其占推广预算的比例为"1"是很合理的。

为了更形象地说明这个机理,这里可以举一个实际的例子。假设你在速卖通平台上新开了一家珠宝店铺,如何进行定品呢?首先,你要深入市场。其次,你要研究市场。最后,得出一些结论,尤其要关注市场上最受欢迎的是哪些款式、哪些材质、哪些价位。在具体定品时,可以进行如下的操作。

第一类:对于完全雷同的产品,可以选择更低的价格,做成典型的热销款。

第二类:对于款式略有差异的产品,可适当打折,一般还有一定的利润空间,做成典型的热销升级款。

第三类:对于材质完全不同的产品,可以在打造高品质上做文章,做成典型的品牌款。

进行以上分类定品之后,就可以选择那些热销款产品作为你的店铺的主打产品,将其他产品作为附属产品。但无论是哪一种产品,都要重视推广工作。有的新卖家比较自信,也具备一些其他新买家不具备的优势。这类新卖家有可能不想参考其他卖家的做法,也不想去研究现有产品的适销问题。在这种情况下,这类新买家可以自主选择几款自我感觉不错的产品,进行分类推广。当然,这样做有一定的风险。道理很简单,新卖家的主观的想法是否符合客观的情况,还得经受实践的检验。

2. 选词

调查显示,很多买家是通过搜索相应的词来寻找卖家的。买家搜索的这些词五花八门,大致可以分为两大类:一是热门词;二是长尾词。

所谓热门词,是指在网上流量极高的词。例如,MP3、jewellery 等就属于热门词。所谓长尾词,是指热门词以外的词。例如,8G mp3 music player 等就属于长尾词

需要注意的是,热门词与长尾词是相对而言的,它们之间的区别不是静态的,而是动态的。换句话说,随着时间的流逝、行业的变迁,热门词与长尾词之间完全有可能出现互换。一个现实的例子就是:iPhone 5 最初是典型的长尾词,但后来却成为典型的热

门词。

那么,新卖家在推广自己的新店铺时,应当如何正确使用热门词与长尾词呢?这就需要把握热门词与长尾词的适应范围。一般说来,热门词更适合短期引流,长尾词则适合长期引流。

有的新卖家试图长期使用热门词,是比较盲目的。当然,当你的新店铺经受住了市场的考验,具备了足够的竞争力,也不是不可以这样做。

至于长尾词,在一般情况下,还是建议新卖家按照流量高低来分别使用。首先,将自己的新店铺的产品分为主打产品与非主打产品两大类。其次,对于主打产品,可使用较高流量的长尾词;对于非主打产品,则使用其余的长尾词。

总之,在使用热门词与长尾词的问题上,要把握两个基本原则:一是将热门词与长尾词有机地结合使用;二是多用长尾词,随时关注排名。

3. 描述

在确保产品信息质量的基础上,还要注意做好相应的描述工作。如果是标题,描述时就要注意突出卖点,具体包括促销、材质、质量等。如果是图片,描述时就要进行必要的优化处理,尤其要注重图文之间的巧妙配合。总体来说,在进行描述时,应注意两大基本原则。

第一,描述时必须突出信用度。如果是淘宝宝贝,可采取截图的形式进行评价,并做好必要的翻译工作。在一般情况下,可以提供一些能够证明质量的图片(包括产品图片与公司图片)、相关认证、买家的正面反馈等。

第二,描述时必须注意关联营销。实践证明,这样做有助于充分利用流量。

到目前为止,我们已经完成了定品、选词、描述三个方面的工作,从而创建了新店铺的第一个推广方案。

(二)操作优化

操作优化是新店铺推广的第二步。其中,主要包括日常操作、数据分析两项工作。

1. 日常操作

在日常操作中,主要有三种方式值得借鉴。

方式之一:新卖家要随时关注自己的新店铺的关键词的排名情况,以确保流量。如有必要,可以进行有针对性的调整。

方式之二:新卖家要合理控制预算,以确保自己的新店铺的产品的足够的推广时长。

方式之三:新卖家可以借助行业资讯等各种渠道搜索热门词,在自己的新店铺中予以添加。

2. 数据分析

在进行数据分析时,既要关注曝光率较高的词,也要关注转化率较高的产品。在此基础上,最好将曝光率较高的词与转化率较高的产品进行巧妙的组合。

有些产品曝光率较高,但点击率较少。这时,有两大对策:一是优化标题与图片;二是更换更有竞争力的产品。

有些产品点击较多,但转化率较低。对此,可以重点关注详细描述方面是否存在值得改善、值得提升的地方。

(三)营销组合

营销组合是新店铺推广的第三步。具体做法包括以下内容。

第一,开展新店铺的各种活动。

第二,注重提升转化问题,可结合"直通车"进行引流,逐步积累销量。

第三,销量达到一定程度,可参加速卖通平台的相关活动,继续大量引流。

三、速卖通新手开店的推广策略

作为速卖通平台上的开店新手,新卖家可选择两大推广策略,即付费推广与免费推广。

(一)付费推广

付费推广主要有三种方式,分别是速卖通直通车、谷歌的 AdWords、联盟营销。

(1)速卖通直通车。这是速卖通平台会员实行的一种全新的网络推广方式。速卖通平台会员可通过付费的方式,自主设置各个类级的关键词,展示产品信息,吸引潜在买家。

(2)谷歌的 AdWords。所谓 AdWords,是指搜索引擎 Google 的关键词的竞价广告。它有两个通俗的说法,就是"赞助商链接"与"Google 右侧广告"。

(3)联盟营销。这是一种成交付费的推广模式,也就是你付费,别人替你推广,前提是你的产品必须具备一定的销量。在产品达到一定销量之后,可与"直通车"结合使用。

(二)免费推广

除了付费推广,免费推广也是常见的推广策略。免费推广的类型有很多,主要包括店铺优惠券、全店铺打折、论坛发帖、注册 SNS 账号。

(1)店铺优惠券。如有必要,新卖家可以为买家提供店铺优惠券。进行必要的设置之后,店铺 Sale items 下会有相应的展示。一般说来,店铺优惠券的使用可有助于提高转化率。

(2)全店铺打折。新卖家可以对全店铺的产品实行打折,买家可以通过搜索页面 Sale items 来寻找心仪的卖家和产品。

(3)论坛发帖。这是简单易行的常规做法,除了在国内的论坛上发帖子,也可以去国外的论坛上发帖子。

（4）注册 SNS 账号。新卖家可以注册一些国外的 SNS 账号，比较容易吸引一些买家来购买你的产品。

第九章

速卖通物流

速卖通是"一站销全球"的典型的跨境电子商务平台,既有显著的优势,也存在一些劣势。就优势而言,主要是可以经由速卖通,让全世界的两百多个国家和地区的消费者都能顺畅地购买你的产品,真正实现"一站销全球"。就劣势而言,速卖通的发货会面临一系列难题。其中,最关键的就是怎样设置物流模板,这直接决定了你的曝光率与转化率。目前,绝大多数卖家习惯于选择自发货。为此,必须针对不同的国家选择最适合的物流方式。

一、速卖通的物流类别

总体来看,以时效性来衡量,速卖通的物流方式主要分为三大类。

(一)经济类小包

经济类小包的主要特点包括:第一,时效性相对较慢;第二,丢包率相对较高;第三,物流难以追踪;第四,在一般情况下,不需要挂号费,因而费用较低;第五,很适合货值偏低、客单价低于 5 美元的产品,如中国邮政平常小包、菜鸟超级经济、菜鸟特货专线—超级经济、中外运—西邮经济小包、AliExpress 无忧物流—简易、中外运—西邮经济小包等。

(二)标准类物流

标准类物流的主要特点包括:第一,适合客单价较高的货品,平台会明确规定客单价高于 5 美金的产品必须选择挂号;第二,丢包率较低;第三,时效性较快;第四,需要挂号,因而费用较高;第五,大部分销售的产品选择标准类物流,如 E 邮宝、中国邮政挂号小包、燕文航空挂号小包、AliExpess 无忧物流—标准、中俄航空 Ruston 等。

（三）快速类物流

快速类物流的主要特点包括:第一,时效迅速;第二,物流服务体验很好;第三,价格昂贵;第四,适合货值昂贵的产品;第五,常见的有 EMS、Fedex IE、中俄快递—SPSR、DHL、AliExpress 无忧物流—优先等。

二、速卖通物流的线上发货与线下发货

一般说来,经由速卖通物流发货时,既可以选择线上发货,也可以选择线下发货。这主要取决于自身的考量。相对而言,线上发货要方便一些。如果卖家是新手而非熟手,对物流不很熟悉,最好优先选择线上发货。

三、速卖通的自发货和海外仓

目前,速卖通的大部分卖家都选择自发货。但有时为了进一步提升物流时效、进一步节省物流成本,针对那些相对优质的卖家爆款和畅销款产品,可以尝试选择海外仓发货。其中,常用的海外仓主要有西班牙仓、美国仓、俄罗斯仓等。

四、速卖通的运达时间

一般说来,速卖通平台上会有一个默认的承诺运达时间。如无特殊需要,可以遵照这个默认的承诺运达时间执行。当然,商家也完全可以自行设置,对店铺的曝光率和转化率产生积极或消极的影响。这方面,按照常规是比较稳妥的。

五、速卖通物流的注意事项

自 21 世纪以来,随着互联网的迅猛发展,电子商务模式如鱼得水,渐入佳境。作为国内互联网的龙头,阿里巴巴旗下的天猫、淘宝、速卖通等电子商务平台为人们的生活带来了方便快捷的实惠,也促进了社会经济水平的提升。事实上,阿里巴巴旗下的这三大电子商务平台各有特色。其中,天猫、淘宝主要面向国内,是中国人日常网购的主要平台,经过这么多年的发展,已经与人们的生活紧密地联系在一起。相比之下,速卖通被定位成阿里巴巴面向全球市场的在线交易平台。因此,速卖通也被卖家们亲切地称为国际版"淘宝"。下面,简单介绍速卖通物流使用中的注意事项。

（一）创建物流订单

在速卖通平台上,要想创建物流订单,可选择以下三个步骤。

步骤1:买家提交支付订单之后,卖家选择需要发货的订单,点击"线上发货"功能按钮,进入"订单管理—订单详情"页面。

步骤2:点击"订单管理—订单详情"页面上的"线上发货"功能按钮,进入"选择物流方案"页面。

步骤3:在"选择物流方案"页面上选择最适合的物流方式,点击"确认下单"功能按钮,物流订单就算是创建完成了。

(二) 批量修改备货期

有时,可能需要批量修改备货期。首先,登录"我的速卖通"。其次,依次点击"产品管理""管理产品""正在销售"。最后,点击"一键修改发货期",批量修改发货期。需要注意的是,批量修改备货期后,并不是立刻更新,但最长更新时间不会超过24小时。

(三) 延长发货期

延长发货期是常规操作,但一般需要买家来操作。作为卖家,不可以自行操作,但也应当了解延长发货期的操作技巧,以便及时、准确地回复买家的咨询。要想延长发货期,买家可以打开自己的订单页面,点击"Extend Processing Time",输入自己预期的天数即可。需要注意的是,如果遇到周末及节假日,速卖通系统会自动加上收货期。例如,遇到周末,会自动加上两天时间。如果卖家设置了3天的备货期,发货期的最后一天恰好是周六,速卖通系统就会自动加上两天。这样一来,3天的发货期就变成5天的发货期了。关于速卖通系统的这种自动加时规则,卖家应及时告知买家,以免产生误会和纠纷。

(四) 查看物流的跟踪信息

无论是卖家还是买家,有时都需要查看物流的跟踪信息。如果物流商已经与速卖通平台对接,速卖通就会在订单详情页面直接展示物流跟踪信息。这样一来,查看物流的跟踪信息就很方便了。如果卖家属于经济类物流或标准类物流,可以登录菜鸟官方物流追踪网站去查看相关的物流跟踪信息。

(五) 延长收货时间

要想延长收货时间,需要具备相应的条件。只有当订单处于"等待买家确认收货"状态时,才能延长收货期。卖家可以按照以下步骤进行具体操作。

第一步:登录"我的速卖通"。

第二步:打开"交易"页面,找到"等待买家收货"的订单。

第三步:在订单详情页面,点击"延长收货时间",填写延长天数。

需要注意四个问题:第一,延长的时间从卖家发货之日开始计算;第二,延迟收货次数不限;第三,累计延长的时间不超过120天;第四,延长收货时间按自然日计算,其他时间顺延。

(六) 发起线上发货投诉

要想发起线上发货投诉,可以依次点击"交易""物流服务""国际小包订单",找到相应的订单,就能发起线上发货投诉。

（七）使用线上发货运费代扣功能

卖家为提升操作效率,可以使用国际小包线上发货运费代扣功能。当然,也可以选择不用。

（八）使用 Aliexpress 无忧物流

Aliexpress 无忧物流是由菜鸟网络为卖家提供的有关揽收、配送、物流详情追踪封服务等一揽子物流解决方案,极大地方便了卖家。目前,Aliexpress 无忧物流中的"AliExpress 无忧物流—简易""AliExpress 无忧物流–标准""AliExpress 无忧物流—优先"已对速卖通所有卖家开放使用权限。

（九）处理无忧物流的纠纷

买家提起相关纠纷后,速卖通平台会优先介入处理。首先,会判定究竟是物流商的责任还是卖家的责任。其次,在确定了责任方之后,进行相应的处理。如果属于物流商的责任,速卖通平台将直接处理,不需要卖家的介入。如果属于卖家的责任,卖家就必须按照常规的物流方式予以响应,并跟进处理,妥善解决。

第二节 速卖通物流模版

正如前面所介绍的,速卖通是面向全世界两百多个国家和地区的在线交易平台。这就带来一个现实问题:不同国家、不同地区的物流送达时间有长有短、费用有高有低,不可能完全统一。卖家每发布一个新产品,不可能对每个国家、每个地区去单独设置运费。这样做,既不现实,也无必要。在这种情况下,运营模板的设置就显得至关重要。只要提前设置好运费模板并定期予以优化,就可以节省大量的时间和精力,从而显著提升工作效率。

那么,速卖通物流运费模板是如何设置的?下面,我们以速卖通无忧物流运费模板为例,来说明具体的设置步骤。

步骤1:登录"速卖通卖家后台",依次点击"产品管理""模板管理""运费模板"。

步骤2:点击页面中的"新增运费模板"。

步骤3:输入运费模板的英文名称,如 Aliexpress shipping,并点击页面中的"展开设置"。

步骤4:在不同的类型下勾选需要的物流方案,并设置物流运费及承诺时效。

需要注意的是:速卖通无忧物流中的"承诺运达时间"是由速卖通平台默认设置的,卖家无法自行调整。卖家可以点击"查看承诺时效详情",了解不同国家的时效。

步骤5:运费模板填写完成后,点击页面下方的"保存"按钮即可。

第三节　速卖通海外仓物流

从某种意义上说,如今的跨境电子商务已经进入所谓的"海外仓"时代。业内有一句行话:"卖家能为客户省多少时间,卖家的赚钱速度就能快多少时间。"事实上,卖家使用速卖通海外仓,能为买家提供更为完善的服务,进而给予买家更佳的服务体验。为此,我们就需要了解海外仓的定义、分类、优缺点、适用产品、价格体系等。

一、什么是海外仓

所谓海外仓,是指企业按照一般贸易方式,将货物批量出口到境外仓库,实现本地销售、本地配送的一种跨国物流形式。通俗一点说,海外仓就是设立在海外的仓库。海外仓往往具有境外货物储存、流通加工、本地配送、售后服务等功能。

二、海外仓的优缺点

海外仓既有优点,也有缺点。

海外仓的主要优点包括:第一,可以提升订单交付能力;第二,可以增进海外消费者的网购体检;第三,可以强化物流时效和服务。正是这些优点,促使大量卖家寻找各种海外仓资源。事实上,布局海外仓已经成为跨境电子商务行业的一大趋势。

海外仓的主要缺点包括:第一,卖家要想使用海外仓,就必须提前备货;第二,中小型卖家或新手卖家往往缺乏相应的经验,他们往往不清楚哪些商品更符合市场需求,很容易出现备货过度、货量积压等问题。

三、跨境包裹直发和海外仓发货的区别

跨境包裹直发的最大弊端,是周期长、效率低、破损率与丢件率高。尤其是在销售旺季,之前的流程都畅通无阻,结果在发货问题上出现拥堵,令人头疼。更麻烦的是,退款率、纠纷率也随之提高,其消极影响不言而喻。

相比之下,海外仓恰恰能在相当程度上解决这些问题。海外仓充分利用本土发货的空间优势与时间优势,能有效避免快递破损及快递丢失问题。买家的购物体验良好,自然对卖家增强了信任感,很容易促进二次购买。尤其是针对旺季发货拥堵问题,海外仓堪称一剂良药。

四、速卖通海外仓的开通条件与申请流程

跨境电子商务卖家使用海外仓,具有很多好处。例如,可以降低物流纠纷,可以缩

短回款周期,可以提升曝光率与转化率等。下面,重点介绍速卖通海外仓的开通条件、申请流程及注意事项。

(一)速卖通海外仓的申请流程

速卖通海外仓的申请流程如图9-1所示。

图9-1 速卖通海外仓的申请流程

(二)速卖通海外仓的开通条件

关于速卖通海外仓的开通条件,可以分为第三方海外仓和自营海外仓来具体介绍。

如果卖家使用第三方海外仓,就需要提供以下资料:第一,合作物流商;第二,客户代码,即物流商给客户用的代码;第三,与第三方物流商签订的合同照片;第四,使用第三方物流系统的后台截图,包括库存查询、订单管理页面等。

如果卖家使用自营海外仓,就需要提供以下资料:第一,海外仓地址;第二,中国发货证明,包括发货底单、发货拍照、物流跟踪详情截图等;第三,海外通关证明,包括缴税证明等;第四,仓库照片,可将报名ID写在小纸条上或打印出来,放在当地最近的报纸上拍照,照片背景应显示门牌号或仓库实景。

(三)速卖通海外仓的注意事项

卖家使用速卖通海外仓,需要注意以下具体事项。

第一,目前可设置的海外发货地包括美国、英国、德国、西班牙、法国、意大利、俄罗斯、澳大利亚、印尼,其他国家暂未开通。

第二,要想使用海外发货地设置功能,卖家必须通过相应的审核。卖家先要备货到海外,再提交申请,提供海外仓的证明资料。只有通过相应的审核,卖家才能正常使用海外发货地设置功能。

第三,部分类目尚未开放海外发货地设置功能。因此,即使有海外仓,也无法进行相应的设置。

第四,卖家的主账号及其子账号都可报名。一旦申请成功,速卖通系统会同时开通主账号及其子账号的相关权限。

第五,卖家如果发现自己未能通过审核,就要仔细核对以下事项:海外是否无库存,包括货物在途;提交的资料是否不完整或无法证明海外库存的存在;海外仓所在地不在开道范围内(目前的开通范围仅限于美国、英国、德国、西班牙、法国、意大利、俄罗斯、澳大利亚、印尼)。

第十章

速卖通订单处理和客户服务

第一节 订单处理

对于速卖通卖家客服来说,订单处理是一场常规工作。这项工作看似简单,其实极为关键,对于化解纠纷、维护客户、促进销售有着难以替代的作用。

一、订单处理的基本原则

在订单处理时,必须严格遵守以下三个基本原则。

第一,优先处理批发订单。有的批发客户已经下了订单,但还没有付款。这时,你就可以优先将一套模板发给客户。从某种意义上说,批发客户相当于大客户。因此,在平等对待客户的基础上,优先处理批发订单也是理所当然的。

第二,优先处理快递订单。每次点开今日订单后,如果发现客户选择了 DHL、UPS、Fedex 等快递,就应当优先处理快递订单。道理很简单,既然客户选择的是更快的物流方式,卖家自然需要为他们提供更好的售后服务。

第三,单独处理备注订单。有的客户由于种种原因,需要修改地址、收件人,或者需要提供发票,就会在备注中提出相应的要求。对于这种备注订单,就应当单独处理,切忌视而不见,以免产生纠纷。

二、订单留言的处理方法

订单处理涉及很多内容,订单留言处理是难度最大的工作。

(一)订单留言处理的注意事项

在订单留言的处理中,有许多注意事项。

第一,要尽量完善回复模板,考虑到方方面面,给予客户最佳的体验。当然,这是一个相当复杂的过程,不能奢望一蹴而就。要在每一个细节上下功夫,并持之以恒。例如,在回复订单留言时,开头一定要有礼貌称呼,如"Dear Valued Customer"或"Dear × ×

×（名字）"。

第二，如果要询问客户有关发货或物流的情况，首先一定要感谢客户，如"Thanks for your order"。

第三，如果客户在留言中提及物流出现问题或被海关扣关时，回复时首先要表示抱歉，如"Sorry for the inconvenience"或"Really sorry for that"。

第四，如果发现物流长时间没有更新，为避免出现纠纷，要尽可能延迟收货时间。

第五，无论出现什么问题，都可采取三步走的模式：一是向客户诚恳道歉；二是安抚客户的情绪；三是给予客户某些实惠，如赠送礼物，或承诺下次购买可打折扣。

第六，在回复的最后，一定要强调："如有任何问题，欢迎随时联系。"这样的措辞，会让客户充分感受到你的善意。

第七，每次处理完一个留言，就要总结一下经验与教训。尤其在回复模板上，应尽量做一些完善的工作，逐渐形成一个属于你自己的留言模板。

（二）订单留言处理的不同类型

1. 资金审核未通过

基本思路：买家很可能是第一次购买，不熟悉相关操作，导致无法通过资金审核。

范例：

Dear Valued Customer,

Really sorry for that, Just because you are the first time or a new buyer in Aliexpress, so they need check your account very carefully, Anyway donot worry that, they will refund you the money to your account ASAP.

We suggest you can place an new order, it will be ok, try to test it. If you have any problem, try to leave me message, Best wishes.

2. 已下单而催促发货

基本思路：向客户强调产品发货前必须经受质检，以确保品质，希望客户理解。

范例：

Dear Valued Customer,

Thanks for your order, In fact we have received your money, Usually my company QC need test it carefully before we shipping. Because we need guarantee better quality and well package for you.

Totally we need arrange your package within 2 days, Never worry that, once we shipped, we need update the tracking number for you, and give you the racking website, so you can know your package where it is going on.

If you have any problem, Leave me message here, we will reply you within 24 hours. best wish.

3. 已填单号而催促物流信息

基本思路:向客户说明,货物已经发出,但仓库操作需要时间处理。

范例:

Dear Valued Customer,

Thanks for your trust, in fact we have shipped the package to Aliexpress Warehouse. Never worry that, we ship it to you by Aliexpress Standard Shipping.

But they need a little time to deal with the package, and will update the tracking information soon. Try to wait for little time, if you have any problem, try to leave me message, Best wishes.

4. 按照物流轨迹分析,离开中国前无物流信息

(1)如果缺货,需要等 2 周

基本思路:向客户说明到货时间,并承诺更好的售后服务。

范例:

Dear Valued Customer,

Really sorry for the inconvenience, just because this model you buy is out of stock, But donot worry that. New stock will arrive about 2 weeks, hope you can be a little patient, Once we have in stock, we need arrange your order package immediately.

And i just apply the VIP price for you from my company, next time we can give you $ 2 discount if buy in my store. Wait your kindly reply, Best wishes.

(2)如果未发,征询客户意见

基本思路:对于漏发问题,先向客户表示抱歉,再征询客户的意见,是补发还是退款。

范例:

Dear Valued Customer,

Really sorry for the inconvenience, I just check it carefully for your order, my warehouse make a mistake, and they forget to give my shipping company. In fact, the package already packed well.

We will send your package priority today is ok? And i just apply the VIP price for you from my company, Next time we can give you $ 2 discount if buy in my store, wait your kindly reply. Best wishes.

(3)有物流信息,但停止 1-2 周没有更新

基本思路:首先向客户说明具体原因,然后安抚客户的情绪。

范例:

Dear Valued Customer,

Thanks for your understanding. In fact we have send it to my Post Office already, I will send their message. Let they arrange it fast for you, also I need tell you nowadays Aliexpress 11. 11th Global Shopping Festival just gone, so too many packages wait to be shipped. It is a little delay. Hope you can be a little patient.

Any question, try to leave me message here, we will reply your ASAP.

（4）停止2~3或者更久没有更新

基本思路：首先安抚客户的情绪，然后说明已与物流对接查询。

范例：

Dear Valued Customer,

Really sorry for the inconvenience. In fact we have already shipped it to Aliexpress Warehouse, also you can track it on the internet, it shows Shipment information received.

Anyway we have let my logistics company to check it for you, if have any updated, we will leave you message ASAP.

（5）海关扣关

第一种情况：由于卖家原因（如无法出具进口国所需文件、产品属于假冒伪劣产品、产品属于违禁品、申报价值与实际价值不符等）

基本思路：向客户表明态度，愿意积极配合买家清关，并提供售后服务。

范例（卖家事先未与买家沟通，导致买家需要支付关税）

Dear Valued Customer,

Really sorry for that, we have applied the best service from my company.

First you can get it from your custom, and send me the picture of the custom file, we need know how much you pay for your custom, so we can give you part compensation.

Second We can give you ＄××discount in my store if you buy next time. Because you are already my VIP customer, we need do more business with you in future. Wait your kindly reply.

第二种情况：由于买家原因（如无法出具进口国所需文件、进口国限制相关货物、因关税过高而不愿清关）

基本思路：首先强调所有操作是按照买家的要求进行的，其次提供售后服务。

范例（已提前协商好，但由于买家原因而需要支付关税）

Dear Valued Customer,

Really sorry for that, in fact we have confirmed it very carefully with you before we shipping. It is your country custom local policy that let you pay the tariff. So we hope you can try you best to clear the customs, and get your parcel fast.

But we just talked with my boss. Next time we need give you more discount if you buy in my store, Thanks.

（6）到达目的国

第一种情况：已到达目的国，但未更新

基本思路：首先延迟收货时间，然后给予客户一个可行的承诺。

范例（南美巴西等的海关更新超慢）：

Dear Valued Customer,

Sorry for the inconvenience. we just help you track the parcel. In fact the package already arrived at your country at the date ×××.

And I also have extended the delivery date by ××× days for you. So never worry that the protection time is running out. If you still not receive it within ××× days, try to leave me message here, we will help you solve it. Best wishes.

第二种情况：1~2 周未更新。

基本思路：首先延迟收货时间，然后与客户跟当地邮局查询。

范例（南美巴西等的海关更新超慢）

Dear Valued Customer,

Sorry for the inconvenience, we just help you track the parcel, In fact the package already arrived at your country at the date ×××.

And I also have extended the delivery date by ××× days for you, So never worry that the protection time is running out. We hope you can try to give a call to your local post office, let they help you track it whether it arrived. Also China post is really a little slow, hope you understand this situation.

If you have any problem, leave me message here, we will reply you within 24 hours. Best wishes.

第三种情况：1~2 个月未更新。

基本思路：首先延迟收货时间，然后给予客户一个可行的承诺。

范例（大促期间）

Dear Valued Customer,

Sorry for the inconvenience, we just help you track the parcel. In fact the package already arrived at your country at the date ×××.

And I also have extended the delivery date by ××× days for you, so never worry that the protection time is running out. We hope you can try to give a call to your local post office, let they help you track it whether it arrived. Also China post is really a little slow, hope you understand this situation.

If you still not receive it within ×××days, we can apply the refund from my company for you, donot worry that, we are the honest seller, so hope you canbe a little patient. Just becaus nowadays the Aliexpress Shopping festival, so many parcels to be shipped. Anyway if you have any problem, leave me message here, we will reply you within 24 hours. Best wish.

第四种情况：显示退回。

基本思路：首先要求客户再次跟邮局确认，如果确实已经退回，可以先给客户退款。

范例（显示退回，小包通常在当地停留 1 个月左右）

Dear Valued Customer,

Sorry for the inconvenience, we just help you track the parcel. In fact the package already arrived at your country already.

And I also have extended the delivery date by ×××days for you, so never worry that the protection time is running out. We hope you can try to give a call to your local post office. Although it shows package returned to seller. Usually it will stay at your country near 1 month, so try to contact with your post office first, if not stay at your country, we will refund you the money first.

Anyway if you have any problem, leave me message here, we will reply you within 24 hours. Best wishes.

第五种情况：物流显示成功，但客户说未收到。

基本思路：首先请客户与邮局确认，如果有问题，欢迎客户随时联系。

范例：

Dear Valued Customer,

Sorry for the inconvenience, in fact we track the parcel. It shows delivered successfully. But as you say still not get it, we hope you can contact with your local post office first.

Anyway if you have any problem, leave me message here, we will reply you within 24 hours. Best wishes.

第六种情况：投递不成功。

基本思路：提供三张截图，证明地址完全一致。

范例（截图下单地址 + ERP 发货地址 + 物流发货证明）：

Dear Valued Customer,

Sorry for the inconvenience, in fact we track the parcel. It shows delivered successfully. But as you say still not get it, we hope you can contact with your local post office first.

We can send you all the proof to show that we send the package according to your order address in my store. And we can give you the evidence of my logistics company.

Anyway if you have any problem, leave me message here, we will reply you within 24 hours. Best wish.

三、订单处理流程

步骤 1：做单。其具体操作与内贸操作非常相似，了解是否有现货，能否今天发送。在一般情况下，都可以当天发送。做单之后，迅速录入邮政系统。

步骤 2：点开订单，了解详情。如果买家的收货地址属于法国、英国、美国、澳大利亚、加拿大，就可以发 E 邮宝。如果买家的收货地址属于这五个国家之外的其他国家，就使用邮政小包。

步骤 3：录入邮政系统后，在待发货订单中点击"发货"按钮，选择"填写发货通知"。如果发 E 邮宝，则选择"E 邮宝"，输入 E 邮宝的单号。如果发邮政小包，则选择"邮政小包"，输入邮政小包的单号。在一般情况下，点"全部发货"确定发货即可。

步骤 4：在订单留言中将发货信息发送给买家。发货模板一般如下设计。

Hi, my friend, thanks for shopping here. Your package has been shipped today. It usually takes 15 ~ 45 days to your country. (E 邮宝时间短些，一般是 15 ~ 25 天) The tracking number is ×××（输入发货通知上的单号）.

If you have any question, just be free to tell me.

Have a nice day.

Best Regards

Cindy

第二节 跨境商品的报关、报检

一、申报

出口货物的发货人必须根据出口合同的相关规定，在预定的期限内，保质保量地备齐出口货物。只有在这种情况下，发货人才能向有关运输公司办理租船订舱之类的运输手续，进而向海关办理报关手续。需要注意的是，可以有两种选择：一是发货人直接向海关办理报关手续；二是发货人可以委托专业报关公司或代理报关公司向海关办理报关手续。

如果选择委托专业报关公司或代理报关公司向海关办理申报手续，发货人在货物出口之前，必须在出口口岸就近向专业报关公司或代理报关公司办理相关的委托报关手续。办理时，发货人要向接受委托的专业报关公司或代理报关公司提供内容与格式都符合海关要求的正式的报关委托书。

要想出口货物顺利通关,就必须准备好报关单证。在一般情况下,报关单证主要包括:出口货物报关单;托运单(俗称"下货纸");发票;贸易合同;出口收汇核销单;海关要求提供的其他证件。

在申报时还应注意,出口货物的报关时限是装货的 24 小时以前。因此,不需要征税费、查验的货物,自接受申报起 1 日内可办结通关手续。

二、查验

查验的具体内容主要包括:第一,核对实际货物与报关单证是否一致,以此来确定申报内容与查证的单、货是否一致;第二,通过实际查验,发现申报审单环节难以发现的瞒报、伪报等问题。因此,查验工作至关重要,查验环节所发现的各种问题将为征税、统计和后续管理提供真实的监管依据。

海关查验货物后,按规定必须填写验货记录。验货记录的具体内容应包括:查验时间;查验地点;进出口货物的收货人、发货人或代理人的名称;货物运输包装详情,如运输工具、集装箱号、尺码、封号;货物名称;货物规格型号等。需要查验的货物自接受申报起 1 日内开出查验通知单,自具备海关查验条件起 1 日内完成查验。除需缴税外,自查验结束 4 小时内办结通关手续。

三、征税

按照《海关法》的相关规定,凡是进出口货物,除非国家另有规定,均应征收关税。关税由海关依照海关进出口税则进行征收。需要征税的货物,自接受申报 1 日内开出税单,自缴核税单 2 小时内办结通关手续。

四、放行

对于普通出口货物,由发货人或其代理人向海关申报,缴纳应缴税款和有关费用后,海关会在出口装货单上加盖"海关放行章"。发货人可凭此章,起运出境。

如果由于某种原因,出口货物需要退关,就应当提出退关申请。发货人应在退关之日起三天内向海关申报退关,经海关核准后,即可将货物运出。

海关放行后,会在出口退税专用报关单上加盖"验讫章"和海关审核出口退税负责人的签章,退还报关单位。

第三节 跨境客户服务

跨境电子商务的客户服务不同于国内电子商务的客户服务,其主要区别还是客户范围不同。对于国内电子商务的客服服务,很多卖家还是比较熟悉的,因为毕竟都是中国人,很容易了解中国客户的心理。但是,跨境电子商务的客户群就要宽泛得多,涉及很多国家或地区的客户。与此同时,现在的跨境电子商务的客户服务往往是在线进行的,因而不同于传统外贸的客户服务。基于以上两个方面的原因,这就对跨境客户服务提出了更高的要求。

一、跨境电子商务在线客户服务的必备能力

开展跨境电子商务在线客户服务,必须具备相应的能力。概括起来,主要包括以下五个方面的能力。

(一)具备传统外贸的专业技能

从某种意义上说,跨境电子商务在线客户服务与传统外贸客户服务有相似之处。更准确地说,尽管跨境电子商务在线客户服务要求较高,但前提是必须具备传统外贸客户服务的专业技能。具体说来,主要包括:外语能力;对外贸行业的理解能力;外贸专业知识,熟悉支付、物流、关税、退税等。

(二)理解供应链

无论是做传统线下外贸还是做跨境线上电子商务,都需要对供应链有一个专业的理解。要想做成生意,必须拥有优质的产品与优质的服务。既然是向客户提供在线客户服务,我们就必须熟悉自己的产品、理解自己的产品。这样一来,在与客户进行沟通交流时,才不会说外行话、做外行事。只有充分理解供应链,才能与客户顺畅地沟通,才能引导客户下单交易。

(三)熟悉跨境电子商务平台

既然是在做跨境电子商务,就必须熟悉跨境电子商务平台。这是不言而喻的。要非常熟悉跨境电子商务的整个流程。很多人轻视跨境电子商务客户服务,这是不明智的。事实上,跨境电子商务客户服务不仅会与客户直接沟通,而且在事实上也起到了一个兼顾平台运营的作用。因此,要想做好跨境电子商务客户服务,就必须了解跨境电子商务平台的规章制度,并在实践中熟练运用。举例来说,速卖通有哪些招商门槛政策,速卖通大促团购如何操作,都是必须弄清楚的。此外,关于物流详情、各国的海关政策等,都是应知应会的内容。

(四)语言能力

这里所说的语言能力,主要有三层意思。

第一,是指常规的语言交流能力。跨境电子商务客户服务既然是与客户打交道的,就必须掌握最起码的语言交流能力。这就要求你的语言必须具备三种"力":一是表现力,能够将自己想说的话说清楚,让客户听明白;二是感染力,能够吸引客户的注意力,

促使客户对你所提供的产品与服务产生浓厚的兴趣；三是说服力，你所介绍的知识、你所讲解的道理都能被客户所接受。

第二，是指专业的销售语言能力。一个人能说会道，具备表现力、感染力、说服力，就证明他适合从事与人打交道的行业。但是，隔行如隔山。即使是同一个人，他可能适合当推销员，却未必适合当教师；他适合推销这种产品或服务，却未必适合推销其他的产品或服务。尤其是跨境电子商务，专业性极强。如果不具备专业的销售语言能力，是很难胜任跨境电子商务客户服务这个工作的。

第三，是指跨境电子商务所需要的语言能力。与一般的销售客户服务相比，跨境电子商务客户服务的语言能力比较特殊。一方面，必须掌握基本的外语的听说读写能力。否则，客户的留言就看不懂，难免会耽误时间、引发纠纷。由于跨境电子商务面对的并不是一个国家或地区，所以，尽可能多地掌握一些外语是很有必要的。所谓"艺不压身"，在这里体现得十分明显。另一方面，还必须了解客户所在国家或地区的风土人情，避免触犯各种忌讳。这也是非常关键的。

（五）销售能力

这里所说的销售能力。实际上是指比较高级的专业化的销售能力。要达到这个境界，需要在"两业"上下功夫。一是敬业。所谓敬业，就是全身心地扑在跨境电子商务客户服务这个工作岗位上，潜心研究相关的知识、理论，不断提升自己的综合素质。二是专业。所谓专业，就是在销售这个领域具备足够的竞争力。打个比方，有些人觉得会点英语很容易，但真正专业的人，他的英语能力是出类拔萃的：来一百个人，也比不上他；来一千个人，也比不上他。这才是真正意义上的专业。同样的道理，这里所说的销售能力必须突出专业性。只有具备足够的专业性，才能具备足够的竞争力。

二、跨境电子商务在线客户争议的处理流程

跨境电子商务有很多优势，但也有劣势。其中之一，就是受到方方面面的因素的影响，客户的体验比较差。这里所涉及的因素很多，诸如跨境物流问题、售后服务问题、沟通成本问题等。因此，跨境电子商务很容易出现各种争议，而且会给卖家带来巨大的损失。这就在客观上要求跨境电子商务在线客户服务能妥善处理客户争议问题，将损失降到最低。那么，跨境电子商务在线客户争议的处理流程是怎样的呢？在一般情况下，可以按照以下三个步骤进行。

步骤1：展现诚意。企业文化领域有个很经典的说法："客户购买摩托车后，发现摩托车存在质量问题，便要求售后服务。这时候，既需要修理摩托车，也需要'修理'客户。相比之下，后者往往更加重要。"同理，能否调整客户的心态，就成为跨境电子商务在线客户争议的处理关键。首先要在客户面前展现出足够的诚意，可以让客户的怨气消散一大半。然后再解决具体问题，就顺畅多了。相反，如果和客户斤斤计较、针锋相对，客

户的怨气只会越来越大,争议就更不容易解决了。前者是"大事化小,小事化了",后者是"小事变大,大事难了",形成鲜明的对比。

步骤2:了解争议。在调整好客户的心态之后,就要自然转入对争议的处理环节。如果无视争议的存在,一味宽慰客户,也可能引起客户的反感,甚至可能会认为你言不由衷,并非真诚解决问题。争议是客观存在的,必须想方设法去解决。即使是客户的误解,也需要你讲清楚其中的原因。因此,你必须静下心来,客观地了解争议。要迅速抓住客户的疑惑、愤怒、需求,找到产生争议的真正原因。如果是客户理解有误导致的,就要讲清楚相关的规定。如果是客户操作上的失误,就要具体介绍操作的流程。如果是卖家或物流公司的问题,就要心平气和地与客户商讨善后的解决方案。个别客户蛮不讲理,甚至有意找茬。这时,就需要在尊重对方的基础上,以事实为依据,据理力争。

步骤3:调控情绪。调控客户情绪不只是争议处理之初的重点,实际上应当贯穿争议处理的全过程。即使你比较顺利地处理了客户争议,即使责任和原因都在客户这一方,即使客户当时理屈词穷,你也要注意继续调整客户的情绪。事实上,有的客户会在私底下发表自己对买家的看法。如果情绪调整得好,这种看法往往就是积极的、正面的,等于在无形中替卖家做了广告。如果情绪方面调整得差,这种看法往往就是消极的、负面的,等于在无形中为卖家坏了名声。两相比较,还是前者比较高明。因此,在处理客户争议时,不要有过强的胜负心。否则,同样好胜心切的客户依然可能在事后怨气缠身,替卖家做反广告。最起码,客户会给卖家差评,更不大可能继续成为卖家的客户。

三、跨境电子商务在线客户争议的解决方案

以上介绍了跨境电子商务在线客户争议的处理流程,涉及三个基本原则。但是,既然存在争议,就需要拿出一个双方都能认可的解决方案。因此,这就需要选择相应的解决方案,既让客户满意,又能减少卖家自己的损失。总结起来,大致有三个方案可供卖家选择。

(一)弃货退款

所谓弃货退款,就是货物白送,全额退钱。对很多客户来说,这是非常理想的解决方案,等于是钱物两得,不仅没有经济上的损失,而且还白得了货物。但要注意,跨境电子商务不同于国内电子商务,必须考虑客户的真实感受。由于文化传统的差异,国内客户满意的解决方案未必会让国外客户满意。事实上,弃货退款这种解决方案存在两大弊端。一是客户体验不佳。这种解决方案看似豪爽大度,但却恰恰证明卖家不专业、不成熟。一些欧美客户会认为你不够真诚,对他们不够尊重。二是卖家损失巨大。例如,你给美国的客户发了一个跨境快件,所支付的物流费用往往比产品本身的价格还要高。一旦弃货退款,损失可想而知。如果都采用这种解决方案,卖家很可能难以为继。尤其是一些新卖家,采用这种解决方案更是难以想象的。

（二）免费发货

所谓免费发货，就是免费给客户再发一次货。这种解决方案也是客户比较欢迎的，但对卖家来说不太合适。其实，这种解决方案的成本与弃货退款的成本差不多，只不过一个损失的是货物，一个损失的是货款。在这里，有一个客户服务的沟通技巧，那就是在取得客户的充分谅解之后，争取让客户分摊一部分成本。毫无疑问，有些客户会得理不让人，甚至无理也闹三分，自然不肯分摊一分钱的成本。但是，大多数客户还是通情达理的，并非所有的客户都会完全拒绝。关键在于，究竟让客户分摊多少成本，既让客户能够承受，又能减少卖家的损失。在这里，真正需要沟通的就是分摊比例问题。事实上，即使一个客户只承担10%的成本损失，也是非常可观的，总比弃货退款、免费发货要好得多。

（三）适当打折

第三种解决方案需要较强的沟通技巧，主要做法是：第一，给予客户两个选项，包括退货换货、下次交易打折；第二，强调退货换货的方式，不给客户弃货退款和免费发货的希望；第三，承诺下次交易可以给予客户一定的折扣。这种解决方案对部分客户是有效的。有些客户原本也不抱太大的希望，只是想试一试。有的客户则是心态不顺，只要调整好心态，并不在乎货物的得失。如果卖家答应下次交易会有折扣，部分客户就会产生兴趣，似乎得了实惠。这是一个双赢的解决方案，既让客户满意，又减少了卖家的损失，还促成了未来的交易。

四、跨境电子商务在线客户的维护

在跨境电子商务行业，有一个共识：挖掘一个新客户要比维护6个老客户更难，成本也更高。事实上，跨境电子商务在线客户的确来之不易，如何维护好这些老客户呢？

（一）建立档案

跨境电子商务卖家应高度重视客户信息，切实做好客户信息的收集工作。如果做得专业一些，就应当给每一个客户建立一个档案。在这个客户档案中，应当详细记录客户的年龄、性别、住址、职业、脾气、性格、文化背景、宗教信仰、购买信息等。总之，凡是与这个客户有关的信息，都应记录在案。哪怕是他的生日，他无意中透露的亲人的情况，都有可能成为未来交易的契机。更重要的是，卖家全面掌握了一个客户的各种信息之后，就能进行有针对性的分析研究。这有两大好处：一是可以为客户提供量身定制的专业服务；二是可以向客户进行切实可行的销售宣传。

（二）定期回访

定期对老客户进行回访，看似会耗费一些时间、精力甚至金钱，但价值是显而易见的。在开展跨境电子商务服务时，要避免两大误区：一是将外国客户等同于国内客户，自以为是地将适合国内客户的做法施加于外国客户;二是将外国客户与国内客户完全对立起来,不敢与外国客户进行任何回访。很多卖家认为,由于地域差异、文化差异,自己很难与外国客户相处,担心回访的效果会大打折扣。其实,差异性是需要考虑的,但相似处也是可以利用的。既然都是客户,就会存在客户所固有的一些特点。具体到外国客户,某些方面可能比国内客户更难以相处,但某些方面也可能比国内客户更好相处。要想了解外国客户与国内客户的差异性,更有必要去进行回访了。当然,对老客户的回访有很多种方式。除了面对面地回访之外,还可以通过电话、短信、邮件、视频等。在回访中,要充分展现自己的善意,并认真听取客户的意见与建议。在回访过程中,卖家往往能获得两大信息:一是自己的产品与服务的弊端与不足;二是客户感兴趣的产品与服务的客观需求。

(三)及时答疑

有问必答是跨境电子商务在线客户的维护工作的题中应有之义。在跨境电子商务买卖中,客户与卖家很难面对面沟通。因此,客户有了任何疑问,常常会通过邮件等方式提出。卖家应高度重视这些邮件,第一时间认真、细致地回复客户的疑问。尽管这样做会占用一定的时间,但这种时间成本的付出是非常值得的。从客户的角度考虑,如果卖家对客户的任何疑问都置之不理,或者回复不及时,客户的体验就会很差,他不仅不会继续与该卖家合作,而且还会在自己的各种圈子里大诉苦水,甚至毫不留情地对卖家及其产品、服务进行严厉的抨击。当然,回复客户的邮件也需要一定的时间,其中的时间差是客观存在的。客户对卖家回复的滞后是有预期的,只不过越快越好。要妥善解决这个问题,可以采取两个措施:一是设置自动回复,客户邮件一发出,很快就能收到自动回复——"您的邮件已收到,正在处理中,请耐心等待";二是回复时间一定不能超过三天,最好当天回复。有些卖家的客户数量很大,回复速度相对会慢一些。这时候,就可以在邮件的自动回复中承诺切实可行的回复时间,这样就能让客户心中有数。

(四)确保质量

跨境电子商务在线客户的维护工作还需要产品质量、服务质量的配合。也可以说,确保产品、服务的质量本身就是跨境电子商务在线客户的维护工作的重要环节。未雨绸缪,防患于未然。这一点在跨境电子商务行业也是完全适用的。产品质量、服务质量上去了,客户争议就会大大减少,客户体验就会越来越愉悦。长此以往,就会形成良性循环。

五、跨境电子商务在线客户的忠诚度的维护

在跨境电子商务在线客户中,有的忠诚度高,有的忠诚度低。这是很自然的事情,问题是我们如何去维护客户的忠诚度。在实践中,很多跨境电子商务卖家总结出了一个切实可行的对策,那就是实施客户奖励计划。事实证明,客户奖励计划既能向客户表

达你的感激之情，又能将普通客户发展成忠诚度极高的品牌回头客。

（一）什么是客户奖励计划

所谓客户奖励计划，是旨在提升客户的忠诚度而专门为客户量身定制的一项特殊计划。通俗地说，就是卖家向经常购买自己的产品和服务的客户给予奖励，促使客户成为忠诚度极高的长期客户。

一般说来，卖家通过客户奖励计划向客户提供的奖励主要包括：一是免费赠品；二是折扣；三是优惠券；四是尽早获得新产品、新服务；五是其他激励措施。

（二）客户奖励计划的类别

客户奖励计划有各种版本，一般包括以下选择。

一是积分系统。在这种类型的客户奖励计划中，只要客户产生购买行为，就能获得相应的积分。当积分达到一定标准后，客户就可以获得优惠券或免费礼物。

二是分级计划。在这种类型的客户奖励计划中，只要客户的消费金额达到一定的门槛，就能获得相应的奖励。例如，客户消费 100 美元，就会收到优惠券或免费赠品。

三是会员资格。在这种类型的客户奖励计划中，客户付出少量金额，就能获得会员资格。一旦获得会员资格，客户就能在购物时获得特殊的奖励。

四是奖励组合。在这种类型的客户奖励计划中，卖家会综合使用以上三种方法，创建一个混合奖励计划，以便更好地吸引客户。

（三）客户奖励计划的实施步骤

跨境电子商务卖家如果想要实施客户奖励计划，就要熟悉具体的实施步骤。总结起来，大致要经过选择名称、确定类型、建立结构、完善设施、扩大宣传五个步骤。

步骤1：选择名称

首先，卖家需要为自己的客户奖励计划起一个引人注目、适合传播的名称。"客户奖励计划"是一个总称，表述非常准确，但中规中矩，对客户的吸引力不是很强。在具体使用时，卖家完全可以另外取一个名称。

取一个什么样的名称呢？不妨与你的品牌、标识、产品、商店名称相匹配。例如，丝芙兰的客户激励计划是"Beauty Insider"。这就意味着，只有忠诚的客户才可以参与其中，其他客户则不能。

步骤2：确定类型

无论是哪一种客户激励计划，都有其优点。最关键的，还是要研究客户的购物习惯。如果你的大多数客户都喜欢用较低的金额购买大量商品，你就可以为他们提供基于积分的短期奖励计划。如果你销售的产品种类繁多，又不太清楚客户的喜好，该怎么做呢？你可以设计一个付费奖励计划，为你的客户提供免费送货或打折购买的优惠。这当然也是一种客户类型，姑且称之为综合型吧。

步骤 3:建立结构

卖家的客户奖励计划应有一定的稳定性,但也不必始终不变。事实上,随着市场和客户的变化、产品和服务的变化、理念与思路的变化,客户奖励计划理应不断完善。在这个过程中,建立结构是很关键的。也就是说,要全面衡量你的客户奖励计划的内在结构,使之更加适应客户的需要。为此,你必须定期思考以下问题:如果采取积分制的客户奖励计划,客户如何获得积分?这些积分的价值究竟是什么?如果采取分级制的客户奖励计划,不同级别的客户的奖励是什么?如果采取付费奖励的客户奖励计划,客户需要支付多少钱最为适中?

步骤 4:完善设施

要想全面实施你精心设计的客户奖励计划,还需要进一步完善相应的设施。例如,你需要插件、第三方服务或软件解决方案。有些设施是你所在的电子商务平台已经提供的,所以也需要相应的集成工具。

根据一些跨境电子商务卖家的实际经验,以下选择值得考虑。

一是 WordPress。这对于使用 WooCommerce 的卖家来说,无疑是非常理想的选择。

二是 bLoyal。它可以与许多自建站工具有效地集成,包括 Shopify、Magento、WooCommerce 等。

三是 iVend⑫Loyalty。它可以为你提供灵活的积分管理和奖励管理 APP。

四是 Open Loyalty。它可以帮助你建立量身定制的奖励程序。

步骤 5:扩大宣传

对于客户奖励计划来说,有两个方面的工作需要长期坚持去做:一是不断完善客户奖励计划本身,使之更加符合客户的需求;二是持之以恒地进行宣传,让更多的客户知晓客户奖励计划,进而产生购买行为。这两者都很重要,但很多卖家往往忽视了后者。

买家不仅要维护老客户的忠诚度,而且还要想方设法去开发新客户。在开发新客户这方面,扩大对客户奖励计划的宣传无疑是大势所趋。在扩大宣传时,有多种选择:一是将客户奖励计划慎重地写入营销渠道推广计划中;二是在相关的网站平台、社交媒体上呈现客户奖励计划;三是在回复客户留言、回访老客户的过程中宣传客户奖励计划。

六、跨境电子商务在线客户的挖掘

跨境电子商务卖家都希望通过某些方式去挖掘在线客户,从而获取更多的订单。那么,如何挖掘这些在线客户呢?在这里,我们介绍其中三个切实可行的途径。

(一)借助 LinkedIn

对跨境电子商务卖家来说,LinkedIn 是一个很实用的社交媒体营销平台。在 LinkedIn 上,跨境电子商务卖家可以根据公司职业精准地定位到目标客户。

一般说来，LinkedIn 所提供的定位选项主要包括以下四类。

一是人口统计。具体内容包括性别、年龄、所在地等。

二是职业。具体内容包括职位、工作职能、资历、技能、组别等。

三是公司。具体内容包括行业、公司规模、公司名称等。

四是教育程度。具体内容包括学校名称、学位、研究领域等。

需要注意的是，LinkedIn 的用户比较特殊。与常人相比，他们更具有商业理念，也更容易接受相关广告。另外，得益于 LinkedIn 的精准定位，跨境电子商务卖家可以很轻松地接触到决策者，这对促成交易的成功是大有裨益的。

（二）借助社交平台

凡是社交平台，包括微信、QQ、Facebook、Twitter 等，都能作为跨境电子商务卖家的营销渠道。在这些社交平台上，跨境电子商务卖家可以设立自己的主页。在主页上，可以进行详细的自我介绍，并为客户提供各种产品与各种服务。在主页上还可以增添 CTA 按钮，并搜集 leads。这对于售后服务与售后沟通是非常有益的。

对于跨境电子商务卖家来说，创建公司主页并举办相关活动是很常见的线上营销方式。例如，可以在 Facebook Page 主页上定期举办活动，就能吸引合作伙伴加入其中。这些活动内容五花八门，各有特色。例如，你可以为中小型企业举办一场竞赛，对竞赛优胜者给予奖励。当然，这类奖励具有很浓重的商业色彩，也完全符合商业需求。具体包括试用产品或服务、参观企业总部、获得一对一改造大行动等。

如何在自己的主页上创建活动呢？我们不妨以 Facebook 为例，进行简要说明。

第一步：点击主页时间线上的"Offer，Event ＋"，选择 Event。

第二步，添加相关信息。这些信息包括以下内容。

一是活动图片。尽量突出活动特点，这些图片将会在动态消息中显示。图片最佳像素为 1920×1080，比例为 16∶9，尽量不要出现文字。

二是活动名称。活动名称宜短不宜长，否则会在动态消息中被裁剪，呈现效果不佳。时间、地点等信息不要重复。活动名称可以修改，但次数不得超过三次。

三是举办时间、地点。要提醒参加者合理安排好时间。

四是产品品类。一般应选择最重要的产品品类，以挖掘潜在客户。

五是活动描述。先用一句话精准地概括，再添加一些吸引人的细节。

第三步，在"Ticket URL"上填写网址，主要用于在线购票。如果不提供这项服务，就不用填写。

第四步，添加其他主页或活动参与嘉宾主页为 Co－hosts。Co－hosts 可以编辑活动相关信息，并添加到日历中。

第五步，点击"Publish"，就完成了活动创建。

（三）借助短视频

跨境电子商务在线客户的挖掘也可以借助短视频来实现。当前，内容营销的表现形式日趋多元，视频营销正是其中的一个重要形式。据不完全统计，有79%的企业会采用视频的形式传递品牌信息。这些短视频趣味盎然，极具故事性。集中体现企业文化的短视频既有助于卖家进行自我宣传，也适合在YouTube等社交平台上发布，从而吸引更多的客户关注你的公司、产品和服务。

实践证明，只要掌握以上三大技巧，跨境电子商务卖家就很容易挖掘到大量的在线客户。

六、跨境电子商务在线客户评价的处理

很多跨境电子商务卖家不重视在线客户评价。殊不知，这些在线客户的正面评价与负面评价会给跨境电子商务卖家带来截然不同的巨大影响。正面的评价能赢得很好的知名度与美誉度，能带来很大的转化率，能提高产品的推荐量和销售额。至于负面的评价，其对跨境电子商务卖家的破坏力无论怎样估计都不显得过分。

那么，如何妥善处理跨境电子商务在线客户评价呢？

对于在线客户的评价，首先要进行真伪甄别。如果不是竞争对手或其他别有用心的人的恶作剧，那么面对大量的在线客户的负面评价，我们就要深思了。需要注意的是，很多客户其实并没有评价的特殊习惯或强大动力，除非这种产品或服务确实让他们深有感触。既然某一种产品或某一种服务所获得的评价过低，为什么还要提供这种产品或服务呢？在真正提升这种产品或服务的质量之前，不再提供这种产品或服务是明智之举。

很多跨境电子商务卖家在给客户发送货物时，会第一时间通过邮件索评。这种做法会引起部分客户的反感：一是显得卖家过于迫切、过于功利；二是感觉卖家对客户不够尊重、不够宽容。毕竟，评价与否是客户的自由，来不得半点勉强。当然，这也并不意味着邮件索评的方式就完全不可用。要想正确使用邮件索评的方式，应当注意三点：一是在客户收到货物一周之后，再发送邮件；二是邮件的开头应以感谢客户为主，不能过于生硬地索取评价；三是可以询问客户在产品使用中是否存在问题，征求客户的意见或建议，愿意帮助客户解决相关问题；四是在邮件的结尾委婉地表达得到客户好评的愿望，并再次感谢客户的支持。

第十一章

其他主要跨境电子商务平台

第一节　亚马逊

一、亚马逊和其他跨境电子商务平台的最大区别

与其他跨境电子商务相比,亚马逊有何不同呢?

在一次电子商务会议上,Wish 的招商总监强调:"要想做 Wish,请一定记住:铺货,铺货,铺货,铺货。"接着,Amazon 的招商人员发言:"要想做好亚马逊,原则就是:不要铺货,不要铺货,不要铺货,不要铺货。"现场顿时沸腾了。

不要铺货,这就是亚马逊和其他跨境电子商务平台的最大区别。

要想做好亚马逊,最难的恐怕就是选品了。这是老生常谈,但又至关重要。在这个问题上,有些卖家的选品思路过于理想化:既要找到利润比较高的,比如至少50%以上的利润,又要体积小、重量轻,还要简单易操作,销售功能少,甚至不需要售后服务的。如果按照这种思路去选品,注定要失败。只有潜心研究各个站点的文化差异及消费习性,潜心研究自身的优势与不足,才有可能找到最适合自己的,进而形成自己的竞争力。

随着市场竞争日趋激烈,无论是大卖家还是中小卖家,都要提升自己的选品能力,都要不断增强产品开发的能力。

二、进行产品开发的必备技能

要想进行产品开发,就必须掌握一些必备技能。

一是善于进行市场容量分析。通过市场容量分析,全面掌握 review 的数量和质量。

二是善于进行客户需求分析。通过客户需求分析,可以借助 Top100 + 了解产品属性。不妨根据排名前10的相关数据,具体分析尺寸、容量、工艺、功能、材质、颜色、价格等属性。

三是善于进行客户偏好分析。通过客户偏好分析,了解不同类型的客户的不同

需求。

四是善于进行行业趋势分析。通过行业趋势分析,确保所选产品不会在短时间内被市场淘汰。

五是善于进行竞争产品分析。通过竞争产品分析,从差评中找到存在的问题,再从问题中提炼出新产品的特质或卖点。

只要具备以上五大技能,就能妥善做好选品工作。在此基础上,进一步提升运营能力,才能取得事半功倍的效果。否则,选品不到位,运营能力再好,往往也会事倍功半。

三、亚马逊的收入来源

亚马逊的收入从何而来? 渠道当然是很多的,但最主要的还是交易佣金。亚马逊收取交易的 15% 作为交易佣金,这就成为亚马逊最大的收入来源。了解了这一点,有助于我们更好地认识亚马逊平台的各种规则、各种行为。毕竟,作为一家公司,亚马逊是必须盈利的。

四、亚马逊把客户当成上帝

如果说亚马逊和其他跨境电子商务平台还有什么大的区别的话,那就是亚马逊确实将客户视为上帝。从某种意义上说,亚马逊是一家极度重视买家体验的公司。这既是亚马逊的特点之一,也是亚马逊的高明之处。了解了这一点,你就能理解亚马逊为什么那么重视退换政策,为什么那么重视产品投诉,为什么那么重视客户反馈了。为了给予广大客户更加愉悦的购物体验,亚马逊会想方设法促使卖家为客户提供更加优质的产品、更加满意的服务和更加低廉的价格。

五、什么是 Listing

很多人第一次听说或者说接触 Listing,一时茫然,不清楚这个词究竟是什么。其实,所谓 Listing,即相当于淘宝的商品详情页。这有点类似于过去的那种邮购信,主要展示的内容包括产品的名称、产品的图片、产品的价格等。

严格说来,Listing 包括商品搜索结果页和商品详情页两种。商品搜索结果页主要由主图、标题、价格等关键要素组成,能在很大程度上决定商品的点击率。商品详情页则由多张商品图片、标题、宏观描述、产品描述、review、Q&A 及其关联广告等组成,属于客户首先接触的重要页面,能在很大程度上决定了商品的转化率。

对于卖家的主图,亚马逊有一个统一的规定,那就是尽量保持冷淡风格。换句话说,亚马逊崇尚的是简约的风格,主要展示产品本身。因此,亚马逊特别反感那种借助酷炫文字和性感模特来招揽客户的做法。

Listing 的设置和优化都是很关键的,尤其对产品销售来说更是必不可少。道理很简单,Listing 是卖家唯一可以面对客户的接触页面,直接决定了客户是否点击、是否购买你的产品。国内的淘宝为卖家和买家提供了旺旺的即时聊天工具,但这种做法并不适合外国人。这是因为,大多数外国人在购物时并不习惯和别人进行长时间的线上聊天。既然无法通过聊天来打动客户,那就需要卖家精心制作 Listing,以真实的产品展示来吸引客户。另外,既然客户的很多疑问很难通过聊天来解决,那就最好将有关疑问的解答也加入其中。这样做,就能避免客户看了 Listing 之后,虽有购买意向,却又产生了一些疑惑,还不能及时得到解决。总之,最理想的情况就是:客户能够在 Listing 页面得到他想知道的所有问题的答案。

六、亚马逊的商品规则

要想全面了解一个电子商务平台,就必须了解这个电子商务平台的商品规则。很多习惯使用国内淘宝的客户都反映,刚开始很不适应亚马逊的商品规则。亚马逊的商品规则比较独特,其核心内容是:同品牌的同类型同款产品只能有一个 Listing。

所以,我们在亚马逊平台上就会发现与国内淘宝截然不同的特点。假设你搜索戴森吸尘器,如果是国内淘宝,就会发现 10000 个同样的结果;但如果是亚马逊,搜索结果只是少数的 Listing,主要是不同型号的信息。亚马逊之所以这样做,目的很明确,就是不希望客户在搜索上花费太多的时间。因此,只要你搜索戴森吸尘器,亚马逊就直接提供戴森的 V8,可以说指向性非常明确。

事实证明,亚马逊减少同一类型的产品的展示,等于帮助客户节省了宝贵的时间,也有助于客户做出更加正确的决定。

当然,这里会出现一个问题,如果你就是卖家,而且也有戴森吸尘器的产品需要销售,那又该怎么办呢? 对于亚马逊来说,这个问题很好解决,那就是"跟卖"。应该说,这是亚马逊平台的一个极有特色的业务。具体说来,你可以借助跟卖手段,获取某个产品的销售 Listing 权限。这需要一个前提,你这个卖家必须出类拔萃,才能在众多卖家中脱颖而出。简单地说,你必须获得黄金购物车(Buybox),而要想获得 Buybox,最重要的条件就是价格。这样就很清楚了,亚马逊是通过这样的方式迫使同类型产品的卖家互相竞争,从而让客户真正享受到最优惠的价格。所以,如果卖家销售的是同样的产品,要想获得购物车的按钮,就必须成为价格最低的那一位。这就是亚马逊对卖家施加压力、为买家提供优惠的精明的套路。

现实中,跟卖往往被无数卖家厌诉病。这主要出于两个方面的原因:一是跟卖确实对很多卖家不利,这是不言而喻的;二是跟卖也有一些弊端。之所以出现后一种情况,主要源于亚马逊的相应规则:一旦跟卖成功,就能获得 Buybox,进而就拥有对 Listing 的页面修改权。这就在客观上让一些不良卖家钻了空子。他们会通过无限制地降低价格来重创竞争对手,一旦跟卖成功就修改 Listing 的相关信息,导致 Listing 的权重下降。

当然,有些卖家希望赶走跟卖,而且也不是无法可想。事实上,品牌备案就是其中一个有效的对策。进行品牌备案后,卖家就可以投诉跟卖的卖家,因为这些卖家并没有得到你的授权。但是,话又说回来,这种做法也不是没有弱点,同样会被破解。从根本上说,为什么会出现跟卖?关键就是大家的产品趋于同质化。既然都是一样的产品,即使你进行了品牌备案,其他卖家也很容易查到你的产品究竟是哪里生产的。于是,他们完全可以和这个工厂谈好价格,继续对你进行跟卖。

七、A9 算法是什么

什么是 A9 算法?很多人对此讳莫如深,或者说得玄之又玄。其实,通俗地说,A9算法就是一套排名机制。设计这套排名机制的根本出发点在于:一方面,让畅销的产品得到更多的展示机会,以便很容易被客户发现;另一方面,不断挖掘新品的潜质,想方设法扩大销量。这就意味着,你的产品卖得好,就能获得更多的曝光机会和更大的流量;如果卖得不好,那就对不起,想都别想得到那些优惠条件。事实上,卖家卖得越好,亚马逊平台就能获得更多的交易手续费。这是显而易见的事实。

如果仔细研究亚马逊的排名算法,我们会看到,影响 A9 算法的因素有很多,诸如关键词匹配度、可用性、价格、销售情况等。在这里,所谓的销售情况是指是否 FBA 配送、review 的星级和数量、图片的质量、商品详情描述/A + 页面、广告、促销等。所谓 FBA 配送,就是亚马逊自配送。对于这类产品,亚马逊会给予更高的流量支持。究其原因,主要有两个:第一,亚马逊可以从中收取卖家 FBA 配送费用;第二,亚马逊认为,使用自己的配送业务,将能有效缩短将货物交到客户手中的时间,有助于强化客户的体验。事实也是如此。

八、亚马逊的 PPC

所谓 PPC,全名是 Pay Per Click,意思是按点击次数付费。这属于亚马逊平台的站内广告,相当于淘宝的直通车,展示的是关键词的相关排名。但是,需要注意的是,亚马逊在进行广告排名时,并不是依据价格的高低。亚马逊始终是一家需要盈利的公司,它必须坚持自己的原则:收取交易手续费。因此,如果卖家的产品无法带来大量的交易,即使你的广告做得花里胡哨,亚马逊也赚不到钱,自然也不会支持你。从广告位的争夺上,亚马逊不但关注出价,更关注广告的转化率。说白了,广告的转化率就是卖家的产品的赚钱能力。

广告词一般包括两种:一是自动类广告词;二是手动类广告词。两者功能不同,后者更强调精准。对于跨境电子商务来说,定义广告词是至关重要的,非常考验技巧。由于是跨境性质,必须了解当地人的喜好。具体来说,他们究竟对产品是如何描述的,究竟会采用什么样的方法来搜索产品,这些都是需要我们深思的。在这方面,找到合适的关键词需要下一番调查研究的功夫。

要想确定最适合的广告词,可以从三个方面着手:第一,借助自动广告词,亚马逊平台会根据你的自动广告,主动提供大量的词,你可以从中选择最佳的广告词;第二,运用亚马逊平台的第三方工具,如 Sonar,可以自动分析各种各样的关键词;第三,直接请教当地人,这也是最直接、最可靠的办法。

九、购买路径

大多数客户在进行网络购物时,并未考虑自己的购买路径问题。但作为亚马逊的卖家,就必须正视这个关键问题。你必须思考这个问题:我们的客户究竟是如何找到他所需要的特定商品的? 一般说来,购买路径应当分为三个环节:一是产生需求;二是表达需求;三是找到目标。面对一个陌生产品,或者面对一个特殊需求,客户往往选用关键词来进行搜索。举个例子,有一个客户想在车上给手机充电,就要进行相应的搜索。他可能先搜索"车上使用充电器",再搜索"点烟器充电头",之后是"车载充电器""车载充电器 for iPhone 6s""车载充电器 for iPhone 6s 安全 黑色 赠送数据线 包邮"。很显然,最后这个结果很可能是客户最初根本没有想到的。这说明,客户的这种搜索过程其实也是一个受影响、被教育的过程。对于"车载充电器 for iPhone 6s 安全 黑色 赠送数据线 包邮"这个词,我们可称之为长尾词。

既然客户最终找到你的产品的大部分流量都来源于搜索,我们就要反思一下,如何才能让更多的客户更快地接触到你的产品页面并决定购买? 在这里,需要从几个方面下功夫:第一,要设法让亚马逊平台认定你的产品与众多的关键词相关;第二,你的产品必须与这些关键词存在着实质上的关联,不能客户搜索充电器,你提供的却是卫生纸,名与实都要相符;第三,让你的众多关键词都在客户搜索的结果页面排名靠前,否则第二页开始的产品的点击率必将直线下降。

针对这个机理,不少中国卖家会在做关键词时采用一些手段。具体说来,就是刷单,专门去刷一些特定的关键词,从而在亚马逊平台上将与关键词对应的产品排名不断提前,最终获得更多的流量。这种做法当然不值得提倡,但有助于我们理解其中的机理。

如果搜索比较费劲的话,也可以使用一些网络工具,帮助你制作出 Listing 链接。一旦客户点击了这个链接,就会产生搜索进入的实际效果。

十、流量思维

很多长期从事跨境电子商务的人认为,不具备起码的流量思维就很难取得成功。举一个生活中的典型例子,那就是诈骗电话。很多人都会接到诈骗电话,既让人生气,还百思不得其解:这么拙劣的骗术,为什么还有那么多上当受骗的人? 新闻中常常报道的诈骗案例往往涉及很大的数额,电话诈骗真的这么容易实施吗?

其实,一般还真不清楚这些骗子究竟打了多少诈骗电话才达到这样的效果。据相关调查显示,电话诈骗的成功率只有1%。那么,他有多少收益呢?假设这个骗子每个月打了1万次诈骗电话,就有100次成功,每次金额在1万至10万。诈骗行为极不道德,人人唾骂。但是,我们可以从中感悟电子商务的原理。这就是流量思维。如果每天有1万人接触你的产品,即使产品质量非常一般,也完全有可能成交。

那么,跨境电子商务的流量究竟从哪里来?在这里,我们可以把相关流量分为两大部分,即站内流量与站外流量。下面,分别进行简要的介绍。

关于站内流量,主要有三大来源。第一,来源于亚马逊的流量池。这也是站内流量最大的来源。为什么很多跨境电子商务卖家喜欢依傍大平台?就是因为这些大平台的流量池非常可观。亚马逊平台的流量是怎么到你的 Listing 上的呢?主要还是要靠关键词搜索。第二,来源于亚马逊的 PPC(广告流量)。这种流量属于付费流量。通过选定关键词、投入广告位,卖家的产品就会获得更大的曝光量。第三,来源于关联流量。很多时候,你的产品会出现在关联产品的 Listing 页面下,客户完全可能进行点击。说得通俗一点,这就属于蹭流量。尤其在新品期,具备优势的产品会出现在畅销产品的 Listing 下,自然会获得分流的效果,带来不错的收益。

关于站外流量,主要通过链接来实现。例如,在 FB、INS、YouTube 等网站,卖家可以与他人合作,或者推广自己的产品,或者发布促销信息。当然,这种做法最大的好处只是增加交易量,对特定关键词的排名提升作用不大。

从本质上说,流量思维要求卖家考虑清楚以下五个关键问题。

第一,与自己的产品真正匹配的流量群体究竟在哪里?这就涉及转化率问题。

第二,究竟通过什么手段吸引这一流量群体?这就涉及手段问题。

第三,一旦成功地将流量群体吸引过来,如何完成客户转化?这就涉及匹配度和吸引度问题。

第四,实现客户转化后,如何促使他们为你进行传播?这就涉及超出预期的表现和沟通问题。

第五,如何将这些已经到来的流量真正沉淀下来?这就涉及会员问题。

如能妥善解决好这五个问题,就可以说具备了真正意义上的流量思维。

十一、产品调研

作为跨境电子商务的卖家,进行产品调研堪称须臾不可或离的基本功。要进行产品调研,就不能不讲究调研方法。否则,徒有调研之形,却无调研之实,充其量也只是走个过场,毫无实际意义。如果你是亚马逊平台的卖家,就可以通过以下四种方法进行产品调研。

第一,如果想要把握某一个品类的市场规模,你至少有两种选择:一是通过 google trends 去分析当地关键词的搜索趋势;二是查询海关数据。

第二,如果你掌握了亚马逊的调研工具,如 jungle scout,就能很便捷地推算出竞品的排名和月均销售情况。要知道,亚马逊的产品月均销售数据一般是不公开展示的。

第三,在与工厂打交道时,对方很可能故意夸大某一类型的产品的出货量。如果你没有调查渠道,就很容易被对方的措辞所迷惑。为了验证对方的说法是否属实,你可以查询海关数据,迅速了解有关产品的整体目标市场的出货量。有时候,有些海关数据平台还能提供某类产品的海关出口数量,甚至提供出口商的名称。

第四,可以借助一个商标,迅速查询到它的母公司以及母公司旗下的所有商标。这些信息在网上都是公开的,有助于你进行客观的分析。

十二、团队沉淀

从事跨境电子商务的人往往比较重视产品,而忽视团队建设。究其原因,固然与大多数跨境电子商务卖家初期习惯于单打独斗有关。但是,一旦发展起来,就必然涉及团队建设问题。在亚马逊平台,这种团队建设一般被称为团队沉淀。现在都在讲资源整合,其实人才是最宝贵、最稀缺的资源。

对于跨境电子商务的卖家而言,无论是小团队还是大团队,都有一个团队沉淀的问题。只有切实做好团队沉淀工作,你才能在跨境电子商务领域产生足够的竞争力,最终取得经营上的成功。如果团队成员离心离德,那么大家的聪明才智就很难得到发挥,更不可能产生"1+1>2"的效应。团队内部整天处于钩心斗角的地步,这种内讧状态极易导致团队的分崩离析,甚至连正常的运转也成了奢望。

第二节 敦煌网

在国内外跨境电子商务平台中,敦煌网是一个极具特色的跨境电子商务平台。

一、敦煌网简介

敦煌网创立于 2004 年,是中国第一个 B2B 跨境电子商务交易平台。敦煌网始终致力于帮助中国的中小企业经由通过跨境电子商务平台走向全球市场。实践证明,敦煌网成功地开辟了一条全新的国际贸易通道,促使在线交易变得更加简单、更加安全、更加高效。

据不完全统计,敦煌网平台目前已拥有 170 多万家注册供应商,在线产品数量超过 770 万,覆盖全球 222 个国家和地区的 1500 万个注册买家。商务部重点推荐了中国对外贸易第三方电子商务平台,敦煌网就是其中之一。此外,工信部电子商务机构管理认证中心也已将敦煌网列为示范推广单位。

(一)敦煌网的优势

与其他跨境电子商务平台相比,敦煌网的优势是显而易见的。具体分析,敦煌网的优势主要体现在四个方面,分别是技术优势、用户优势、运营优势、品牌优势。这四种优势的具体体现,可以从表11-1中了解。

表 11-1 敦煌网的四大优势

优势点	体现
技术优势	14 年的技术沉淀 年均近万个迭代优化 数字贸易智能生态体系(DTIS)
用户优势	1500 万 + 买家 170 万商家 覆盖 222 个国家和地区
运营优势	1000 + 运营模块 高度跨界的人才 典型电子商务基因
品牌优势	14 年的国内外品牌认知 海外线下实时品牌渗透 7 个已开海外 DTC

在敦煌网这个跨境电子商务平台上,卖家将面对具备跨境交易需求的大量客户。敦煌网为客户提供了各种业务帮助,切实解决诚信、税务、物流等关键问题。为此,敦煌网不断完善业务体系,其功能主要包括在线交易功能、数字贸易中心、诚信安全体系、出口退税、卖家增值服务、国际培训 CBET、海外物流专线。

在业务布局上,敦煌网围绕平台交易,整合并升级了产业链上的支付、物流、金融等供应链服务,并在国内市场和国外市场进行业务拓展。敦煌网创建了 DHgate 小额 B2B 交易平台,打造了外贸交易服务一体化平台 DHport。得益于这种设置,那些优质企业就获得了直接对接海外市场需求的一条通路。

为了实现传统贸易线上化,敦煌网提供了从金融、物流、支付、信保到关、检、税、汇等领域的一站式综合服务。

在卖家端,敦煌网升级了供应商结构,在有助于拥有优质产品与优质服务的企业脱颖而出。敦煌网将交易与服务有机地结合在一起,为产业集群优质商户提供更丰富、更多元的服务。

在买家端,敦煌网针对"一带一路"沿线和重点商贸区域,进行跨境贸易精准营销,最大限度地整合互联网上的海量用户,实现相关业务的高效增长。

敦煌网的大数据中心着眼于敦煌网的全球布局,对相关信息进行卓有成效的获取、追踪、分析、处理与应用。这无疑为敦煌网的卖家的市场拓展、买家获取、用户服务、客户关系管理、供应商升级提供强有力的决策支持。

(二)敦煌网的竞争力

综上所述,与其他跨境电子商务平台相比,敦煌网具备足够的核心竞争力。这种核心竞争力主要表现在以下三个方面。

一是业务体系足够完善,可以完全满足客户的不同需求。随着跨境电子商务的长足发展,很多新问题层出不穷。从某种意义上说,这些新问题往往表现在客户逐步产生的各种新需求上。敦煌网对客户的这些新需求极为关注,通过不断满足这些新需求,来完善自己的业务体系。如今,完善的业务体系已经成为敦煌网的第一大核心竞争力。

二是创新能力足够优秀,可以实现产品和服务的不断升级。在新的政治形势与经济形势下,敦煌网充分借助"一带一路"的发展态势,与时俱进、开拓创新,致力于从买家端和卖家端同时创新自己的服务,极大地提升了自身的业务量。

三是数据能力足够强大,切实促进业务发展。当前,大数据的发展能够有效地提升相关业务。因此,敦煌网充分利用自己的大数据,进一步了解客户的需求、把握市场行情的变化、促进自身业务的发展。

(三)在敦煌网平台做跨境电子商务的注意事项

要想在敦煌网上从事跨境电子商务,就必须在一些细节上下功夫。

1. 产品图片。在这方面,最常见的错误就是只上传一张产品图片。很多新卖家并不清楚,如果产品图片能上传 8 张的话,就能在搜索中加分。根据实际的测试结果,这时所增加的分数能让你超过好评为 100% 的大卖家。事实上,这会带来两方面的好处:一是能在搜索中获得理想的排名;二是能在资源上占有较大的优势。

2. 产品标题。在这方面,最常见的错误就是产品标题雷同化。调研表明,这是新卖家特别容易犯的毛病。要知道,产品标题的价值就在于帮助更多的买家借助产品标题的关键字来找到你的产品。因此,如果产品标题雷同的话,就意味着你失去了曝光自己的产品的机会。

3. 产品数量。在这方面,最常见的错误就是产品上传数量偏少。很多时候,一些卖家上传了一二十件产品就迫不及待地开始等待订单了,结果当然可想而知。既然敦煌网平台为所有的卖家开放了 10000 个上传产品的数量规则,就是最大限度地引导卖家尽量多地上架产品,尽可能地增加自己的产品的曝光次数。当然,这必须有一个前提,那就是标题名称、产品首图不能雷同,而且要上传 8 张产品图片。这样一来,你的产品被买家搜索到的概率就能大大增加。

4.产品描述。在这方面,最常见的错误就是产品的功能和规格含糊不清。这是一个致命弱点,会直接影响产品的销售情况。有时候,客户看了你的产品图片,就产生了购买的意愿。但在产品展示页面上,却没有完整、清晰的产品功能和产品规格的具体。疑惑之余,客户很可能犹豫不决。尽管其中一部分客户会选择在线咨询卖家,但另一部分客户却往往直接放弃购买的意愿,转而去选择别的卖家的产品。

5.广告位。在这方面,最常见的错误就是不善于使用广告位。在跨境电子商务中,广告的价值是非常重要的,不可轻视。一般说来,卖家在完成对自己的产品的展示之后,就应当购买一个广告位。当然,也有一些卖家认为,即使购买了广告位,也并不能保证订单增加。这是事实,但原因并非广告没有价值,而是卖家不善于充分发挥广告位的作用。显而易见,投放广告也是一门艺术。在投放广告前,最好确定究竟是选择定价还是选择竞价。从实际效果来看,竞价的效果往往比定价的效果要好一些。在此基础上,还要进一步决定究竟投放哪个产品。为此,必须研究一下现有的广告主要宣传什么产品,主要选择什么价格。参考这些信息之后,就可以更有针对性地投放产品了。当然,有关的产品展示页必须醒目、完整。

二、敦煌网的注册操作流程

进入敦煌网的卖家后台,我们会发现,敦煌网的操作与其他跨境电子商务平台大体相似。

(一)登录

登录敦煌网官网 http://seller. dhgate. com/,然后点击"免费开店"或"免费注册"就能顺利进入注册页面。

(二)注册

根据页面提示,具体填写注册信息。在填写时,必须注意以下三个细节:第一,账户信息一旦提交,就不能修改,所以要仔细,一步到位;第二,可以先选择主营行业,再绑定经营类目,但绑定经营类目之后,就不能再修改;第三,在选择用户类型时,有三个选项,分别是个人、内地企业、香港企业。

个人账户注册时,需要个人的身份信息。企业账户注册时,需要企业的营业执照。按照规定,同一个人的身份信息注册的个人账户仅限一个,同一个营业执照(不能是个体工商户)注册的企业账户不得超过10个。

(三)验证手机与邮箱

提交注册信息之后,就要进一步进行手机验证,并激活相应的邮箱。需要说明的是,手机号码与邮箱注册后都可以根据自身的需要进行修改。

（四）身份验证

一旦通过了手机验证、激活了相应的邮箱，就需要进行身份验证，并进行开店考试。只有完成以上步骤，你上传的产品才能被买家看到。

如果是个人卖家，在进行身份验证时，必须手持身份证正、反面照片。照片必须能清晰地看到手腕与手肘，照片上的身份信息应当清晰可见。如果采用手机拍照的方式，要达到无须放大就可看清的地步，才算合格。

如果是企业卖家，在进行身份验证时，必须提交相关认证材料，具体包括营业执照照片、企业法人手持身份证照片。对于照片的要求，与个人卖家的身份验证要求相同。

在一般情况下，按照提示信息上传照片后，三个工作日左右就能通过验证。

（五）开店考试

开店考试是必不可少的一个环节。开店考试时，必须按照提示进行。开店考试共有 25 个选择题，既有单项选择题，也有多项选择题。总分是 100 分，60 分及格。考店考试可以多次进行。提交试卷后，很快就会出现成绩，所有题目都会提示正确答案。一旦通过了开店考试，你就可以上传产品了。

三、敦煌网的产品上传操作流程

（一）绑定经营品类

在上传产品之前，先要绑定产品经营品类。产品经营品类一共有 14 个大类。要根据自己的特点和需求，慎重地选择品类。按照敦煌网平台规则，一旦完成绑定，就不能再次进行修改。

1. 了解禁售产品

通过敦煌网卖家后台进入后，详细了解敦煌网的经营规则。需要特别强调的是，你所销售的产品必须排除在禁售产品之外。否则，就不能正常经营。

表 11－2　敦煌网禁售产品（部分）

产品类别	禁售产品及信息	说明及举例
毒品类	毒品、麻醉品、制毒原料、制毒化学品、致瘾性药物	白粉、海洛因等
	帮助走私、存储、贩卖、运输、制造、使用毒品的工具	
	制作毒品的方法、书籍	
	吸毒工具及配件	

产品类别	禁售产品及信息	说明及举例
枪支武器类	核武器等其他大规模杀伤性产品	弹药、军火等
	枪支及枪支配件	仿真枪、消音器、枪托、枪瞄仪等
	防弹防刺背心、头盔	
III类医疗器械/药品	处方药、非处方药、中草药	药膏、喷雾类药品、催情、延时功能的药膏、喷雾、精油类性保健品、减肥药膏、减肥茶、减肥咖啡、丰胸贴、丰胸膏
	III类医疗器械	医用针管注射器、隐形眼镜、牙齿美白胶等
	制药设备	药品压片机、胶囊抛光机、胶囊填充机等
特殊用途化妆品	祛斑、防晒、美白、祛皱、消炎等治愈治疗效果的化妆品	睫毛增长液、美白膏等
	育发、染发、烫发类产品	
	脱毛、美乳、健美、除臭类产品	
影响社会治安类	管制刀具	匕首、三棱刮刀、跳刀、血槽刀等
	弓弩	
	开锁器	
化学品类	易燃易爆物品	烟花、爆竹、灭火器、石棉及含有石棉的产品、固体酒精、油漆、火柴、打火石等
	化学品	
	点火器及配件	含有可燃气体或液体的打火机等
色情暴力	含有露骨情色、淫秽或暴力内容的产品	
	未成年人色情	
	宣传血腥、暴力及不文明用语	
安全隐患类	容易导致他人受伤的产品或防身器具	安全气囊、飞镖、尖锐指尖陀螺、电击棍棒、手电或电击玩具等
烟酒类	烟类	香烟、烟草、戒烟贴、烟油、卷烟纸等
	酒类	白酒、红酒、鸡尾酒等

续表

产品类别	禁售产品及信息	说明及举例
货币类	流通货币、伪造变造的货币以及印制设备的产品	美元、英镑、假币、印钞机等
	虚拟货币	比特币、莱特币、比奥币、狗币等
	等值纪念币	

2. 选择适销产品

如果是新卖家,为了保险起见,最好花一点时间,进入敦煌网"卖家入门",详细学习"选品技巧"。这些技巧主要包括以下四个方面的内容。

一是所选产品最好体积小、重量轻。道理很简单,这样的产品便于快递运输,还能显著降低物流成本。

二是所选产品最好是附加值高的产品。一般说来,产品物流费用较高,导致利润稀少。为克服这一难题,最好选择附加值高的产品,才能确保利润。

三是所选产品的价格适中。为此,可以详细了解目的地国家同类产品的售价,参考之后确定合理的价位。目前,比较适合在敦煌网上销售的产品品类主要包括 3C 数码、婚纱礼服、综合百货、时尚百货、母婴玩具、健康美容等。从 2018 年开始,敦煌网平台新增食品饮料、家用电器这两大类产品的销售。此外,那些新颖的独具特色的产品是买家极有兴趣的,因而也在可选之列。

四是所选产品符合自身实际。必须根据自身实际来确定产品品类,并进行绑定。

(二)申请品牌

要想在敦煌网上进行品牌产品销售,首先必须获得相应的品牌资质。如果属于自主品牌,就需要向敦煌网平台提交自主品牌的资质证明。如果属于代理品牌,就需要提交代理品牌的资质证明,并缴纳相应的保证金。

选择添加新品牌,即可填写并提交品牌信息。按照敦煌网平台的规则,每个账号最多可添加 5 个品牌,只要按照提示信息进行填写即可。一旦通过了品牌信息审核,就需要进一步提交品牌资质审核材料。提交代理品牌或自主品牌的相关信息之后,就只需等待审核结果了。一般情况下,审核的期限为 2~5 个工作日。

(三)上传产品

1. 选择类目

首先,根据已经绑定好的产品类目,选择对应的类目。然后,点击"立即发布新产品"。

2. 填写信息

根据发布产品信息的提示与要求,具体填写产品的相关信息。

（1）产品基本信息

①产品标题。

产品标题的作用是无论如何估计都不过分的，因为它有助于关键词搜索，直接影响产品的曝光率。产品标题的字数是有限制的，最多不超过 140 个字符。如果是英文标题，单词量为 16～23 个，也不得超过 140 个字符。产品标题的内容主要包括产品的功能、特点等。

例如：Brand New Men's long sleeve shirt 100% cotton five colors 10pcs/lot drop shipping.

在这个范例中，标题主要包括了"风格""颜色""款式""配饰""布料""促销信息""打包方式""是否支持代发货"等内容。

在设计产品标题时，还有一些注意事项：第一，一个单词只能出现一次，如果重复堆积，就会被敦煌网平台视为作弊；第二，尽量多设置一些热搜属性词，将品类词放在后面；第三，避免使用分隔符，语法上也力求简易；第四，如果确实需要修改标题，就要少而精，能改一个关键词就不要改两个关键词；第五，保持标题中每个核心关键词的位置，不要轻易改变顺序；第六，尽量选择在夜间修改标题，以免对店铺的正常运营产生负面影响；第七，在标题中增补新关键词要谨慎，既要着眼于提升关键词的权重，又要着眼于强化人群标签。

②产品基本属性。

在品牌方面，必须在申请品牌资质通过后才能选择。至于其他方面，则要根据提示选择与产品属性对应的选项。在一般情况下，可以将产品属性所对应的词语作为标题的关键词。

③产品规格。根据产品的实际的尺码与颜色仔细填写。考虑到外国人与国内人的体型差异，在尺码的确定上也必须谨慎。最好在详情页上标明产品尺码所对应的尺寸。

（2）产品销售信息

①计量单位与销售方式。例如，可以选择：12 美元/件，按包卖，一包 4 件。

②备货状态。选择"中国"。

③备货期。一般不超过 4 天。

④产品价格。有两种选择：一是统一设置价格；二是分别设置价格。

⑤价格设置。

在进行价格设置时，首先要计算产品成本。产品成本包括很多内容，如产品进货成本、物流成本、平台佣金等。

目前，敦煌网实行统一的佣金率，这属于"阶梯佣金"政策。这一政策的具体内容如下。

如果单笔订单金额少于 $ 300，平台佣金率为 8.5%～15.5%。

如果单笔订单金额达到＄300且少于＄1000,平台佣金率直降为4.0%。

如果单笔订单金额达到＄1000且少于＄5000,平台佣金率直降为2.0%。

如果单笔订单金额达到＄5000且少于＄10000,平台佣金率直降为1.0%。

如果单笔订单金额达到＄10000,平台佣金率直降为0.5%。

在这里,要注意将人民币准确地换算成美元。

（3）产品内容描述

①产品图片。选择JPEG格式,容量不超过2M,可进行本地上传或相册上传。

②产品简短描述。不超过500个字符,不能与标题雷同,可重点突出产品的颜色、尺寸、款式、配件、贸易方式等。

③产品详细描述。具体内容是产品功能属性、产品细节图片、支付物流、售后服务、公司实力等。需要注意的是,图片格式必须是JPEG,容量不超过2M,还要将图片上的中文转换成英文。如有必要,可以添加产品视频,具体做法就是将YouTube网站视频链接地址输入。

（4）产品其他信息

①产品包装信息。主要包括产品包装后的重量及尺寸。对于跨境电子商务来说,如能选择邮政小包寄送,邮费上就相对便宜。至于小包的标准,具体是:2kg以内;非椭圆;长＋款＋高≤90cm。

②运费设置。可以添加运费模板,并为运费模板命名。既可以是中文,也可以是英文。以服装运费模板为例,可以分为简化版与高级版。

发货地选择"中国"。至于物流方式,一般有两种选择:如果选择商业快递,时效快、价格贵;如果选择邮政,时效慢、价格低,一般签收时间为30至40天。

在设置运费时,可以先选择"物流运费查询",根据选择的物流及产品重量与尺寸初步计算物流费用。

如果要进行高级版运费设置,就可选择标准物流、优质物流、经济物流、海外物流。究竟选择哪一种,主要由卖家根据自己的需要来决定。以经济物流中的中国邮政小包为例,到货时间在10至45天。如果寄往美国、英国、加拿大、澳大利亚、法国、德国,将不提供物流跟踪服务。

在运费设置中,必然会遇到各种名词。如果不了解名词的具体含义,就有可能出现设置错误。

设置发货国家。一旦确定了物流,就要进行设置并选择。可按照自身的需要设置免运费、标准运费、自定义运费、不发货。以选择免运费为例,必须设置对应免运费的国家。要承诺运达时间默认,这里可以选择邮政小包,一般不超过45天。点击确定后,其余国家可再次设置标准运费、自定义运费还是不发货。

其他信息。

产品信息。有三种选择:一是 90 天;二是 30 天;三是 14 天。

至于服务模板,可选择默认模板。

最后,点击提交即可。产品会出现相应的界面,等待产品审核。

(四)敦煌网商品评分细则

敦煌网商品上线评分系统后,主要从产品图片、产品标题、产品短描述、产品属性、产品配送五个方面进行评分。具体评分标准如下。

一是产品图片。敦煌网平台建议,卖家上传的产品图片最好达到 8 张,其中最好有一张属于推广图片。

二是产品标题。敦煌网平台建议,卖家的产品标题的单词数量应在 16 ~ 23 个之间。

三是产品短描述。敦煌网平台建议,高分商品的短描述单词数量应在 21 ~ 28 之间。

四是产品属性。产品属性并非必填属性,但按照敦煌网平台的建议,高分商品的填写率应超过 80%。

五是产品配送。目前,敦煌网平台将运费模板中的物流方式分为按照不免邮、提供小包免邮、提供一般快递免邮、提供优质快递免邮四种。凡是高分商品的产品配送,必须选择优质快递,并要求免邮美国、英国、加拿大、澳大利亚、法国、德国这六国当中的一个国家。

此外,按照优化后的商品评分系统的规定,产品短描述和产品标题之间的单词重复度必须小于 50%,否则仅计 25 分。之所以有这样一个设定,也是为了促使卖家认真填写商品短描述,以便真正提高产品质量。由于敦煌网的商品类目处于动态变化之中,往往会根据海外市场的需求而进行调整,商品评分规则也自然会定期进行一些调整。因此,敦煌网平台的卖家必须随时关注平台的商品评分系统的规定与变化,及时维护商品得分,确保在线商品的质量。

(五)信息修改

1. 主图。主图的修改最好间隔 24 小时进行更改,每次只改动一张,可以传到其他位置,然后 24 小时后与主图位置调换。当然,也可以提前一天传到图片空间,第二天再上传到主图位置。

2. 详情页。详情页的修改同样要间隔 24 小时,PC 端详情一般分 3 次改完,移动端可以分两次改完。

3. 宝贝价格。要知道,修改价格是会直接降权的,代价就是损失流量。不仅如此,价格更改之后,由于获得流量的人群的消费习惯、价格与店铺产品标签不符,很容易寻致成交率降低。因此,不到万不得已,不要轻易修改价格。但如果有足够的修改理由,那么在承受损失的同时,就要尽量止损,用最快的速度,选择在产品下架时更改。一般说来,改动幅度不宜过大,单价不应超过 30%。很多卖家过分看重价格,进行频繁的修改,结果得不偿失。事实上,很多产品同质化非常严重,价格上也大同小异。即使在价格上出现一些小的差距,也不是决定性因素。只有真正做好售前售后服务,真正完善详情页,真正致力于提高成交量,真正获取更多的精准流量,这才是销售的王道。

4. 条理分析。在敦煌网平台上,任何一个店铺的所有数据都是互相关联的,诸如点击率、转化率、流量、成交量、收藏加购率等。因此,你必须弄清楚究竟应当先从哪一步开始优化。如果要进行定向展示推广,第一步自然就是展现和点击。有了点击率的支撑,才谈得上进一步的转化、收藏、购买。你的店铺的主推款测试和图片测试也很重要,因为其直接决定了推广过程中的流畅度。

四、敦煌网的其他操作

(一)订单

当完成产品提交并通过审核时,卖家就算是真正迈上了跨境电子商务之路。这就意味着,你随时都可能接收到交易订单。出现订单后,登录"我的 DHgate",页面中间会显示卖家需要关注的订单。也可以登录"我的 Dhgate——交易——我的订单",查看卖家的所有订单。

1. 全部订单。具体包括"待处理订单""关注订单"的所有订单。

2. 纠纷订单。具体包括"纠纷中订单""纠纷关闭订单"的订单。

3. 批量导出订单。主要提供批量导出订单功能。

4. 待处理订单。总体来看,待处理订单分为五种情况。第一,未付款订单。买家已经提交了订单,但尚未付款。第二,待发货订单。买家已经付款,但卖家尚未发货,也没有填写运单号。第三,纠纷中订单。卖家与买家之间存在纠纷,点击后,会自动进入纠纷订单页面。第四,可清款订单。在这种情况下,可以向申请平台放款。第五,未读站内信订单。在订单站内信中,会出现未读消息。

5. 关注订单。总体看来,关注订单分为六种情况。第一,今日新订单。下单的时间为当天,有助于卖家统计当天的业绩。第二,已发货订单。待发货订单发货并填写运单号后,会在已发货订单中显示。第三,已确认收货订单。这包括两种情况:一是卖家发货后,买家确认收货;二是卖家发货后 90 天,买家未确认收货,平台自动放款。第四,已入账订单。请款通过,平台放款。第五,90 天内交易完成订单。第六,90 天内交易取消订单。

6. 搜索条。卖家要想快速定位到目标订单,可通过设置订单号、产品编号、买家名称、产品状态、送达国家来进行。如果想通过运单编号、下单时间进行查找,可点击"高级搜索"。如果出现未付款订单,说明客户很可能在犹豫。这时候,我们就应当及时跟踪订单,及时联系客户,尽快拿下订单。如出现代发货订单,就需要在 4 天内备货发货。

发货后,一定要及时将物流订单号上传,方便客户随时跟踪相关信息。

(二)推广营销

设置店铺活动,可按照设计的步骤进行设置。

1.限时限量促销

(1)登录卖家后台,依次进入"推广营销""促销活动""店铺活动"。

(2)填写"限时限量"促销信息。

①限时限量促销活动主要包括"打折"与"直降"两种,不要忘了选择。

②无论是活动开始时间还是活动结束时间,都应当是"北京标准时间"。

③如果本月活动允许创建的个数、时长有一项为0,就无法创建本月活动。

④填写限时限量促销活动的基本信息。一般说来,限时限量促销活动必须提前12个小时创建活动。在活动开始前6个小时,将进入"待展示"状态。

⑤创建好限时限量促销后,选择参加活动的相关产品。需要注意的是,每个活动最多只能选择40个产品。

⑥选择产品时要注意,有的产品有可能存在VIP价格。因此,在进行促销时,要注意VIP买家购买时一定是基于VIP价格基础上所进行的限时限量促销。这一点容易忽视,也会给VIP买家带来不愉快的体验,需要特别注意。

⑦在发起限时限量促销时,切忌提价促销。如果多次提价促销,就会受到平台相应的处罚。

⑧活动库存。所谓活动库存,是指产品参与促销活动期间可销售的最大数量,由卖家自行设置。一般说来,活动库存应是大于产品最小起订量的整数。当活动库存售完或低于最小起订量时,产品会自动退出活动,价格也会自动恢复原价。

⑨限购数量。所谓限购数量,是指产品参与促销活动期间每个买家可购买的最大数量,由卖家自行设置。一般说来,限购数量应是大于产品最小起订量且小于或等于促销数量的整数。

⑩既可以批量填写"折扣""活动库存""限购数量",也可以单独进行设置。所谓90天均价,是指商品在参加当前活动时的前90天的促销均价,一般只计算商品在店铺促销中的价格,不包括平台活动、daily deals活动、平台大促期间的折扣价格。当前的店铺限时限量促销价格必须小于或等于90天均价。

点击"提交"后,完成活动创建及设置。由于此时活动还处于未开始状态,此时可以进行增加/减少活动产品、停止活动等操作。活动开始前6小时,就进入"待展示"状态。在这种状态下,产品不能进行编辑、停止、新增促销产品等任何操作。因此,一定要在待展示状态出现前将活动信息设置完整。

2.打折促销活动

(1)登录卖家后台,依次进入"推广营销""促销活动""店铺活动"。

（2）创建"全店铺打折"促销活动。这种促销活动必须提前24小时创建。无论是活动的开始时间还是活动的结束时间，都选择"北京标准时间"。在进行折扣设置时，应当采取促销分组的形式进行。如果尚未创建任何分组，就可以将全部商品默认加入"other"分组中。在创建"全店铺打折"活动之前，可以进行分组创建。一旦店铺开始了打折活动就不能再创建分组和修改该组内的商品。点击"分组名称"后，可进入促销分组进行具体管理。

点击"提交"后，完成活动创建及设置。活动处于未开始状态，还可以进行分组折扣修改、停止活动等操作。在活动开始前12个小时，自然进入"待展示"状态。这个时候，不能再对处于待展示状态的产品进行编辑、停止等操作。

3. 满减促销活动

（1）登录卖家，依次进入"推广营销""促销活动""店铺活动"。

（2）填写"全店铺满减"信息。活动必须提前48小时创建。无论是活动的开始时间还是活动的结束时间，均选择"北京标准时间"。如果勾选"优惠可累加"，设定的满减为满＄100减＄10，则满＄200减＄20，以此类推，上不封顶。需要注意的是，订单满减并不包含运费。如果商品同时参加其他打折活动，则按折扣后的价格进行满减。在开展全店铺满减活动时，不对商品的价格、信息进行锁定。在满减的过程中，可修改相应的商品信息。

（3）点击"提交"后，完成活动创建及设置。活动处于未开始状态，可以进行分组折扣修改、停止活动等操作。活动开始前24小时进入"待展示"状态，处于待展示状态的产品不能再进行编辑、停止等操作。

4. 优惠券

（1）登录卖家后台，依次进入"推广营销""促销活动""店铺活动"。

（2）填写"优惠券"促销信息。如果是领取型优惠券，在同一时间段内最多可创建10个领取型活动。如果是多个领取型活动，只要出现时间段重叠，就只能计算为同一时间段。领取型优惠券可与店内的其他促销活动同时使用，具体的计算规则是：第一，计算折扣或直降；第二，计算满减；第三，计算优惠券。优惠券只能在活动未开始前进行修改和停止，一旦活动开始，就不能再次进行修改。处于活动未开始状态时，停止活动时不扣除活动个数。

（三）数据智囊

对于敦煌网平台的卖家来说，数据智囊的好处是有助于卖家了解自己的店铺情况，主要包括店铺流量、交易情况、访客行为。具体内容一般分为7个部分：一是销售进度；二是商铺排行；三是经营概况；四是成交分布；五是核心指标分析；六是商铺详细数据；七是类目报表。

1. 销售进度。销售进度可显示商铺本月累计成交金额和本年度累计成交金额。其中,本月累计成交金额是从本月 1 日开始计算的,一直到查看数据的前一天;本年度累计成交金额是从当年 1 月 1 日开始计算的,一直到查看数据的前一天。

2. 商铺排行。商铺排行可帮助卖家了解自己的店铺与同主营行业、同成交金额层级的增长差异,也有助于卖家了解同行同层卖家的成交金额状况。这里所说的主营行业是根据店铺最近 30 天的成交金额进行计算,选取其中成交金额最高的行业作为主营一级行业。

3. 经营概况。经营概况主要显示店铺成交额。具体计算公式是:商铺的成交金额=商铺访客数×浏览－成交转化率×客单价。该模块在默认状态下,会自动显示最近 7 天的相关数据。卖家可以根据自己的需要,自主选择最近 1 天、最近 7 天、最近 30 天及自然日、自然周、自然月的具体数据。敦煌网平台为卖家保留了 1 个自然年的数据。当然,也有例外情况。个别商铺会出现成交金额,但却不显示商铺访客数,或者是成交买家数小于商铺访客数。究其原因,主要是部分买家是通过搜索列表页直接加入购物车并购买的,并没有访问卖家的店铺或产品详情页。

4. 成交分布。成交分布会从国家、平台、类目、新老买家、买家级别进行分析,在默认状态下显示的是最近 7 天的数据。卖家可以根据自己的需要,自主选择最近 1 天、最近 7 天、最近 30 天及自然日、自然周、自然月的具体数据。卖家还可以选择具体某个维度值,右侧就会出现与此维度值对应的趋势图。

5. 核心指标分析。核心指标分析具体包括商铺的流量、交易、访客行为的核心分析指标,最常用的是趋势图功能。卖家可以根据自己的需要,自主选择最近 1 天、最近 7 天、最近 30 天及自然日、自然周、自然月、自定义时间(目前的设置最多不超过 60 天)的具体数据。

6. 商铺详细数据。商铺详细数据具体包括商铺的流量、交易、访客行为的核心分析指标。要想了解商铺详细数据,既可以直接查看数据,也可以下载数据。卖家根据自己的需要,可自主选择最近 1 天、最近 7 天、最近 30 天及自然日、自然周、自然月、自定义时间(目前的设置最多不超过 60 天)的具体数据。

7. 类目报表。在类目报表中,根据商铺核心数据的不同,将产品分为一级类目和二级类目。要想了解类目报表,既可以直接查看,也可以下载。卖家可以根据自己的需要,自主选择最近 1 天、最近 7 天、最近 30 天及自然日、自然周、自然月的具体数据。

五、如何在敦煌网如何打造爆款

(一)什么是爆款

所谓爆款,最早是专指服装行业中人气特别高,以至卖到脱销的衣物款式。目前,这个词已广泛运用到跨境电子商务的平台和行业,包括服装鞋包、个护美妆、家用电器、手机数码、食品饮料、图书音像等。

（二）爆款的生命周期

对于跨境电子商务卖家来说，能在自己的店铺里拥有几个爆款商品，那简直就是天大的喜事。一旦拥有爆款，确实可喜可贺。但是，一定要珍惜，因为即使是爆款，也有其生命周期。一般说来，爆款与一般的商品相似，其生命周期主要包括三个阶段：一是出生期；二是成长期；三是衰退期。敦煌网平台的卖家要善于判断爆款所处的阶段，根据每个阶段的不同特征，进行科学的设计。

（三）打造爆款的步骤

如何打造爆款呢？要想确保打造效果，买家必须针对每一个阶段去进行潜心的研究。事实上，每个阶段都应引起足够的重视，因为它们是环环相扣的。在出生期，就要仔细研究哪款产品最具有营销推广的价值，进而达到爆款的效果。这一步如果选择有误，或者选择不得当，不仅无法实现爆款的效果，而且还会造成后期大量的人力、物力、财力上的巨大损失。在成长期，一般需要进行大量的资源投入。如果因为犹豫不决而导致相应的资源投入不到位，或者未能将钱花在刀刃上，也会导致营销推广的彻底失败。在整个过程中，必须注意选款问题和测款问题。

1. 选款。毫无疑问，选款是整个爆款打造过程的前提与基础，其重要意义不言而喻。以服装为例，由于功能丰富、风格多样、款式繁杂，选款一向是有难度的。尤其是女装，被公认为最难运营的电子商务类目。可想而知，选款之后，很多事情就已经基本定位了。

2. 测款。即使已经进行了成功的选款，但我们也会发现一个难题：在实际运营中，类似的产品实在是太多了。究竟选择其中哪些产品作为主推产品呢？这就需要测款，进行客观的比较，最终才能确定理想的主推产品。

既然测款这么重要，如何进行测款呢？首先，我们必须选定一部分极有可能成为爆款的产品。其次，将这些产品放在同一个市场环境中，进行几周时间的试推广。最后，认真收集、仔细对比这些产品的市场反馈数据，从中选定最终的主推产品。为了确保公平合理，在测款的时候一定要避免付费推广的产品和免费推广的产品。此外，对于那些推广力度不等的商品区，也不适合进行比较。

如果卖家的店铺规模比较大，已经拥有相当数量的忠实用户和较高知名度的品牌，只要将产品放在店铺首页或进行关联销售，就可以获取固定的自然流量。但对于大多数中小买家来说，最好采用敦煌网平台广告去进行测款。只要支付一定的推广费用，就可以更高效、更精准地获取市场反馈数据。在敦煌网平台上，竞价广告是不受质量分数的影响的。换句话说，只要达到一定价格，就可能在前三位进行展示。这与你是PC端还是无线端，并无必然的联系。一般说来，流量越大，数据越有价值。如果流量偏小，数据就会呈现较大的偶然性。只有数据达到一定的规模，才有相应的参考价值。

在一般情况下，我们在考察产品时，往往会关注访问量、访客数、跳失率、平均停留时间等指标。但如果是针对测试的产品,最好重点关注以下指标。

一是点击率。点击率越高,证明产品越受客户的欢迎。最起码,这说明客户对我们的产品感兴趣。

二是转化率。转化率体现的是客户对我们的产品的接受度。因此,转化率越高,说明我们的产品越符合客户的需求。

三是好评率。好评率非常直观地显示了客户对我们的产品的认可程度。在详情页和实物都相差无几的情况下,那些性价比高的产品更容易获得客户的好评。

四是关注量。关注量具体体现了产品的潜在客户群和成长潜力。这部分潜在客户在卖家的宣传推广下,很可能产生实际的购买行为。

基于上述重要数据,买家很容易判断出哪种产品最适合自己推广,最有可能成为爆款。当然,有时候也会出现这样的尴尬问题:你的产品的排名提升了,但就是转化率始终很低。在这种情况下,可以尝试换品。这是不得已而为之的折中办法。不过,在前期做排名时,最好多一个心眼,给自己留一条后路,最好选择 SKU。在换品时,一般不要改动产品属性。至于颜色与名字,可以适当修改。

第三节　Wish

什么是 Wish？Wish 是欧美的一个购物软件,拥有众多的消费者。在 Wish 购物时,你经常能买到很多非常有趣的东西,并且还能从卖家那里拿到特别的优惠和礼物。严格说来,Wish 是一个纯粹的跨境电子商务平台。一般情况下,Wish 的卖家是自己负责发货的。

Wish 借助一种优化算法,获取了海量的数据,由此能够快速、精准地了解客户的需求。这正是 Wish 能够为客户提供最理想的产品,让客户充分享受便捷购物体验的根本原因。因此,Wish 被评为硅谷最佳创新平台,也是欧美最受欢迎的购物类 APP。

在 Wish 旗下,拥有 6 个垂直的 APP:一是 Wish,主要提供不同类别的产品;二是 Geek,主要提供高科技设备;三是 Mama,主要提供孕妇用品和婴幼儿用品;四是 Cute,主要提供美容产品、化妆品、配饰和衣服;五是 Home,主要提供各种家居配件;六是 Wish for Merchants,主要提供为卖方设计的移动 APP。

目前,Wish 的发展趋势主要体现在五个方面:一是围绕物流、金融、数据、人才等方面,不断完善平台,加速 ProductBoost 工具的演进,并成功地引入产品品牌化因素完善流量评价体系;二是以数据赋能平台发展,为新品类、新功能提供平台支撑与数据支持;三是围绕 FBW 深化库存管理,具体包括 FBW – US/EUROPE 和 FBW – CN;四是打造海外仓、国内仓、卖家直发货动态相结合的阶梯性结构,进一步完善物流体系;五是积极开展星青年项目,与各地高校企业合作,开设 Wish 跨境电子商务学院,帮助在校大学生或应届毕业生创业和就业。

一、Wish 平台的基本规则

(一)Wish 产品推送规则

Wish 在进行产品推送时,主要关注五大因素:一是图片处理;二是标题描述;三是产品描述;四是标签设置;五是价格。为了便于手机浏览,产品图片大小一般为 600×600。与此同时,必须注重视觉美感,让浏览者耳目一新。标题描述应当尽量简明,让人一目了然。在产品描述上,必须逻辑清晰,突出亮点,突出价值。至于标签设置,建议从大范围到小范围、从广义到精准层层递减,覆盖更多的维度。价格要尽可能合理,不宜过高,除非产品质量超群。

(二)Wish 平台促销规则

Wish 平台促销规则主要有三条:第一,严控促销产品的价格和运费,既不能比平时的价格高,也不能随意增加运费;第二,促销的产品必须是上架的产品,不得随意更改促销产品的库存;第三,Wish 平台促销某款产品时,所有买家都必须跟进,如禁售该款产品,将会遭受 Wish 平台的严惩。

二、Wish 平台的运营思路

Wish 平台的运营思路是很清晰的,主要体现在以下五个方面。

(一)以苛刻的眼光挑选产品

Wish 平台的卖家必须具备专业的苛刻眼光,去挑选出最具有竞争力的产品。要善于通过换位思考来明确客户究竟青睐什么样的产品,明确什么样的产品展示能够激发客户的消费冲动。如能做到这一点,卖家自然胸有成竹,也很容易获得客户的订单。

(二)努力做好店铺诚信考核

Wish 平台的所有卖家都必须做好店铺诚信考核。在店铺诚信考核中,必须关注以下五个重要指标:一是仿品率;二是有效跟踪率;三是延迟发货率;四是 30 天平均评分;五是 63 天至 93 天的退款率。国外的跨境电子商务平台非常重视诚信经营,作为国外跨境电子商务平台的佼佼者的 Wish 自然也不例外。因此,Wish 平台的所有卖家都必须注重产品质量,都必须注重服务质量,最终确保店铺平均分在 4 分以上。

(三)合理选择物流

Wish 平台高度重视物流问题,对物流渠道进行了有效整合,进一步提升了物流运营效率。Wish 平台的卖家可以选择最适合的专线物流,其基本依据主要包括客户所在地区、产品利润、地区发货时长、产品特点等。

（四）规划产品上架

在做 wish 店铺之前,卖家必须规划好产品上架。上架产品不必贪多,尤其忌讳繁杂。如果是 Wish 平台的新卖家,可以主打自己比较熟悉的那些产品类目。经过一段时间的探索与总结,再根据市场反馈来选择更具竞争力的新品。

（五）切勿违规操作

Wish 平台的卖家必须熟悉 Wish 平台的相关规定,并且严格遵守。Wish 平台对卖家的违规操作是绝不容忍的,因为这是 Wish 平台的底线。卖家如果不严格遵守 Wish 平台的相关规定,就可能遭遇罚款封店的处罚。一旦到了这个地步,在 Wish 平台上就别想东山再起了。

三、Wish 平台的注意事项

对于 Wish 平台的新卖家来说,要想快速入门,就必须掌握如下十个注意事项。

（一）了解 Wish 诚信店铺的作用

Wish 平台会定期进行仿品审核,给予平台上的所有店铺诚信认证。如果能够获得诚信认证,这样的店铺就能快速上传产品,显著提升产品推送效率。但是,这种店铺诚信认证不是一蹴而就、一劳永逸的。为了确保 Wish 平台的总体诚信,Wish 平台会随时抽查卖家的产品真伪。无论通过什么途径获取卖家销售假冒伪劣产品的信息,只要该信息属实,相关店铺就会遭受重大处罚,直接影响店铺的后续经验。因此,Wish 平台的卖家都会自觉抵制经营仿品。

（二）Wish 不设置免运费

需要注意的是,Wish 不支持免运费的设置。如果卖家没有设置运费或有意将运费填写为 0,Wish 平台会自动将运费设定为 1 美金。这个数额是默认的,而且相关运费收入最终归 Wish 平台所有。有鉴于此,Wish 平台的卖家在设置运费时最好填写金额。

（三）Wish 将产品和用户进行匹配

Wish 平台具有强大的标签功能,会为每一个卖家贴上不同属性的标签。Wish 之所以能够做到这一点,是因为 Wish 与 Facebook、谷歌等平台共享了相关数据。Wish 平台收集了这些信息,并进行详细的分类。分类标准很多,一般包括六种:一是按兴趣来设置标签;二是按社会来设置标签;三是按性别来设置标签;四是按教育程度来设置标签;五是按年龄来设置标签;六是按星座来设置标签。在这些精细的分类之后,Wish 平台就会根据这些标签推送相应的产品。

（四）选择理想的收款方式

Wish 平台一般支持三种收款方式:一是 Payoneer;二是易联支付;三是 bill。在这里,我们建议 Wish 平台的卖家尽量使用 Payoneer 的收款方式。主要原因有三个:一是安全系数比较高;二是处理时间比较快;三是手续费比较低。

(五)知晓最容易被推送的产品

根据 Wish 平台所制定的相关规则,任何一个审核通过的产品都能得到 3 ~ 7 天的推送周期。根据实际的推送效果,Wish 平台进行综合评分。于是,那些初期推送效果较好的产品会被继续推送。如此循环往复,确保被推送的产品始终是推送效果最好的产品。因此,如果产品的 Listing 足够吸引客户去点击和购买,这种产品就更容易被 Wish 平台反复推送。

(六)收到卖货款项有固定日期

如果客户的订单能够顺利完成,Wish 平台会在每月的 1 日和 15 日号发放那些已经签收的订单货款。这里不妨以 Payoneer 为例,一般是每个月 15 日打款,打款后的 5 天内就可以收到相应的资金。

(七)发布新品需要通过审核

Wish 平台在对新品进行审核时,采用了机器人审核和人工审核两种方式。机器人审核主要解决基础检查的问题,一般比较迅速。在此基础上,人工审核就要缓慢得多,只能耐心等待。至于具体通过审核的时间,是不固定的。快的几个小时就审核通过了,慢的则可能需要一个月甚至两个月。

(八)wish 的店铺产品会加钻

Wish 平台会随机抽取一些店铺的产品进行加钻。加钻的价值在于,可以自动推送产品。这对于提高卖家的相关产品的曝光率是非常有益的。

(九)尚未销售产品时应收金额可能显示负数

有的卖家的店铺尚未销售任何产品,但其应收金额却可能显示负数。这并不是 Wish 平台出现了程序错乱,而是意味着卖家存在一些违规行为。Wish 平台监测到卖家存在违规行为,就会给予一系列的罚款处罚。即使该卖家的店铺还没有任何订单收入,也会在其应收金额中显示负数。那么,哪些违规行为会导致这种结果呢? 一是关键字存在侵权行为,二是图片存在侵权行为。Wish 平台对违规行为是绝不容忍的,必将进行相应的严厉处罚。

(十)Wish 的卖家后台有时会打不开

如果你在国内试图打开 Wish 卖家后台,有时就会出现打不开的情况。究其原因,是因为 Wish 平台的服务器是放在国外的,有时候会由于各种原因导致网络不稳定。当卖家遇到这种情况时,可以通过第三方 ERP 软件来加以解决。

参考文献

[1]杜永红."一带一路"战略背景下的跨境电子商务发展策略研究[J].经济体制改革,2016,(23).

[2]邓威.跨境电商综合服务企业竞争战略研究[D].广州:广东财经大学,2015.

[3]顾延旭,卜苏华.速卖通电商平台发展现状分析[J].商业研究,2016,(23).

[4]汪名立.菜鸟与速卖通推出"无忧物流"[N].国际商报,2015-09-17.

[5]颜菊阳.速卖通转型国际购物平台外贸电商迎"质变"拐点[N].中国商报,2016-04-12.

[6]马双全,张瑜.哈尔滨市建设沿边开发开放区域中心城市规划策略研究[J].门窗,2015,(8).

[7]崔建英.客户尽职调查在金融服务创新形势下的挑战与对策[J].时代金融,2015,(12).

[8]程建华.困境与应对:电子商务模式创新中的消费者权益保护[J].国家行政学院学报,2015(6).

[9]罗义.论网络购物合同中的格式条款的法律规制[J].法制与社会,2008(12).

[10]刘洁.关于跨境电子商务消费者权益保护的思考[N].中国工商报,2016(3).